AF346771

MARIE DE FRANQUEVILLE

MARIE DE FRANQUEVILLE

Sœur Sainte-Catherine de Sienne

Au Tiers-Ordre de Saint Dominique

1844-1900

NICE

--

Imprimé à cent exemplaires

exclusivement destinés à la famille.

--

1903

« Quand Dieu créa le cœur de l'homme, il y mit premièrement la bonté » : ainsi parle Bossuet. Fait à l'image de Dieu qui est la bonté même, l'homme doit être bon comme son divin modèle : la chute originelle et le péché défigurent son âme, mais certaines créatures d'élite conservent intactes leurs qualités natives et donnent, à ceux qui sont témoins de leur vie, cette impression qu'exprimait saint Vincent de Paul, lorsqu'il s'écriait, en parlant de saint François de Sales : « Que Dieu doit être bon, puisque M. de Genève est si bon ! »

La bonté : ç'a été le trait dominant du caractère de Marie de Franqueville et, comme cette noble femme y joignait une rare intelligence, une grande humilité, une extrême simplicité et un complet oubli de soi, elle inspirait à tous ceux qui l'approchaient, des sentiments de vive sympathie, on pourrait presque dire d'admiration. Ses défauts même n'étaient que la conséquence de ses qualités, et sa vivacité, qui était parfois extrême, tenait à la chaleur de ses sentiments, à son amour de la justice, à sa passion pour le bien. Ses impressions étaient si fortes qu'elle était rarement maîtresse de son premier mouvement ; incapable de dissimuler ou de feindre, elle disait toujours ce qui lui venait tout d'abord à l'esprit, mais l'orage était de courte durée et ne laissait pas trace de son passage. Tous ceux qui l'approchaient étaient frappés de sa haute valeur intellectuelle et morale ; elle seule n'en avait pas conscience et, doutant perpétuellement de soi, elle n'avait jamais pu vaincre sa timidité. Elle se rendait, au contraire, un compte exact de ses imperfections, et elle n'a jamais cessé de lutter pour s'en délivrer. Le combat a toujours été difficile, parfois héroïque. Le cilice, les chaînes de fer, les disciplines ont été employés en secret pour assurer la domination de la volonté sereine sur la nature emportée et, d'autre part, la prière, le recours de plus en plus fréquent à la sainte communion, ont été les divins remèdes, qui ont empêché la révolte en présence des épreuves, calmé les plus vives douleurs, et amené dans l'âme la résignation, avec la paix que donne la parfaite soumission à la volonté de Dieu.

Je n'ai ni le désir, ni le moyen de soulever le voile qui cache la vie intime de cette belle âme. Les voies qu'elle a suivies sans cesse, pour s'élever vers la perfection, sont mystérieuses et le ciel peut seul connaître de tels secrets. Ce qu'il est possible de savoir, c'est que Dieu lui a fourni un puissant moyen de sanctification, en lui donnant, en la personne de Mgr d'Hulst, un directeur incomparable, qui lui a montré le sens divin de la douleur, de sorte que la longue série des épreuves qui ont broyé son cœur, l'ont plus fortement attachée à la croix.

Je voudrais rappeler à ceux qui l'ont connue, apprendre à ceux qui l'ont seulement entrevue, ce qu'a été la vie dont la plus grande partie s'est écoulée à mes côtés.

Celle qui a été, pendant plus de trente-cinq ans, la fidèle
compagne de mon existence, mérite assurément de conserver une grande place dans le cœur et dans la mémoire de ses enfants, et j'aimerais à montrer ce qu'ont
été non seulement ses actes, mais aussi et surtout, ses
impressions, ses idées, ses sentiments. Les éléments que
j'ai pu recueillir, sont malheureusement incomplets ; le
journal, écrit d'une façon irrégulière et intermittente,
présente d'énormes lacunes, et les lettres qui m'étaient
adressées ou celles dont j'ai pu avoir communication
ne suppléent que très imparfaitement à ce qui manque.
Je n'ai cependant pas voulu renoncer à la tâche que je
m'étais proposé d'entreprendre : ce ne sera pas, à pro-
prement parler, une biographie, mais une simple es-
quisse dessinée presque exclusivement par celle qui en
est l'objet. A peine est-il besoin de faire remarquer combien y sont exagérés, d'une part, les défauts de celle qui
écrit et de l'autre les qualités de ceux dont elle parle.
Pour employer les termes de l'Evangile, Marie a toujours vu la paille de son œil, elle a rarement vu ou
voulu voir la poutre dans les yeux de ceux qu'elle aimait.

La Muette, 26 janvier 1903.

I

LA JEUNESSE
(1844-1864)

Marie Eugénie Schaeffer était née, le 12 août 1844, à Strasbourg, dans une maison située rue de la Nuée-Bleue. Son père, avocat fort occupé et Bâtonnier de l'ordre, était l'aîné d'une famille de treize enfants ; sa mère, Laure Février, avait deux sœurs : Mme Dessolliers et Mme Erard. Marie avait un frère, Pierre, de cinq années plus âgé qu'elle et, à défaut de sœur, une cousine-germaine, Marie Wenger, née, comme elle, en 1844 et pour laquelle elle a toujours éprouvé les sentiments de la plus profonde affection. Aucun événement notable n'a marqué ses premières années, sauf quelques séjours à Paris, dans le duché de Bade, ou dans les environs de Strasbourg. On voit, par les lettres de sa mère, qu'elle montrait, dès lors, les rares qualités et les petits défauts que l'on a toujours remarqués en elle : une vive sensibilité, une extrême droiture, une extraordinaire vivacité d'impression et une incomparable bonté de cœur. [1]

---

[1] Voici quelques passages des lettres de sa mère à Madame Erard.

29 Août 1846. — Marie se porte si bien et est si gaie et si vive qu'il faut la modérer, et c'est elle qui anime Pierre, car on le trouve froid, à côté de sa sœur, qui est un vrai lutin.

Marie avait onze ans, lorsqu'un événement doulou-
reux vint bouleverser l'existence paisible de ses parents.
Après une longue et douloureuse agonie, Pierre Erard
s'était éteint, à Paris. Sa veuve, se trouvant seule, à la
tête d'une grande industrie et d'une fortune considéra-
ble, eut recours à M. Schaeffer : elle lui exposa que,
n'ayant pas d'enfants, elle considérait Pierre et Marie
comme ses héritiers et elle le pria instamment de venir
à Paris, pour prendre la direction de la maison Erard.
Passionnément attaché à l'Alsace, M. Schaeffer fut
très ému de cette demande; il lui semblait infiniment
pénible d'abandonner un genre de vie qu'il aimait, de
quitter ses parents et ses nombreux amis, de renoncer
à une occupation qui lui était chère, mais il vit claire-
ment qu'il y allait de l'intérêt de ses enfants et qu'il
était moralement impossible de ne pas répondre au
touchant appel de sa belle-sœur. Il se décida donc à

21 Juillet 1848. — Marie a tricoté aujourd'hui une aiguille,
sans laisser tomber une maille, elle fait le point de tapisserie
très gentiment, elle apprend par cœur comme un petit ange :
tous les matins, je la fais prier, apprendre par cœur, tricoter et
faire de la tapisserie. Elle ne cesse de me baiser les mains, pendant notre leçon, et de me dire : merci chère petite maman,
mais, à table, elle n'est pas aussi gentille.

11 Août 1848. — Pierre a l'air délicat, tandis que Marie qui
semble si robuste n'excite pas tant la pitié : c'est un véritable
Roger-Bontemps, qui fait notre amusement.

28 Décembre 1852. — Marie vous aime bien, son petit cœur
est si reconnaissant, qu'elle n'oubliera jamais que vous vous
êtes occupé d'elle avec tant de bonté; elle a beaucoup de sensibilité et de bonté, mais si vous la blessez dans son affection
ou dans son amour-propre, elle devient comme une lionne, je
crois qu'elle tirerait son poignard, si elle en avait un. Espérons
que la raison corrigera ces emportements, ils tiennent, sans
doute, à ses nerfs qui sont si facilement irrités.

18 Octobre 1854. — Marie est délicieuse, par moments, et un
vrai petit démon, en d'autres.

quitter *Strasbourg* et, dans les derniers mois de l'année 1855, il vint se fixer définitivement à *Paris*, où il ne cessa de résider, soit dans un appartement de la rue du Mail, soit à la Muette.

A partir de ce moment, Marie eut véritablement deux mères, car Mme Erard la considérait comme sa fille ; l'on pourrait même dire qu'elle en eut, plus tard, une troisième, car Mme Dessolliers vint également résider à Paris, et n'ayant pas d'enfants, elle reporta sur sa nièce toute la tendresse de son cœur aimant. Ainsi entourée de soins et d'affection, environnée de luxe, gâtée à l'envi par un père parfaitement bon et par trois mères attentives à prévenir ses moindres désirs, Marie fut soumise à une épreuve, qui eût été dangereuse pour une nature moins foncièrement bonne, pour un esprit moins élevé que le sien.

En 1856, à l'âge de douze ans, Marie fit sa première communion, dans l'église de l'Annonciation de Passy ; elle y avait été préparée par l'excellent curé de la paroisse, M. Locatelli, vénérable prêtre, qui ne cessa de lui prodiguer, pendant plus de vingt ans, les marques d'un touchant intérêt. On voit, en lisant les notes de sa retraite, avec quel sérieux, quelle piété, elle accomplit ce grand acte. En quittant la sainte table, elle exprimait ses sentiments de reconnaissance et d'amour envers Notre Seigneur, en quelques lignes, qu'elle terminait par la parole de saint Paul : « Ce n'est plus moi qui vis, c'est Jésus qui vit en moi. »

Les années suivantes s'écoulèrent sans incident notable. Marie suivait les cours de l'abbé Gauthier et elle y obtenait des succès ; elle avait, dès lors, le goût de la lecture et elle choisissait bien ses auteurs : les lettres de Mme de Sévigné faisaient ses délices, les sermons de

Bossuet, les Fioretti *de St François d'Assise, les conférences du Père Lacordaire, lui inspiraient une particulière admiration. Elle était pleine d'entrain, de gaieté et de vie ; ses amies la nommaient Marie Printemps. Toutefois, à mesure que l'enfant faisait place à la jeune fille, les heures joyeuses étaient parfois mêlées de pensées mélancoliques ; elle avait à peine dix-sept ans et déjà, elle regrettait le passé et elle en faisait la confidence au journal qu'elle avait commencé à rédiger :*

20 Avril 1861. — Il est un moment, dans la journée, où la lumière décroît, où, les yeux fixés sur l'horizon brumeux, on se prend à rêver. Un autre ciel, d'autres paysages plus beaux, des visages chéris qu'on n'a plus revus, passent devant nos yeux et les souvenirs en foule s'éveillent en nous et nous reportent à un autre temps... Je revois mes compagnes si gaies et si aimantes, avec lesquelles se sont écoulés, dans les jeux, les beaux jours de mon enfance. Je pense à leur amitié et je me demande si je suis, dans leur souvenir, aussi fidèlement gravée qu'elles le sont dans le mien... Je revois les lieux charmants, témoins de mes jeux et de mes plaisirs, je revois ces champs que je parcourais avec une amie chérie et préférée, ce beau fleuve dont j'admirais les flots majestueux, ces montagnes couvertes de forêts au sombre feuillage... Je revois l'église où je priais à côté de ma mère, je pense à ma piété d'enfant, à mes amitiés enthousiastes, à tous ces charmes, à ces beaux jours qui composaient ma vie... O combien passent les moments où l'on revit par la pensée, où l'on retrouve encore vivaces les sentiments qui nous animaient jadis et combien il est vrai de dire qu'il n'est rien de meilleur, sur terre, que des souvenirs heureux. O souvenir des heures de l'enfance, passé si cher et si doux, vous êtes le charme de mes heures de solitude et d'ennui...

Pendant l'été de 1861, Marie fit, avec ses parents, un voyage en Allemagne, en Suisse et en Italie : elle y trouva de vives jouissances. Elle avait, en effet, l'amour du beau, sous toutes les formes et elle admirait, avec un égal plaisir, les splendeurs de la nature et les chefs-d'œuvre de l'art.

Bâle, 28 août 1861. — Nous sommes arrivés ici hier, après un voyage ennuyeux, sauf quand nous avons traversé nos belles Vosges... Nous venons de voir la cathédrale et le cloître. Que cette cathédrale est belle, mais le cloître est encore plus beau. A gauche du portail, on passe sur une terrasse de marronniers, qui donne sur le Rhin, notre beau, cher Rhin, qui était magnifique avec son horizon de montagnes. A droite, est un vieux cloître gothique, plein de poésie et de mystère. Dans les cours, on voit des herbes folles, qui croissent et s'agitent en tous sens ; le vent passait à travers les grandes fenêtres sculptées ; tout cela impressionnait. J'ai eu froid dans les veines, c'est si abandonné et si mélancoliquement beau !...

Berne, 29 août 1861. — Nous sommes installés ici depuis hier ; le voyage a été charmant, le pays est ravissant : des collines gracieuses, avec de jolis petits villages nichés dans les forêts, mais c'est surtout à l'approche de Berne que le paysage est beau ; quand on arrive, on a devant soi toute la ville, avec les beaux flots bleus de l'Aar et, au fond, éclairés par le soleil couchant, tous les sommets de glace des Alpes Bernoises : c'était splendide ! ..

Interlaken, 31 août 1861. — La traversée, sur ce beau lac de Thoune, a été délicieuse. Ces rives charmantes

me plaisent encore plus que celles du lac de Genève...
A mesure qu'on avance, le paysage qui se déroule vous
éblouit. Les montagnes, les glaciers, le lac, tout prend,
sous les rayons du soleil, des teintes si tendres, qu'on
se croit dans les nuages. C'est une lumière éblouissante
et douce en même temps. Je ne me serais pas fait prier
pour aller ainsi jusqu'au bout du monde ; le temps
était superbe, tout rayonnait autour de nous...

Interlaken, 1ᵉʳ septembre 1861. — Je me suis levée,
la première et j'ai vite couru sur le balcon, pour voir le
beau paysage que nous avions sous les yeux. Je me suis
mise à genoux et j'ai dit ma prière, en face de cette belle
prairie si verte, de ces montagnes et de la Yungfrau
toute illuminée par le soleil. Tout était si beau, l'air si
pur, qu'il me semblait que j'en aimais mieux le bon Dieu.
Quelques Anglais passaient et me regardaient d'un air
étonné, me voyant les mains jointes et en contemplation
devant cet admirable spectacle... Hier, des petites filles
nous ont vendu des bouquets de cyclamens, charmantes
petites fleurs d'un rose violet et qui ont une odeur sauvage si douce et si pénétrante ; elles croissent près des
glaciers. Cette odeur va s'identifier, dans ma mémoire,
avec cette vue, ces beaux arbres, cette prairie ; c'est
singulier comme souvent une odeur se grave dans le
souvenir, en même temps que le pays. Je voudrais faire
partager mes sensations à tous ceux que j'aime... Nous
sommes partis après la messe, une messe que je n'oublierai pas de sitôt : d'abord la charmante route pour y
aller, puis la petite cour abandonnée, cette chapelle pauvre et nue, trop petite pour contenir tous les fidèles : nous
étions plus nombreux au dehors qu'au dedans. Il y avait
des bancs de bois, sous une vieille galerie, où nous étions
assises... Après la messe, nous nous sommes dirigés vers le

lac de Brieg. Il est beau, mais ses rives sont plus monotones et plus arides que celles du lac de Thoune. Ma chère Yungfrau est charmante, en ce moment, le ciel est superbe, éclatant; il l'illumine et la rend éblouissante.

2 Septembre 1861. — Nous venons de finir une belle journée, nous avons été à Lauterbrun et à Grindelwald; d'abord la vallée est riante comme un verger, puis elle se resserre, et nous longeons l'impétueux torrent de la Lutschine, qui court follement sur les rochers. De temps en temps, un pic glacé montre sa crête blanche au-dessus des rochers. Nous entrons dans la vallée de Lauterbrun et, de tous les côtés, sur les parois des rochers, nous voyons filtrer quelque blanc filet d'eau. Nous apercevons au loin, comme un léger nuage suspendu, le long du roc, la gracieuse et charmante cascade du Staubach, qui tombe en poussière blanche avec une grâce extrême, le long de la montagne : elle coule ou plutôt caresse le rocher et le fait étinceler au soleil, comme une nappe d'argent... Puis nous avons gravi, de vallée en vallée, jusqu'à celle de Grindelwald, large et riante, faisant un contraste frappant, d'un côté par sa verdure et de l'autre par ces majestueuses montagnes couronnées de neige. Je me suis avancée jusqu'au pied du glacier, qui forme une immense caverne azurée. Il y avait là quelque chose de sauvage; le vent nous fouettait le visage, avec une violence et une fougue que j'adore. Ma plume et mon voile flottaient autour de moi, j'aurais voulu pouvoir rester là constamment, sous cet air qui vous pénètre; on se sent vivre, dans cette atmosphère si âpre et si vivifiante. Cela m'a fait penser à cette phrase de Georges Sand. « Laisse-moi rêver le grand vent, qui pousse vers les rives inconnues. » Cet air adorable m'avait donné des ailes, je courais, comme un chamois, sur ce gravier aigu et sur ces rochers humides...

Lucerne, 4 septembre 1861. — J'ai été voir le célèbre lion de Thorwaldsen, qui est sublime d'idée et d'expression. Il est couché dans une sorte de cavité creusée dans le roc ; sous lui, gît l'écusson brisé des fleurs de lys et, à côté, est la croix suisse. Un tronçon de lance est enfoncé dans son flanc et il y a, dans sa pose, une telle expression de douleur, de souffrance, que les larmes viennent aux yeux, quand on pense aux braves dont il personnifie le courage et la fidélité à la belle reine pour laquelle ils sont morts. Une eau dormante empêche d'avancer jusqu'au pied, et des arbres, plantés tout autour, ajoutent à la mélancolie de ce lieu. En revenant, nous avons été à l'église, située dans le cimetière, qui est lui même entouré d'une galerie. Nous avons vu passer, au bras d'un jeune homme, une belle jeune femme : j'eus la sottise de me dire que je serais heureuse d'être belle et gracieuse comme elle. C'est une folie, et de suite j'ai lutté. En voyant ce calme près de ces tombeaux, cette vue ravissante et mélancolique, ce ciel enflammé et tout ce site si grave qui portait à de saintes pensées, j'ai compris que mes rêvasseries stupides étaient vraiment indignes de moi. Qu'ai-je à désirer et comment serais-je plus heureuse si j'étais belle ? mes parents et mes tantes ne m'aimeraient pas plus, je crois, et j'en suis sûre. Si je leur plais, à quoi bon le reste ? Cela fait du bien de se raisonner ainsi.

9 Septembre. — Nous sommes partis en voiture ; la route est charmante jusqu'à Amsted. L'aspect alors devient plus grandiose, des rochers et rien que des rochers : c'est une désolation ! Le Pont du diable est vraiment diabolique. Il n'y a pas l'ombre de verdure tout autour et le torrent tombe, avec une furie effrayante, entre deux énormes montagnes de rochers. . Nous avons couché à Hospental et, le lendemain, nous avons repris la route du St-Gothard... Sur le plateau, il y a un lac entre des rives de rochers; le brouillard nous cachait le fond, il y avait, dans ce silence glacé, dans ce froid humide qui nous pénétrait, dans cet horizon triste et vague, dans ces eaux dormantes, sous ce ciel gris, quelque chose de tellement mélancolique et sauvage que nous avions hâte de partir. Alors a eu lieu la descente dans le val Tremola; ce sont des pentes rapides en zig-zag, qui vous donnent le vertige... Nous sommes arrivés, le soir, à Bellinzona. Nous avons été, le dimanche matin, à la cathédrale, qui est fort belle .. La route de Lugano est charmante; on suit le lac, que l'on traverse sur un pont : de l'autre côté, c'est l'Italie! Là, j'ai eu un battement de cœur, puis le chemin n'est plus qu'un seul jardin, les montagnes s'abaissent et l'on passe entre les champs et les vergers; la vigne s'élance d'arbre en arbre, c'est charmant! C'est un vrai paradis! Nous sommes arrivés à la Villa d'Este, à six heures: le lac est bien beau, mais les montagnes sont trop hautes, j'ai eu un petit désappointement, mais ce matin c'est admirable, les eaux étincellent sous le soleil...

10 Septembre 1861. — Peu à peu, la nuit est venue et la lune a montré son croissant, dans le ciel. Il y a une place de cette belle villa, où nous sommes restés en extase. C'est au milieu du lac, sur la hauteur; six rangées de ces beaux et mélancoliques cyprès d'Italie s'étageaient sur le flanc de la montagne, après avoir formé un demi-cercle. Entre leurs cimes légères, on voyait, à droite, au-dessus de la montagne de Côme, la lune qui se reflétait dans le lac et formait un sillage argenté, qui me rappelait ce beau tableau de la jeune martyre de

Delaroche. Il y avait un silence ravissant, qui ajoutait à la beauté de ce lieu.

Milan, 10 septembre 1861. — Je ne puis pas me croire, moi, Marie, en Italie! Et pourtant c'est bien vrai! Je n'ai qu'à me mettre à la fenêtre et à entendre parler. On dit que le milanais est un patois, mais cela me semble une musique, en comparaison de cet atroce suisse!

11 Septembre 1861. — Nous avons été voir la cathédrale, elle est admirable, l'extérieur surtout. Tous ces clochetons de marbre blanc sont ravissants; ils sont réunis par des galeries sculptées, d'une finesse et d'une grâce extrême. Le long des grandes fenêtres, sont des statues superbes; on reconnaît les modernes à leur raideur.

Vérone, 13 septembre 1861. — Me voici dans cette curieuse ville, la patrie de Roméo et de Juliette; je puis à peine y croire et pourtant, quand je regarde ce vieil hôtel, il me semble que je suis de quelques siècles en arrière... Le salon et les chambres que nous occupons sont celles qu'habitait, lors de la campagne d'il y a deux ans, l'archiduc Maximilien. C'est là qu'il s'est réconcilié avec son frère, c'est dans ce salon que le jeune empereur arriva après la défaite, sans épée et sans chapeau, et qu'il se mit, dit notre hôte, à pleurer comme un enfant. On ne peut s'empêcher d'être saisi de pitié, à la pensée de cette défaite et de cette grande douleur. Cette ville paraît bien curieuse. Les rues sont étroites, avec de vieux palais, noirs, mystérieux, des balcons de pierre, des fenêtres grillées. Nous sommes arrivés par un clair de lune si beau, qu'il était digne d'éclairer les adieux de Roméo et de Juliette..

Venise, 15 septembre 1861. — Me voici à Venise, que j'ai toujours tant désiré connaître... Notre salon donne sur la partie la plus large du canal Grande, c'est déjà la mer! Quoiqu'elle soit unie comme une glace, c'est la mer et je suis contente de la voir à Venise, pour la première fois. Cela me semble distingué de ne pas la voir à Dieppe ou au Hâvre... Nous avons vu le fameux Pont des soupirs, éclairé admirablement par la lune. A droite, étaient, dans l'ombre, les plombs où Silvio Pellico a été enfermé. C'est là que j'ai cru rêver, vis-à-vis tant de souvenirs et de ruines!

17 Septembre 1861. — J'ai été dire ma prière sur le balcon, devant ce ciel radieux. Cette vue éclatante nous anime et élève notre âme vers le Créateur de toutes ces beautés, qui donne le génie, et retire la puissance d'une ville orgueilleuse. L'aspect actuel de Venise et la pensée de ce qu'elle a été vous font faire bien des réflexions.

L'automne qui suivit apporta une grande tristesse : Marie perdit l'une de ses plus chères amies, Marguerite de Fourcy.

16 Octobre 1861. — Tout est fini! ce mot m'a produit une impression que je ne peux pas dire! Depuis, je parle, j'agis comme si je n'étais qu'une automate. Non, je ne peux pas le croire, ma pauvre chère Marguerite n'est pas partie! Oh, c'est affreux, c'est affreux! j'ai le cœur brisé! et les parents! mon Dieu ce doit être horrible. Je n'ose penser à rien. Je savais bien que l'on me cachait quelque chose. J'avais, dans le cœur, une sorte d'effroi que je ne m'expliquais pas. Mais, mon Dieu, il faut se résigner, c'est maintenant un ange du ciel, qui prie pour nous! Désormais je ne passerai plus ces journées charmantes, qui étaient presque mes seules joies. Oh! je n'aurai plus d'amie comme elle!... Ah! si je pouvais être bonne et pure, avec cette simplicité enfantine et angélique de ma Marguerite. Mon Dieu, mon Dieu, je ne peux pas croire que tout est fini! Si seulement j'avais pu la voir, lui dire adieu, l'embrasser. Je l'entends toujours m'appeler : ma petite Marie chérie! Elle était si affectueuse avec moi. J'ai une sorte de bonheur à penser que Dolorès, Marie et moi, nous étions ses meilleures amies! Comme Dolorès doit avoir de chagrin, et Marie en aura aussi! qui est-ce qui ne pleurerait pas cet **ange** si bon, si beau. Oh si je l'avais seulement encore vue!

26 Octobre 1861. — Hier soir, j'ai eu une grande dispute avec Pierre, au piano. Si seulement j'avais un frère comme les autres, mais nous ne pouvons pas nous accorder; il prend feu de suite et alors la bataille commence. Hier, je suis descendue, car je n'y tenais plus, il a tant d'orgueil et d'amour-propre, et ne souffre pas la plus légère observation. Je suis bien plus patiente que lui. J'ai tort de lui dire cela, mais vraiment il **y a** des moments où il est si brusque et si indifférent avec moi que cela me fait une grande peine. Une fois que les frères sont dans les vingt ans, il n'y a plus d'espoir de se faire aimer d'eux. Et moi qui suis séparée de Marie et qui viens de perdre ma pauvre petite Marguerite, j'aimerais tant avoir un frère qui ne se moque pas de moi, dès que je lui parle affectueusement. Maman me dit que cela viendra; par instants, je l'espère et, par d'autres, je ne le crois plus.

28 Octobre 1861. — C'est aujourd'hui le troisième anniversaire de la mort de ma bien-aimée grand-mère : mes pauvres tantes! comme ce doit être triste et vide à la Wantzenau, aujourd'hui. Moi, je ne peux pas encore croire que cette bonne mère n'y est plus! Tous les ans, les jours anniversaires augmentent pour moi, et l'année prochaine, j'en aurai deux de plus à compter, Léon et ma pauvre Daisy! Quand j'y pense, cela me fend le cœur; déjà tant de bons amis disparus! Ils sont plus heureux que nous! Que la volonté du bon Dieu soit faite. Il faut le bénir en tout.

6 Novembre 1861. — Je viens encore d'avoir une vilaine colère contre Pierre, avec maman qui est si bonne et avec laquelle je suis si méchante. J'en suis bien, bien fâchée; mais c'est si difficile de dompter toutes ces révoltes qui font bouillonner le sang.

10 Novembre 1861. — Maman, persuadée que je pouvais lire *Mont-Revêche*, me l'avait permis! Voilà que cet ennuyeux Pierre, qui est très difficile pour mes lectures et qui ne l'est pas pour les siennes, va courir en bas, dire à toutes ces dames, le crime que je commettais. Tante Camille, qui est la plus scrupuleuse des tantes, a vite envoyé maman vers moi et me voilà privée du seul plaisir que me réservait cet après-midi, car il n'y a pas un seul livre dans la maison. Il faut avouer que ce n'est pas bien récréant d'être toute seule, car si je descends, ma tante me grondera. Je ne peux pourtant pas borner mes lectures à mon journal des jeunes personnes; c'est ennuyeux à périr, avec ces historiettes d'enfants trouvés et ces modes parisiennes... Toutes les feuilles tombent; avec un ciel bleu, ce serait joli, mais comme cela, c'est triste; je ne sais pas faire de poésie.

11 Novembre 1861. — Nous venons de quitter M. Moussette, j'ai sangloté, quand il m'a parlé de ce cher ange adoré... Quand elle a reçu les sacrements, il nous a dit qu'elle avait le plus angélique sourire et elle souffrait tant!... Le médecin a dit que c'était l'âme qui usait le corps. C'est cette profonde raison, c'est cette ardeur du cœur qui l'ont tuée... Ma petite Marguerite chérie, si belle et si bonne; j'ai le cœur brisé, quand je pense que je ne reverrai plus ce charmant visage! Elle se doutait si peu qu'elle était belle!.. C'était un ange vraiment, et le bon Dieu n'a pas voulu la laisser sur cette vilaine terre! Que tous mes efforts me rendent digne, un jour, de la rejoindre. Je veux toujours devenir meilleure et, avec la grâce de Dieu, j'y parviendrai. Quelle distance entre elle et moi, et pourtant nous nous aimions tant...

12 Novembre 1861. — Je viens de recevoir six pages de Marie, qui m'ont fait un plaisir extrême. Cette chère sœur m'aime tant, qu'elle est aveugle sur ma laideur et se figure que je suis charmante! Quelle illusion!

26 Décembre 1861. — Quelle triste année, mon Dieu! Oh! que je serai contente quand elle sera finie. Il me semble qu'elle porte malheur à tous nos amis. Quand je regarde en arrière, je vois des morts et des chagrins affreux, puis ces deux amis malades. Je prie bien le bon Dieu pour qu'Il guérisse, soutienne et *corrige.* Je crois que le pauvre L... ne se conduit pas bien. Coralie n'est plus au couvent, je la verrai encore moins qu'autrefois. Rien que chagrins et ennuis partout, enfin j'ai l'espoir que la sainte Providence arrangera tout cela pour le mieux. Je l'ai senti, en priant, ce matin. C'est singulier comme la prière vous donne confiance et bon espoir.

1er Janvier 1862. — Voici encore une nouvelle année, l'année de mes dix-huit ans! et je prie, de toute mon âme, le bon Dieu de la bénir pour tous ceux que j'aime. Hier soir, comme je me couchais, j'ai entendu sonner le coucou de Pierre, qui chantait minuit, je me suis jetée à genoux et j'ai prié pour mes parents, mes tantes, mon frère, ma sœur, toute la famille et tous les amis, et j'ai pris de bonnes résolutions... Cette pauvre Mme Hérold qui est morte hier! Elle a toujours été si bonne pour moi! Cela nous fait grand'peine, d'autant plus qu'on ne l'a pas menée à l'église. C'est un grand chagrin pour nous, que cette indifférence religieuse! Que deviendra cette pauvre âme, à qui le Seigneur avait donné de si beaux sentiments? J'ai bien prié pour elle, j'ai remercié Dieu pour les grâces qu'il m'a données, ainsi que pour les peines de cette année. Que d'amis pour qui je ne peux plus faire de vœux! Ma pauvre Isabelle me fait tant de peine. Au moins, ce sont des âmes chrétiennes, que Dieu soutient et fortifie, mais les Hérold, quelle consolation leur philosophie peut-elle leur donner?

5 Janvier 1862. — L'autre jour, nous avons pris Hugo et nous avons lu, toute la soirée. Comme cet homme a changé. Il y a des choses admirables, des pensées, des sentiments et des vers sublimes dans ses *odes*; il y en a une surtout que j'ai copiée, sur Louis XVII, c'est magnifique! Et dans ses *Feuilles d'automne*, et dans ses *Ballades*, les beautés fourmillent, tandis qu'à présent, ses vers sont pitoyables. Nous lisons beaucoup aussi de mon cher et charmant poète Brizeux.

Ce fut en Janvier 1862 que Marie fit son entrée dans le monde : à sa grande joie, ses parents la conduisirent au bal de l'Hôtel-de-ville.

19 Janvier 1862. — J'étais toute en blanc, en tulle, avec des marguerites dans les cheveux et sur la robe... Je mis ma jolie sortie de bal et je pris mon bel éventail. Tout l'Hôtel-de-Ville était illuminé, nous entrâmes dans le vestibule, plein de laquais. Arrivés au pied de l'escalier, nous étions dans la plus jolie salle qu'on pût voir, toute tapissée de gazon, avec des fleurs piquées dedans, et une lumière charmante... La salle où l'on danse est la grande galerie; c'est magnifique. De chaque côté, plusieurs salons où l'on se promène seulement, avec de beaux tapis et d'admirables tentures, le tout éclairé magnifiquement. Le salon des fleurs est quelque chose de ravissant. Nous nous installâmes au bout de la galerie. Nous avons trouvé une masse de connaissances. Mais cela m'est égal, et je dis encore que je préfère une bonne petite soirée intime. On se moque de moi, mais c'est vrai.

Le jeudi 31 janvier, Marie revint à l'hôtel-de-Ville et ce fut là qu'elle me vit pour la première fois. Un artiste fort original et plein d'esprit, que je rencontrais souvent chez M. Rouher, ministre des travaux publics, Eugène Vivier m'ayant rencontré, ce soir-là, dans la galerie des fêtes, voulut me présenter à Melle Schaeffer. Je me laissai faire et naturellement j'invitai la jeune personne à danser. Ce fut une rencontre sans lendemain, que je notai cependant dans mon journal et que Marie raconta à sa cousine Marie Wenger.

2 Février 1862. Que je te remercie de ta lettre, chère sœur, c'est ma première joie que cette correspondance. Je vais te dire mes impressions de jeudi. Je me suis très bien amusée... Ces appartements sont superbes... Vivier y était et m'a présenté un danseur de ses amis, M. de Franqueville... Les demoiselles Haussmann étaient rayonnantes, elles sont fort jolies...

23 Mars 1862 (*journal*)... Vendredi, chez Mme Lardner et hier chez Mme Villepin, nous avons rencontré des dames du faubourg Saint-Germain, qui m'ont bien amusée. Quelle voix haute, quelle arrogance, quels regards de souverain mépris. Je suis quelquefois timide, mais, avec ces orgueils-là, j'ai le courage de riposter et des envies de dire des vérités. La langue me démange, pour parler et pour rire

Au mois de juin, toute la famille se rendit à Londres, et ce fut là qu'eurent lieu plusieurs nouvelles rencontres entre Marie et moi.

7 Juin 1862. — Voici la seconde nuit que je viens de passer à Londres; nous y sommes très agréablement, mais ce que j'ai vu jusqu'à présent de la ville ne me plaît nullement : tout est noir et enfumé, les maisons ont l'air de prisons ou de tombeaux, je n'en voudrais habiter aucune, si belle qu'elle puisse être à l'intérieur... J'ai à marquer de grandes révoltes. Mon caractère devient de plus en plus irritable et emporté. Oh! que j'ai donc à faire pour me corriger et sans découragement!

8 Juin 1862. — Hier, nous avons été à l'Exposition; le bâtiment n'est pas beau, il est même sans goût, mais ce n'est pas tellement laid qu'on le disait. L'intérieur a l'air d'un grand bazar; nous nous y sommes fort peu arrêtées et nous nous sommes vite dirigées vers les galeries de peinture. J'ai retrouvé là tous mes maîtres favoris. Delaroche est représenté par cette jeune martyre, dont la vue est le premier souvenir que j'aie de Paris. C'est divin d'expression et de sentiment. Je me souviens toujours de l'impression que cela m'a causée et j'étais bien enfant pourtant. Il y a là aussi, sa Marie-Antoinette, qui me plaît moins, et ses saintes femmes regardant le passage de Jésus, qui sont un petit chef-d'œuvre. L'expression fixe, atterrée de la Vierge, le mouvement de saint Jean et la pose de Madeleine sont admirables. Ary Scheffer a son saint Augustin, qui est bien beau, mais sainte Monique a l'air d'une protestante; à mon avis, il y a trop de sécheresse dans ce visage, mais c'est groupé admirablement. Le touchant tableau de Léon Benouville, saint François d'Assise bénissant sa ville, attire beaucoup l'attention. Les deux beaux portraits de Flandrin, ceux de l'Impératrice par Winterhalter, l'enfant malade de H. Brown, les Cervarolles, la source de M. Ingres, qui est charmante, nichée dans ce rocher, et tant d'autres distinguent la France de toutes les croûtes des autres nations. Je deviens d'un français insupportable à toute ma famille, qui est anglomanisée avec autant d'ardeur que je reste française.

20 Juin 1862. — Hier, nous avons été à l'hôtel de la commission française. C'est M. de Franqueville, un danseur de l'Hôtel-de-ville, qui nous a fait les honneurs de la maison. Il est très gentil et très gai. Nous avons ensuite, été à l'Exposition, où nous avons trotté longtemps. En sortant, impossible de trouver des voitures. Nous sommes retournés à l'hôtel français et nous avons attendu, avec MM. Roguès et de Franqueville, et nous nous serions bien amusées avec ces aimables français, sans la pensée de l'inquiétude de papa et de ma tante. Vers six heures et quart, M. de Franqueville a enfin trouvé une voiture et nous sommes arrivés, sans encombre, à Marlborough Street...

21 Juin 1862. — ... Chez les Lablache, la soirée était jolie, toute la famille a été d'une amabilité toute française (je ne trouve que ce mot là)... Quelque chose m'a manqué; je ne suis pas faite pour le monde, car je m'y trouve mal à l'aise et j'ai envie de me sauver...

27 Juin 1862. — ... J'ai en ce moment la joue enflée, ce qui me rend bien laide. C'est une petite mortification, car papa me répète, à chaque instant, combien je suis peu présentable. Je suis pourtant dans une meilleure veine, plus calme et moins révoltée. J'ai cependant encore des choses terribles en moi et que j'ai la lâcheté de ne pas chercher assez à vaincre...

2 Juillet 1862. — Thalberg a prêché toute la famille sur ce que la vie que je mène, en hiver, ne me convient pas et qu'il me faudrait l'air de la mer, à présent, et le midi, cet hiver, à cause de ma toux. Il a dit tout cela

presque durement ; quand je voulais parler, il me disait :
« cela ne vous regarde pas, si on vous laissait à vous-
même, vous vous tueriez, au bout de six mois... »

3 Juillet 1862. — Ma soirée m'a laissé une grande
impression de tristesse ; la conversation est tombée sur
la religion, et notre pauvre Thalberg a commencé, avec
une aigreur et une amertume que je ne lui ai jamais
vues, à déclamer contre elle et à prouver qu'il ne croyait
plus à rien, sur terre. J'étais à côté de lui, j'espère qu'il
n'a pas vu le chagrin profond que m'a causé tout ce
qu'il a dit. Je n'ai pas pu retenir de grosses larmes, qui
me brûlaient les yeux. Le soir, tandis que j'étais dans
mon coin préféré, près de la lampe, il a recommencé la
discussion, et moi, le cœur gros, j'avais envie de pleurer. Je me suis couchée de bonne heure et j'ai bien prié
pour lui. Nous sommes tous profondément peinés. Mon
affection n'a pas diminué, mais mon estime, et il n'y a
rien de triste comme de voir diminuer l'estime qu'on a
pour les gens qu'on aime.

5 Juillet 1862. — Hier, nous avons été montrer à
papa l'hôtel de la commission, où nous avons revu M. de
Franqueville, qui a beaucoup causé avec nous. Nous
avons été ensuite voir la galerie anglaise des peintures,
à l'Exposition. Nous avons revu les vieux tableaux de
Gainsborough, Reynolds et Hogarth ; ce qui m'a le mieux
plu, parmi les anciens, c'est ce délicieux portrait
de Nelly O'Brien par Reynolds. Je ne connais pas de
tête plus captivante que celle-là. Comme ses yeux sont
profonds et veloutés. Quand on la regarde longtemps,
il semble que cette tête, quoique pâlie et effacée, prenne
de la vie et sorte du cadre. Après ce portrait, j'ai aimé
celui d'un jeune et beau couple de Gainsborough.

9 Juillet 1862. — Nous partons demain... Hier, nous

avons été nous promener à Kensington, dans une jolie allée solitaire, qui nous rappelait la grande pièce de la Muette... A déjeûner, Thalberg nous avait fait rire : il a confessé, qu'il croyait bien, la veille, avoir bu un peu trop de porto. Il nous demandait s'il n'avait pas dit des choses inconvenantes. Nous l'avons assuré qu'il avait été charmant et nous avons ri de cette humilité et de cette confession. Cela me peine de finir cette bonne petite vie, de ne plus voir tous ces amis. Je regrette mes matinées de travail, en écoutant Thalberg. Que de personnes m'auraient envié le bonheur de l'entendre, seule, tous les matins. Je n'ai presque rien vu de Londres; il faut que je revienne...

14 Juillet 1862. — A dîner, Madame Thalberg nous a tous gênés, quoique fort aimable. Cette femme me glace, son amabilité me paraît une comédie, car c'est tout simplement pour ma tante, qu'elle m'embrasse et me cajole, elle n'aime pas les jeunes filles et me connaît fort peu. Je déteste les gens qui ne sont pas francs et, avec moi, presque personne ne l'est. Toutes les choses aimables qu'on me dit, je suis persuadée qu'elles sont fausses, et qu'on ne me les dit que parce que je suis la nièce de ma tante et la fille de papa. Cela me fait rire bien souvent, et j'aime beaucoup mieux les gens, qui, avec moi, parlent de choses et d'autres, sans me dire des fadeurs qu'il est impossible qu'ils croient. Planté, Rubinstein, et plusieurs autres ont été comme cela et je les aime, pour cette raison. Dieu sait pourtant si, par moments, les compliments me feraient plaisir, mais je sais observer, et je commence un peu à me connaître et à me corriger.

15 Août 1862. — Je viens de l'église, où j'ai eu le bonheur de communier avec ma chère maman. Tout le monde a été si bon pour moi. Hier soir, en me couchant, j'étais émue, en songeant à toutes ces tendres affections dont je suis environnée. Je me sentais si heureuse et si bien entourée que j'ai eu peur, en pensant que je n'avais eu encore que bien peu de chagrins pour une vie. C'était mal. Ah! que l'on serait heureux, si l'on pouvait se remettre sans trouble, sans agitation, avec une confiance entière et paisible, entre les mains de la Providence et ne pas songer avec crainte à la vie qu'on a devant soi. C'est lâche de s'effrayer ainsi. Ce matin, j'ai fait une bonne provision de force et de courage, pour devenir meilleure. J'ai chargé le bon Dieu de ma reconnaissance pour mes chers parents et mon entourage et j'ai retrouvé toute ma gaîté...

Bade, 20 septembre 1862. — J'ai quitté ma sœur, aujourd'hui .. Oh les huit délicieux jours que j'ai passés avec ma chère Marie, comme nous avons été heureuses! Notre affection est plus vive que jamais. Il n'y a pas, dans le monde, une confiance et une intimité pareilles aux nôtres. Nous avons demeuré chez tante Wenger. Marie et moi couchions dans deux petites chambres contiguës. Oh! les interminables causeries et que ce temps a passé vite! O ma chère Marie, que je t'aime et que je suis heureuse de notre amitié.

23 Septembre 1862. — Hier, j'ai eu une soirée terrible; le départ de Marie m'avait fait tant de peine que moi qui ne puis pleurer, je suis, lorsque j'éprouve des chagrins, dans un état d'excitation nerveuse, qui est une vraie souffrance. Pierre m'a agacée par mille observations sur tout ce que je faisais. Maman et tante Camille se sont jointes à lui, là-dessus j'ai eu mes révoltes et mes bouillonnements intérieurs. J'ai lutté, mais faiblement et, à la fin, j'ai été me coucher, souhaitant de pleurer, de toutes mes forces, car cela m'aurait fait du bien. Tante Camille me boude, Pierre est indifférent et maman me gronde, ce matin. C'est singulier qu'aux reproches tendres, je cède de suite, tandis qu'aux sévères je me révolte. Oh! que c'est donc difficile de lutter et de se corriger! Maman et tante Camille, qui sont douces, ne connaissent pas cela, surtout la tante, elle pleure facilement, elle ne sait pas combien cela fait mal de ne pas pleurer, et combien il est difficile de lutter! Maintenant tout le monde est fâché contre moi. Je voudrais bien que tout fut passé, mais, demander pardon et m'entendre dire que je promets toujours et ne tiens pas : j'ai des révoltes à cette seule idée. Et je devrais le faire. Je prie le bon Dieu de m'aider.

Bade, 1ᵉʳ octobre 1862. — Hier, mardi, nous avons été aux rochers, nous avons fait un détour dans les bois mais si charmant, et par un temps si radieux, qu'il n'y avait pas moyen de se perdre. Des rochers, on a une vue superbe, le temps était si beau que les Vosges se dessinaient nettement sur le ciel, et c'était éblouissant, cette plaine immense et illuminée par le soleil. De tous les côtés, dans ce paradis de Bade, les yeux sont charmés, et ce que j'admire surtout, c'est que tout est boisé, rien n'est aride, aucune montagne qui ne soit toute noire de sapins et quels sapins : géants et touffus, comme on n'en voit que dans la Forêt-Noire et les dessins de Gustave Doré! Maman rirait si elle voyait cette fin de phrase, car, hier soir, j'ai fait, de mon lit, de longs discours à ces dames. (Le soir, je suis expansive, mais pourtant pas comme avec Marie; je dirais bien à maman tout ce que dis à Marie, mais elle rirait et ne me comprendrait pas, c'est bien naturel.) Je ferme enfin ma parenthèse et en reviens à mon expansion d'hier soir.

Je disais à maman qui était rentrée avant nous, combien j'avais eu de dégoût et d'impressions pénibles et tristes, en entrant, hier soir, pour la première fois, dans la salle de jeu. Je n'ai pas voulu y rester une seconde. Le bruit de cet or qu'on soulevait m'a fait mal et je me suis sauvée.

Paris, 4 octobre 1862. — Nous revenons du mariage de Mlle Boulard, qui épouse M. Cirrode. La jeune mariée était fort jolie, le marié n'est pas du tout bien. Ma mère disait, en riant: il faut que je me corrige d'un défaut que j'ai, c'est d'aimer les jolis maris. J'ai prié ma chère maman de ne se corriger de ce défaut qu'après qu'elle m'en aura trouvé un. Nous sommes de retour, depuis jeudi soir. J'ai eu le bonheur de revoir ma chère sœur, encore une fois mercredi, et le chagrin de la quitter, une troisième fois, jeudi matin. Je ne puis pas dire combien elle me manque, je vais retrouver mes amies, mais aucune ne me la remplacera; plus je la vois et plus je l'aime, et plus j'apprécie cette bonne et confiante amitié, qui, à ce degré-là, ne peut être donnée qu'à une seule. Je lui ai écrit, mais comme c'est faible une lettre! On ne dit pas le quart de ce qu'on peut dire quand on a le cher visage devant soi.

3 Novembre 1862. — J'ai communié, ce matin, à l'intention de tous ceux que nous aimons qui sont déjà partis. Les jours de communion, je suis dans des états de révolte et de tentation qui me font peur. J'ai eu une dispute avec Pierre, au piano... Mon orgueil a tout gâté! Mon bon curé me dit de ne pas me décourager, dans ces luttes avec moi-même. Le découragement : voilà mon défaut dominant. Et j'avais fait, ce matin de si belles promesses au bon Dieu! Il faut que je lutte, il faut que je travaille.

19 Décembre 1862. — Papa a reçu une charmante lettre de M. Emile Ollivier. Il parle de la Muette, de ma tante, de mon oncle, qui étaient les meilleurs souvenirs de sa pauvre Blandine et il dit qu'elle avait, en outre, une affection de sœur aînée pour moi. Cette lettre nous a bien émues. Pauvre homme! au moins, lui apprécie tout ce qu'il a perdu! La grand'mère et le père nous étonnent. Une si charmante femme! je ne puis pas croire qu'elle n'est plus.

6 Août 1863. — M. le curé m'a conseillé, hier, de m'écrire un petit règlement de vie. Je vais essayer, j'ai pris tant de si bonnes résolutions, une si forte provision de courage et de bonne volonté que je vaincrai peut-être, avec le bon Dieu, le vilain esprit d'indépendance qui me fait révolter contre toute règle. En réfléchissant, hier, à mon petit plan pour mes journées, j'ai de nouveau senti le besoin d'un confident pour mes pensées et mes impressions, et je reprends mon journal, que j'avais abandonné, l'automne passé, n'y ayant plus de plaisir. Il était devenu insipide et, du reste, moi-même j'avais changé... Je vais tâcher maintenant de ne plus être oisive et de bien occuper mes journées. Quelle honte! et quel temps perdu, de se lever tard. Le matin est un si beau moment, ce sont des heures rafraîchissantes, où le travail est facile et charmant. Et dire, cependant, que je le sais et que j'en ai si peu profité. Oh! que j'étais donc devenue mauvaise, paresseuse, maussade, n'aimant plus que les rêvasseries ou le cheval; j'avais, tous ces temps-ci, une soif de plein air, de liberté, de vraie campagne que j'ai combattue, mais qui me revient bien fort, à de certains moments. Je ris quelquefois de moi-même, car j'ai l'air de faire des phrases, aussi maintenant je garde tout cela pour moi seule.

12 Août 1863. — Aujourd'hui, jour de mes dix-neuf ans. Oh ! je me sens si enfant, pour cet âge ! Je vais aller à la messe avec ma mère, pour mettre ma vingtième année sous la protection du bon Dieu.

Ischl, 29 août 1863. — Nous avons été, hier, au palais impérial, qui est très joli, il a une belle vue sur les montagnes, le parc est beau et admirablement tenu, il y a un charmant petit rendez-vous de chasse tout enfoui sous la vigne vierge. Par les temps couverts, les montagnes sont tristes, mais je comprends que cette tristesse puisse plaire à certains esprits... Que me faudrait-il maintenant, pour chasser le malaise que je ressens ? une bonne course à pieds, dans les montagnes, car moi je les aime ; puis une installation sur la mousse, près d'une de ces jolies sources fraîches, où il est si délicieux de boire dans le creux de la main. Comme tout cela est joli à étudier ! Tous ces millions de petites plantes qu'on trouve à ses pied, et l'eau qui coule sur les cailloux à travers le chemin, tout cela rafraîchit, cela me fait du bien rien que d'y penser. Ah ! si la Muette était bien loin de Paris ; c'est si bon d'être loin de Paris, et de dire tout ce qui nous passe par la tête : fantaisies, plaisirs, sensations. Ah ! comme j'aimerais la campagne !

Dresde, 9 septembre 1863. — Nous rentrons du musée, qui renferme des merveilles. Tout d'abord, la Madone Sixtine de Raphaël, qui est quelque chose de divin. Elle est seule dans une salle et cette salle est comme un sanctuaire : on y parle bas et avec respect. C'est tellement beau qu'on a envie de se mettre à genoux. Je crois qu'il n'y a rien de plus beau : cette vierge, cet enfant qui est adorable, tout est parfait, on resterait toute une journée, sans se lasser.

Paris, 24 décembre 1863. — Encore des révoltes et contre ma chère bonne mère. Le bon Dieu me vienne en aide, je ne sais plus me dominer. Et j'avais fait de si belles résolutions! De quel affreux caractère suis-je donc? Je n'ai ni douceur, ni soumission. Par moments, je suis meilleure, mais comme cela dure peu!... Que la nuit de Noël est belle et touchante! Quand je pense à la fête que l'on célèbre, à ce mystère divin, la nuit me paraît radieuse... Ce soir, à dîner, Thalberg, Gatayes et Godefroy, trois bons amis dévoués. Ils étaient tous si gais et avaient l'air si contents d'être auprès de nous; je me le figure peut-être. Il n'y a rien de triste comme de douter de personnes que l'on aime, et je ne sais pourquoi, car je n'ai pas le moindre motif. Ce soir, je suis gaie, heureuse. C'est une fête tendre et douce que celle-ci. J'ai bon espoir pour l'année qui s'approche. Assez de gribouillage!

25 Décembre 1863. — Il fait un temps gris; je n'aime pas le jour de Noël sans neige et sans pâle soleil; que ce jour soit heureux pour tous ceux que j'aime! Je pense à un tableau de Corrège, la nuit de Noël, qui est à Dresde et qui est si beau: la Vierge, dans l'obscurité de la crèche, a le visage éclairé d'une lumière divine, qui émane du corps du petit enfant. Il y a une telle joie et un tel bonheur dans cette toile, que l'on en est pénétré!

II

LE MARIAGE
(1864)

L'année 1864, la vingtième année, devait être une époque importante dans la vie de Marie ; la question de mariage devait nécessairement se poser. Les candidats ne manquaient pas ; presque tous avaient été résolument écartés, de premier abord ; il y avait eu quelque hésitation à l'égard de deux hommes, qui avaient su inspirer une réelle sympathie, mais la réflexion avait amené un refus catégorique. Celui qui était l'objet préféré s'était tenu à l'écart et avait soigneusement évité de se poser en prétendant. Dès l'époque du séjour à Londres, en 1862, Marie m'avait distingué ; depuis lors, je l'avais rencontrée plusieurs fois, à Paris, j'avais été invité aux soirées de Mme Erard, mais j'étais resté sur une grande réserve et cela avait fini par agacer Marie, à tel point qu'elle avait failli m'écrire un mot, pour m'encourager à me prononcer. Ce qu'elle n'osait pas faire, un ami commun se chargea de l'entreprendre. L'excellent M. Possoz me fit demander de le venir voir, j'allai le trouver et, comme je lui demandais de ne risquer en mon nom, aucune démarche, il me déclara nettement

qu'il n'avait demandé à m'entretenir que sur l'exprès
désir de M. Schaeffer et qu'il ne tenait qu'à moi d'être
agréé comme fiancé. C'était le 18 août : mon père devait
partir, le lendemain, pour l'Italie, et j'avais moi-même
pris mes dispositions pour entreprendre un voyage en
Allemagne ; il fut donc convenu que rien ne serait décidé avant mon retour. J'abrégeai naturellement mon
absence et je rentrai à Paris, le 4 septembre ; à partir
de ce moment, j'allai, chaque soir, à la Muette : mon
père, revenu le 2 octobre, y vint dîner avec moi, le jour
suivant. Le mercredi 5 octobre, il fit officiellement sa
demande, qui fut agréée, et j'offris à Marie mon premier bouquet.

Le 9 novembre, il y eut, à la Muette, une grande soirée de contrat, et, le lendemain, eut lieu, à la mairie du
deuxième arrondissement, le mariage civil, auquel
assistaient seulement la famille et nos témoins, qui
étaient : le maréchal Vaillant, ministre de la maison de
l'Empereur, le général comte de Flahaut, grand
chancelier de la Légion d'honneur, M. Daubrée, membre de l'Institut et M. Possoz, membre du Conseil municipal de Paris. Le mariage religieux fut célébré, le
samedi 12 novembre, dans l'église Notre-Dame des
Victoires. La bénédiction nuptiale nous fut donnée par
Mgr Darboy, archevêque de Paris, grand aumônier
de l'Empereur, dont le beau et touchant discours,
recueilli par la sténographie, a été publié dans les œuvres de l'éminent prélat. M. l'abbé Locatelli, curé de
Passy, célébra la sainte messe, pendant laquelle l'or-
chestre du Conservatoire exécuta divers morceaux de
Beethoven et de Spontini. Un interminable défilé de
parents et d'amis nous retint, plus d'une heure, à la
sacristie ; enfin, après une halte à la rue du Mail, nous

prîmes le chemin de Bourbilly, où nous arrivâmes, au milieu de la nuit.

Le lendemain, au moment où nous entrions dans l'église de Vic-de-Chassenay, pour entendre la messe, nous trouvâmes les jeunes filles du village vêtues de blanc, qui nous accueillirent par une cantate, dont la poésie, œuvre de la collaboration des deux excellentes Sœurs Saint-Denis et Saint-François, ne manquait pas d'originalité, ainsi que l'on en peut juger par le refrain :

> *Amour, amour et chantons bien agile*
> *Amour, amour à Madam' de Franq'ville.*

La Muette, 6 octobre 1864 *(à Mlle Wenger).* — Ma bien-aimée Marie, tout est décidé et tu es, bien entendu, la première à qui je viens apprendre que je suis fiancée. Ma chérie, je sais la joie que tu vas avoir, ma bonne, ma parfaite amie. Je te charge, en attendant de le faire moi-même, d'apprendre cette grande nouvelle à mon cher parrain et à ma bonne tante, et embrassez-vous les uns les autres, à mon intention. Hier, je savais que le père de M. de Franqueville devait aller rue du Mail, avec M. Possoz. Mon père revint, à quatre heures, il monta chez moi et m'embrassa, en me disant qu'il n'y avait plus qu'à fixer le jour. Il est bien content, et cela me fait bien plaisir de voir leur joie à tous. Charles ne tarda pas à venir. Je descendis, avec maman, au salon, où je le trouvai avec mon père, il m'embrassa au front, bien ému et content, et me voilà à lui pour la vie. Son père vint peu après, il était rayonnant. C'est un père charmant, il est bon, gai et aimable. Il ne ressemble pas du tout à Charles, il est encore plus grand et plus maigre

que lui, la figure longue, l'œil vif, la parole très facile et
très vive, les manières un peu nerveuses. Nous allâmes
nous promener dans le parc, malgré le froid qu'il faisait.
Ma bonne sœur chérie, je te demande pardon, mais il
faut encore que je vienne te radoter de mon affection.
Tu as été tellement bonne, ces jours-ci et tes adorables
lettres ont été un tel soutien pour moi! Que c'est donc
bon de s'aimer comme nous le faisons depuis vingt ans.
Ce sera bien là une amitié de toute la vie, commencée
au berceau et jamais finie, car on s'aime aussi là-haut
et j'espère que nous nous y retrouverons.

La Muette, 9 octobre 1864 *(à Mlle Wenger)*. —
Ma chérie, je suis bien heureuse. Il faut que je vienne
te le dire, toi qui connais toutes mes pensées. Charles a
dejeuné et dîné avec nous. Je ne le connais vraiment
bien que depuis quelques jours et je ne puis te dire comme il est bon, sérieux, élevé et tendre. Ce sera un guide
et un soutien véritable; c'est ce qu'il me faut. Un jeune
homme qui n'eût pas été sérieux, n'eût pu me convenir.
Toute la famille est dans la joie et tous l'aiment énormément. Je ne te parle pas de moi, tu me devines.

La Muette, 15 octobre 1864 *(à Mlle Wenger)*. —
Je suis désolée de te savoir dans la tristesse. Je suis si
heureuse, dans ce moment, que je voudrais donner du
bonheur à tous ceux que j'aime, pour réparer l'injustice
d'en avoir tant à moi toute seule... T'ai-je dit que j'avais
été voir la grand'mère de Charles? La pauvre femme
est aveugle, et cela me serrait le cœur, de la voir me
presser les mains et m'embrasser, en pensant qu'elle ne
pourrait pas voir sa future petite-fille : non que je me
considère comme bonne à voir, au contraire, mais je
vais l'aimer, cette bonne grand'mère, et c'est affreux de
ne pas voir ceux qui vous aiment. Quant à mon beau-

père, il est le meilleur et le plus aimable des beaux-pè-
res. C'est la bonté même. Je ne te parle pas de mon
fiancé, il est meilleur encore que je n'avais cru le deviner. Oh! mon orgueil, mon orgueil, ce qu'il a manqué
me causer de chagrin, cet été! Tu ne peux t'imaginer
combien je l'aime. On vient de m'essayer les châles.
Ah! quelle corvée! Le bon cher Charles a voulu les
plus beaux; il rit de moi, parce que je ne m'entends à
rien de tout cela. Je lui promets bien de ne pas être une
femme ruineuse. Nous avons un temps splendide. Nous
nous promenons, presque tous les jours, dans le parc. Je
ne puis te dire comme je suis contente d'être fiancée ici
et d'avoir mes heureux souvenirs des premiers temps
à notre chère Muette. Tu comprends cela, n'est-ce
pas? Tout jaunit et tombe, mais c'est bien beau, l'automne.

23 Octobre 1864 *(journal)*. — Voilà près de trois
semaines que je suis fiancée et il me semble que je suis
devenue un peu meilleure. Mon bonheur m'adoucit : je
n'ai plus autant de révoltes, mais je me trouve si peu digne
de mon fiancé, et quel désir ardent j'éprouve de devenir
une bonne épouse, selon Dieu et de le rendre heureux
comme il le mérite!

24 Octobre 1864 *(journal)*. — Charles est venu, hier.
Il a passé toute la journée avec moi, près du feu, ou à nous
promener, malgré la pluie. J'étais maussade, hier et silencieuse, je ne sais trop à quoi cela tient : je comprends si
bien le Père Lacordaire; dans une de ses lettres à
Mme Swetchine, il parle de son silence qu'il ne peut
vaincre et de sa difficulté à trouver ce dont le cœur
d'un ami a besoin. J'ai des jours de silence et hier était
un de ces jours-là. Que j'aurai donc des choses à vaincre
et que je vais lutter contre moi-même! Charles me pro-

met de m'aider et je suis sûre qu'il va me rendre meilleure. Il n'y a qu'une autorité tendre et sérieuse comme la sienne, qui puisse m'adoucir et calmer tout ce que ma nature a d'inquiet et de révolté. Ah! que le bon Dieu est donc bon pour moi; je le bénis, tous les jours. Mes parents, ma tante, toute la famille est si heureuse que c'est un plaisir de les voir. Cela double notre bonheur de voir qu'il rend heureux ceux qui nous aiment. Charles me dit que son père est triste; cela me désole, il est si parfaitement bon et aimable. Il va m'en vouloir de le séparer de son fils, cela me fait peur. Voilà trois semaines aujourd'hui que je l'ai vu pour la première fois. Quelle émotion j'avais et quelle peur qu'il ne me trouvât pas digne de devenir la femme de Charles. Il fut si bon que ma peur se calma peu à peu. Les jours se sont écoulés bien vite, depuis trois semaines, quoiqu'il me semble qu'il y ait bien plus longtemps que nous sommes fiancés. Nous nous voyons, tous les jours, tantôt nous faisons des courses dans la journée, quelquefois nous ne nous voyons que le soir. Et alors quelles bonnes causeries, où nous parlons de choses sérieuses et gaies. J'ai une confiance sans bornes en lui et j'ai dit adieu à mes vilaines défiances, et à mon orgueil de cet été.

27 Octobre 1864 *(journal)*. — J'ai reçu, hier, une lettre de Berthe, qui m'a fait penser à mon hiver, puis à cet été. Ah! que j'ai été bête. Nous serions mariés maintenant, sans ce stupide orgueil et ces vilaines défiances. Dieu est trop bon de me donner tant de bonheur! Marie m'écrit hier qu'elle a bien deviné la vérité, à travers toutes mes contradictions et mes airs si fiers. Mon Dieu! que mon cher Charles est bon et que je l'aime!

28 Octobre 1864 *(journal)*. — Il faut que je me tienne en garde contre la mauvaise humeur. Je me demande comment Charles peut continuer à m'aimer, malgré tous mes défauts. Je crois qu'il voit qu'il pourra en venir à bout plus que tout autre, et que, pour lui, je m'adoucirai.

3 Novembre 1864 *(journal)*. — Mardi, mon cher fiancé est venu à la messe de neuf heures : c'était bien bon à lui et je lui en ai été très reconnaissante, car j'ai eu une grande joie à communier auprès de lui. Je me suis trouvée digne de lui, à ce moment-là, et j'ai senti que le bon Dieu nous bénissait. Oh! qu'il est bon pour moi. Qu'ai-je fait pour qu'il me rende si heureuse? Hier, jour des morts, j'ai communié pour la mère de Charles. Que je l'aurais aimée : il me dit qu'elle était si bonne et qu'elle m'aurait aimée! Lundi dernier, son père est venu dîner. Je ne sais pourquoi il m'a semblé triste. J'ai une vague idée qu'il n'est pas tout à fait content. Et comment peut-il l'être? je ne dois pas être ce qu'il rêvait pour Charles. Voilà mes vilaines défiances qui me reviennent, mais c'est de moi-même que je suis défiante. Samedi dernier, nous avons dîné chez Mme Morisseau, avec l'abbé Chevojon, l'ami et le directeur de Charles; il m'a fait une peur terrible. Je voyais qu'il m'examinait et me comparait à Charles. Je ne lui ai dit que des bêtises : je suis sûre qu'il m'a trouvée très indigne de devenir la femme d'un homme tel que son ami. C'est demain la fête de Charles. Je lui envoie aujourd'hui le Penseur de Michel-Ange. Je vais lui écrire et Maman trouve que ce n'est pas convenable, mais, comme personne n'en saura rien et que, du reste, je me soucie peu de ce qu'on pourrait dire, je vais lui écrire, en dépit des convenances... J'ai à lutter contre la défiance, la fierté et le découragement. Oh! que c'est difficicile de lutter! Charles va m'aider, mais au lieu d'être une consolation et un bonheur pour lui, je vais devenir un ennui, j'en ai peur. C'est encore de l'orgueil : vouloir être tout, et vouloir être trop aimée. Ah! quelle triste nature est la mienne. Mais je vais lutter et courageusement... Ce soir, j'étais contente de moi, j'ai eu plusieurs victoires sur moi-même, j'ai refoulé bien des choses. Charles les a un peu vues, mais il voit tout et, du reste, je ne puis rien lui cacher. Ah! que le bon Dieu le bénisse mille fois de m'aimer comme il fait !

3 Novembre 1864 *(à son fiancé)*. — Ne vous fâchez pas, si je vous écris, mon cher Charles, et ne vous effrayez pas non plus, ce n'est pas un compliment de fête que je viens vous faire. Je veux seulement vous dire, mon ami, un petit accommodement que j'ai fait avec les convenances. Je sais que vous admirez beaucoup la charmante tête de Diane; vu mon âge, je ne pourrais pas vous l'offrir, mais, si ce *songeur* ne vous plaît pas, nous avons arrangé avec Barbedienne que vous le changeriez contre cette ravissante Duchesse. Cher ami, vous la mettrez sur votre bureau et, quand vous travaillerez, de temps en temps, elle vous fera penser à cet heureux temps que vous avez perdu loin de vos livres, avec votre *baby bride*. Vous vous direz que vous l'avez rendue la plus heureuse fiancée qui existe et qu'elle est très triste de ne pouvoir mieux exprimer tout ce qu'elle a dans le cœur.

5 Novembre 1864 *(journal)*. — J'ai trouvé hier, en rentrant d'une foule d'ennuyeuses courses, une grande boîte sur ma table, avec une lettre qui m'a fait battre le cœur. C'était un cadeau de mon trop bon et trop généreux Charles, les Evangiles de Curmer, admirablement reliés, avec mon nom, ce cher nom que je vais porter. C'est de toute beauté, chaque page est un chef-d'œuvre; comme cela ranime la foi de voir cette piété naïve des chrétiens d'autrefois. Je ne puis dire les émotions qui me remplissaient le cœur, toute la soirée. J'ai bien mal remercié Charles, mais je pense qu'il m'aura devinée. Je me sens si indigne de lui que cela me rend toute triste et je me reproche, comme un crime, de ne pas l'avoir toujours adoré. Mon cher mari, qu'il est bon pour moi. Mais je vais tant l'aimer qu'il me pardonnera tout ce qui, en moi, est tant au-dessous de lui.

7 Novembre 1864. — Ma journée a été pleine d'émotions. Charles a été si généreux que j'en suis toute confuse et troublée. Cela me paraît si drôle de me voir ces robes, ces cachemires, ces dentelles et ces bijoux magnifiques. Comme je vais être gauche, là-dessous. Mais mon cher mari va faire mon éducation, car, sous ce rapport, je ne suis pas élevée ou plutôt, je ne me suis pas laissée élever. Oh! que Charles est donc bon! Tout est splendide, d'un goût parfait. Je suis étourdie de tout cela, je je crois rêver: un trop beau rêve, qui me fait peur... Mon cher Charles a donné à Pierre un souvenir charmant, il pense à tout. Mon Dieu qu'ai-je fait pour mériter un tel mari?

10 Novembre 1864. — C'est aujourd'hui le mariage à la mairie. Mon Dieu! que je suis heureuse! Hier, la soirée de contrat; tout s'est fort bien passé, il est venu une foule de monde. Tous ont été charmants pour moi et il n'y a eu qu'une voix sur mon cher mari. Me voici mariée devant les hommes! A demain. Je suis aussi heureuse qu'on peut l'être et Dieu est trop bon.

11 Novembre 1864. — Me voici à la veille du grand jour: je crois rêver. Mon cher mari va venir et nous allons nous préparer, en communiant ensemble. Mon bon curé dit la messe pour nous deux. Hier, en sortant de la mairie où les témoins, la famille et quelques amis étaient seuls réunis, nous avons été voir ma chère grand'mère, qui a été bien bonne. Tous étaient affectueux et j'avais le cœur plein de joie En rentrant, nous somme allés chez tante Célestine, où j'ai trouvé ma Marie, qui était, hier, très émue. Mes parents et mes bonnes tantes, je ne puis croire que je vais les quitter! Ah! qu'ils sont tous bons pour moi. Et qu'ai-je été pour eux? un tourment et un ennui! Mon cher beau-père est venu dîner, ainsi que M. Possoz et M. Daubrée. Le maréchal Vaillant fut très aimable, à la mairie. M. de Flahault est un grand beau vieillard, se tenant droit pour ses quatre-vingts ans, avec un grand air de gentilhomme. La cérémonie n'est guère imposante. Cela n'empêche que je n'aie été bien émue. J'ai eu des tremblements et des envies de rire nerveux. Mon Dieu, est-ce bien possible? J'ai un mari et comme il n'y en a pas deux au monde. J'ai si peur de rêver que je ne m'arrête pas à cette pensée et je laisse aller mon bonheur, sans trop l'approfondir. — Voici ma dernière soirée de jeune fille; ma chère bonne mère, mes tantes avaient le cœur un peu gros, le soir. Ah! que Dieu les bénisse pour tout l'amour que leurs cœurs m'ont voué. J'ai été bien heureuse près d'elles et de mon bon père; j'ai tellement peur d'être ingrate, mais Dieu sait que je les aime, de toute mon âme. Je ne sais pas le témoigner, je ne sais pas le dire; mon Dieu, comme l'esprit est pauvre pour dire ce que le cœur sent. Mon bon Charles et moi avons communié ensemble, ce matin. Je demande à Dieu de me rendre digne de mes devoirs et de mon bonheur. Charles était fort gai, ce soir, il dit qu'il fera de moi ce qu'il voudra. Mon orgueil a beau s'indigner de cette idée, je crois qu'il a raison.

Tante Camille est triste de ne plus m'avoir : voici la dernière nuit que je passe près d'elle. Chère tante, comme elle est bonne et tendre! Je prétends qu'elle aime mieux Charles que moi; s'il était son enfant elle ne pourrait plus l'aimer. Que Dieu a été bon de me donner tant de cœurs aimants et dévoués autour de moi! Suis-je digne de tout cela? Ah! que je suis petite et faible et indigne! Mon Dieu, je vous remercie pour tous les chers parents et tous les amis que vous m'avez donnés. Ah! que c'est bon d'être aimée. C'est le vrai bonheur. Je passerais ma soirée à rêvasser, écrire et prier, mais ma mère veut que je me couche, de bonne heure. Elle a peur de la fatigue pour moi, à cause de demain. Demain! je crois rêver. A cette heure-ci, j'arriverai à Bourbilly, avec mon mari et ma fidèle Rosine. Je cesse, tout est prêt pour demain. Mon Dieu, bénissez cette dernière nuit, je devrais la passer en prières!

Lundi, 14 novembre 1864. — Comment retracer le souvenir de ces joies et de ces émotions, cette entrée dans l'église, la parole si noble, si élevée de l'Archevêque, et cette messe dite par mon bon curé, au son de célestes mélodies. Quelles émotions remplissent le cœur et quelles joies inondent l'âme! — Et cette journée a passé comme un rêve, dont le souvenir n'a pas besoin d'être retracé sur ces pages, car il reste gravé ineffaçable dans mon cœur. Il était deux heures du matin, quand nous sommes arrivés à Bourbilly : j'ai seulement aperçu, au clair de la lune, la silhouette des grands bois et l'ombre majestueuse du vieux château. Le rêve continue. A neuf heures, nous sommes partis en voiture, pour aller entendre la messe à Vic-de-Chassenay. Au sortir de l'Eglise, les jeunes filles du pays m'ont offert un bouquet de fleurs, et elles nous ont lu un petit com-

pliment, auquel Charles a répondu. En revenant à Bourbilly, nous sommes descendus de voiture, et nous avons
traversé à pied la Garenne. Puis nous avons déjeuné, en
tête à tête, au pavillon. Charles m'a montré ensuite le
Grillon, le Moulin, le Peucrot, Villars et Courcelles-
Frémoy. Tout ce que je vois ici me plaît. Cette nature
attristée par l'automne, ces bois dépouillés de leurs
feuilles, ce calme et ce silence qui pénètrent jusqu'en
nous, tout cela me remplit le cœur d'une douce joie.
Notre bonheur, cependant, ne nous fait pas oublier les
absents, et nous pensons bien souvent aux habitants de
la Muette.

Bourbilly, 14 novembre 1864 (*à Madame Erard*). —
Ma bonne tante, c'est à toi aujourd'hui que j'écris; tu as
été tellement bonne, ma petite mère, que j'en suis toute
émue quand j'y pense, et il faut que je vienne te remercier de cette tendresse, dont je me sens si indigne. Nous
avons bien pensé à toi, à ma mère chérie, à vous tous,
depuis notre départ. Aujourd'hui, mon cher mari a été à
Semur faire quelques courses, comme j'étais fatiguée, je
suis restée à la maison, pour obéir à mon seigneur et
maître qui me soigne, me dorlote et est d'une bonté, dont
tu ne peux te faire une idée. Mes bonnes mères, re-
merciez bien Dieu pour moi, car je suis trop heureuse.
Nous avons reçu, ce matin, une lettre de mon beau-père.
Vous avez été plus paresseux que lui; j'avoue que
j'ai été un peu désappointée de ne pas recevoir un mot
de vous. Mais ce sera pour demain j'espère. Je me réjouis de lire une de ces bonnes lettres détaillées comme
toi seule en écris; sera-t-elle triste, me regrettez-vous?
Je crois que oui, n'est-ce pas... Je suis dans le ravissement
de ce beau pays; c'est d'un sauvage qui te plairait et
d'un isolement qui fait mon bonheur. On se croit bien

loin, au milieu de ces bois et de ces prairies. J'ai vu
l'ancien régisseur et le curé de Vic-de-Chassenay, ainsi
que le maire et sa famille. Tout le monde me fait un
accueil affecteux qui me touche. Mon cher mari est
adoré, et entre nous, il le mérite bien.

15 Novembre 1864 (*journal*). — Nous avons fait
encore aujourd'hui une grande promenade dans les bois,
à Thostes et à Sauvigny. Il y a des parties sauvages qui
me ravissent. Dieu que la campagne est belle, même
sévère et dépouillée comme elle est maintenant! Nous
sommes allés ensuite faire visite au père Galotte. Je
l'aime beaucoup, sa figure fine et bonne m'attire. Il adore
Charles, tout le monde en fait autant ici et moi plus que
tout le monde. Notre vie a commencé sous les plus
heureux auspices, et l'avenir m'apparaît si noble et si
sérieusement heureux avec ce cher mari à mes côtés!

15 Novembre 1864. (*à son père*). — Tout mon bonheur, quelque grand qu'il soit, ne m'empêche pas de
penser à vous... Ce pays te plairait, il est sauvage et
riant à la fois, c'est la vraie campagne bien calme et
tranquille et, avec cela, des noms à calembours, que ton
gendre ne manque pas d'exploiter. Le Serain est une
jolie rivière dans le genre que tu aimes, sinueuse et
claire. Je trouve tout charmant, je suis aussi heureuse
qu'on peut l'être, vous devriez bien m'écrire que vous êtes
contents de tout cela. Nous venons de rentrer d'une
grande promenade en voiture. Toutes ces campagnes
sont d'une grande beauté et comme cela doit être charmant au printemps, mais je trouve tout beau, malgré la
sévérité de l'automne et, de notre petit pavillon, nous
défions tous les plus beaux printemps d'être plus gais et
plus heureux que ce mois de novembre. Mon bon mari
est bien aimé ici; toutes les personnes que nous voyons

lui parlent avec un respect affectueux, qui sent les affections d'enfance et les dévouements fidèles.

16 Novembre 1864 (*journal*). — J'ai fait aujourd'hui mes débuts : nous avons eu à déjeuner deux curés, M. Galotte et un de ses amis. Cela me semblait si drôle d'être en face de Charles, avec quatre personnes ,qui me disaient Madame et me parlaient sérieusement. Comme c'étaient de braves et aimables gens, j'ai trouvé cela très gentil et amusant.

20 Novembre 1864 (*journal*). — J'ai eu une mauvaise journée. Mme Morisseau m'avait recommandé une vieille femme de charge. Je lui ai donné cent francs. Charles m'a fait observer que c'était trop. J'ai reconnu ma bêtise, je ne connais pas la valeur de l'argent, et je suis si faible et misérable devant la vie que c'en est une honte. Mon pauvre Charles a été bon comme un ange pour moi. Ah! quel ennui je suis pour lui, moi qui donnerais ma vie pour lui en épargner un! Quel pauvre courage est le mien. Nous avons été sur la route de Thostes et j'ai eu la stupidité d'ennuyer Charles de mes larmes, mais je prends bien la résolution d'être forte, à l'avenir et de ne plus me laisser abattre par la moindre peine. Que mon cher mari a donc été bon, il m'a fortifiée et donné du courage et maintenant je suis prête à lutter contre moi-même.

Bourbilly, 20 novembre 1864 (*à sa mère*). — Ah! chère maman, quelle joie de t'embrasser? Comme l'on me gâte. Mon beau-père ajoute deux mots, pour moi, à toutes les lettres qu'il écrit à Charles. Tout le monde pense à moi et m'aime et je suis la plus heureuse créature qui existe. Je ne te parle pas de mon mari : ce qu'il est, cela ne s'exprime pas. M. Dulong de Rosnay avait raison, il n'y en a pas deux au monde tels que lui...

Charles vous embrasse tous. Sois tranquille, il me soigne, il me dorlote, il n'y a pas moyen de faire la plus petite imprudence, avec lui. L'air est délicieux, nous faisons de l'exercice et nous mangeons bien, nous n'avons rien à nous reprocher. Enfin, nous sommes de braves enfants, qui aiment bien leur bonne mère chérie.

21 Novembre 1864 *(journal)*. — Nous avons descendu la Garenne : le coucher du soleil était fort beau, le ciel bien pur et le calme divin de cette belle soirée n'était interrompu que par la rentrée des troupeaux. Comme cette solitude et cette paix vous élèvent l'âme et vous font du bien! Je ne sais pourquoi, j'avais le cœur gros, cela m'a calmée comme par enchantement : me voici joyeuse entre les mains de Dieu. Pourquoi m'inquiéter de l'avenir et de mes devoirs mal remplis? Dieu m'aidera et Charles est si bon que le courage me viendra avec l'expérience. Je ne sais à quoi tient cette faiblesse craintive et stupide. Cela me fait honte. Je pourrais être quelque chose et, avec tout ce que Dieu m'a donné, je suis une femme si faible et si lâche. Cela me fait du bien de me raisonner ainsi.

22 Novembre 1864. — Nous venons de rentrer de Vic-de-Chassenay. Nous avons communié, Charles et moi, à la messe qui a suivi la bénédiction : nous avions deux places, dans la petite chapelle, à côté de tous les bons curés venus de loin pour fêter sainte Chantal. Je ne puis dire tout le bonheur que j'ai eu, toute cette journée. Après la cérémonie, nous avons été déjeûner chez le curé. Nous étions bien une trentaine. J'étais entre le curé et M. Marchand. Mon cher Charles a porté la santé du curé et a fait le plus joli petit toast qu'on puisse entendre. Tout le monde a été charmant pour moi... Nous partons demain matin. Charles m'a promis de me ramener bientôt. Le pays doit être ravissant ,au printemps. Je me sens le cœur si heureux, si léger, si plein d'amour pour mon cher mari, et de joies de toutes sortes. Ah! que j'ai donc été heureuse de recevoir Dieu, à côté de lui, ce matin... Le curé de Semur, dans son discours de ce matin, a parlé de nous très bien. Tous ces bons curés ont été fort aimables. Il aiment tous mon Charles; son beau caractère si sérieux et si bon, sans banalité ni raideur, inspire l'estime et l'affection. Ah! que Dieu a été bon de me donner un tel mari!... Ce pauvre cher Bourbilly va bien me manquer. Ah! quelle reconnaissance je lui dois et de quels chers souvenirs il est rempli pour moi.

III

LA MATERNITÉ

(1865)

Au moment où nous étions fiancés, Mme Erard avait bien voulu nous offrir de mettre à notre disposition une partie de l'ancien château de la Muette, qui en avait été séparée au moment de la Révolution et qui se trouvait alors occupée par un ami de la famille, M. le comte d'Auchamps. Le bail de ce dernier finissait précisément à cette époque, et l'on s'occupa aussitôt de faire les réparations nécessaires, en même temps que de relier ce corps de bâtiment à celui qu'occupait Mme Erard. Les travaux étaient à peine commencés, au moment où fut célébré le mariage, aussi avait-il fallu chercher une installation provisoire. Nous avions eu la chance de trouver un petit hôtel, entre cour et jardin, situé au numéro 107 de la rue de Lille. Ce fut là que nous vînmes habiter, en arrivant à Paris, et nous y restâmes jusqu'à la fin de l'hiver.

Le 21 mars 1865, nous vînmes nous installer à la Muette, dans l'appartement de Mme Erard, ce qui nous permit de presser les travaux. Le 16 juin, Mgr Buquet, évêque de Parium, vint bénir notre nouveau logis et, ce même jour, nous en prîmes définitivement possession. Marie, se trouvant enceinte et obligée de prendre certaines *précautions, à cause d'un accident qui avait failli se produire, ne put pas voyager, pendant l'été ; je m'absentai moi-même assez peu, cependant je conduisis successivement à Bourbilly, M. et Mme Schaeffer et Mme Erard, qui désiraient connaître notre propriété.*

Le 28 septembre 1865, eut lieu l'événement si ardemment désiré, si impatiemment attendu : le premier-né de nos enfants fit son entrée en ce monde. C'était une fille : sa vie avait été en péril, pendant quelques moments, mais, grâce à Dieu, le danger avait été conjuré. Elle fut ondoyée, le jour même, et nous lui donnâmes les noms de Cécile (en souvenir de ma mère), Chantal (en honneur de la grande sainte de Bourbilly), Elisabeth (nom de Mme Schaeffer), Marguerite (en souvenir de la chère amie que Marie avait perdue). Mon père et Mme Schaeffer tinrent l'enfant sur les fonts baptismaux, le 12 novembre, jour anniversaire de notre mariage.

24 Novembre 1864. — Me voici dans le cabinet de Charles : quel rêve. Moi ici, je ne puis le croire. Je suis toute émue, en regardant autour de moi, en voyant ces livres, ces gravures, cette paisible retraite, témoins de sa sérieuse jeunesse. Oh ! mon cher mari, il n'y en a pas beaucoup comme toi, et que tu mérites bien d'être aimé ! Nous avons quitté, hier, notre cher Bourbilly ; le temps a été ravissant, un ciel pur et calme. Il y avait, dans l'air, une sérénité douce, qui me donnait, je ne sais pourquoi, comme envie de pleurer.

27 Novembre 1864. — Nous avons reçu une lettre de mon beau-père. L'Empereur a été très aimable pour lui, et l'Impératrice a témoigné le désir de nous voir, Charles et moi. Je ne sais quel sentiment me saisit, à cette idée; ah! que j'aime donc rester dans mon coin, obscure et tranquille et ne pas voir ce qu'on appelle l: monde. Il y a un an, je n'aurais pas pensé cela. Comme, en un an, on peut changer; que d'idées folles disparues et que de nouvelles idées fermentent dans la tête, et pourtant, je ne crois pas être capricieuse. Charles va me changer complètement...

28 Novembre 1864. — Nous avons été à vêpres, à Sainte-Clotilde. J'avoue que j'y ai peu prié. Mlle de M. vint se mettre près de nous et sa présence, ses airs absorbés et son joli profil me donnèrent des distractions. Je la plains, pauvre fille, je la plains de tout mon cœur, moi qui possède le bonheur qu'elle a rêvé.

1er Décembre 1864. — Charles ne reviendra que vers midi. C'est étrange de me voir là, au coin de mon feu, attendant mon mari. Et pourtant je me fais très bien à cette chose étrange, et il me semble que mon bonheur présent dure depuis bien longtemps. Comme on s'habitue vite, sans se lasser, au bonheur! Ah! que Dieu est bon pour moi et que je l'en remercie de toute mon âme... Hier soir, nous avons été ensemble au théâtre, nous étions dans une des plus belles loges, et j'étais honteuse, pour mon cher mari, de la modestie de ma toilette. Il a été si gentil, il n'a pas trop rougi de sa petite femme. Que c'était donc drôle d'être là, nous deux, dans cette loge et ces visites qui nous venaient pendant les entr'actes! On jouait *Martha*, et cette musique tendre et facile, m'a fait grand plaisir. La Patti a chanté, comme un ange, la romance de la rose. Quelle voix jeune et pure et quel rafraîchissement que d'écouter cet organe charmant. Notre ami Vivier est resté avec nous, pendant le dernier acte; je l'aime beaucoup, je l'ai toujours vu le même, et il est capable d'amitié sérieuse et dévouée, plus que bien des gens de ma connaissance. Il est si content de nous voir mariés : c'est lui qui, le premier, a eu cette idée, et vraiment, elle est assez bonne. Je suis si contente que notre mariage n'ait pas été arrangé comme tous ceux d'à présent ; c'est le bon Dieu seul qui s'en est d'abord mêlé et qu'il fait bien les choses !

2 Décembre 1864. — Pauvre mère et tante étaient tristes... Je lutte, je lutte, car je me rendrais insupportable à mon bien-aimé Charles. Et il est si parfait pour moi que je devrais lui éviter jusqu'à l'ombre d'un ennui. Il a raison, je ne sais pas jouir de mon bonheur. C'est qu'il est si grand que j'ai peur. Ah ! que Dieu soit béni et qu'il me pardonne mes inquiétudes ! Je vais réagir, Charles me calme comme par enchantement. Il m'assouplit que j'en suis moi-même étonnée : pourtant, je pensais toujours qu'une autorité comme la sienne ferait de moi ce qu'elle voudrait. Mon bon Charles, comme il m'a doucement raisonnée, et quelle entêtée je me suis montrée ! Mais je devrais l'adorer, mon mari, il est vrai que c'est ce que je fais, mais je ne le prouve pas. Ah ! que je l'aime et que mon cœur est plein de reconnaissance pour lui : j'ai honte de mon peu de confiance. J'éprouve, devant lui, une telle défiance de moi-même et c'est cela qui fait naître ces vilains doutes et ces inquiétudes. Tout est passé maintenant. Son bon petit sermon d'hier soir a chassé ma triste disposition d'esprit : j'ai le cœur bien gai et confiant.

4 Décembre 1864. — Je n'ai pas eu le temps, hier. d'écrire mon journal, étant rentrée avec une migraine affreuse, que mon bon mari a soignée comme un ange. J'avais eu des émotions, toute la matinée, d'abord à la messe que Charles faisait dire pour sa pauvre mère. Nous y avons vu son père, et là, entre eux deux, une foule

de pensées m'a traversé la tête et m'a fait le cœur gros.
Nous avons déjeuné avec mon beau-père. Il nous a parlé
de son voyage, il a été bien bon pour moi. Il doit me
prendre pour une niaise, car je n'ouvre pas la bouche
devant lui; je suis paralysée, je ne dis mot, car, quand
je lui parle, je ne lui dis que des stupidités. Cette gêne
m'est pénible, je ne sais à quoi l'attribuer, car il est
charmant pour moi. J'aurais là ma place à prendre, je
sens que, si je voulais, je pourrais me faire aimer de lui.
Eh! bien, non! je ne bouge pas de mon coin; j'écoute
parler Charles et je reste muette et étrangère à tout.
C'est stupide, mais je n'y puis rien et j'y comprends encore moins. Après déjeûner, nous avons été, Charles et
moi, au Père-Lachaise. Ah! que d'émotions j'ai eues.
Je sens la place vide de ma belle-mère comme si je l'a-
vais connue, et cela me semble étrange de n'être que
trois chez mon beau-père, à table et au coin du feu.

5 Décembre 1864. — Je viens de relire ce que j'ai
dit, hier, sur mon beau-père. Vrai, je n'y comprends rien,
car il est impossible d'être meilleur, plus charmant, plus
aimable, plus paternel, je puis dire. Je m'indigne contre
moi-même de ne pas lui témoigner toute l'affection que
j'éprouve pour lui Ah! mon Dieu, pourvu que je ne
sois pas un obstacle, entre son fils et lui. Je deviens
toute triste quand je pense à lui, tout seul dans cet appartement. Il ne doit pas m'aimer, c'est impossible, peu
aimable comme je suis et lui enlevant Charles. Cela me
rend toute triste.

6 Décembre 1864. — Charles vient de partir pour
un mariage; je viens de l'ennuyer ridiculement, à propos des visites d'aujourd'hui. Il en viendra beaucoup,
j'en suis sûre, et j'ai eu la sottise de lui dire tout l'ennui
qu'elles vont me causer. Cela lui a fait de la peine, je

crois. Quelle folle je suis, je ne sais rien accepter des
ennuis de la vie; c'est pour Charles que je dois le faire
et je dois être aimable pour ses amis. Et j'avais bien
juré pourtant, samedi, devant la tombe de sa mère, que
je serais une bonne femme, soumise et prévenante
pour mon bien-aimé Charles et que le but de ma vie
serait de lui être agréable en toutes choses, et voilà déjà
que j'ai commencé à l'ennuyer. Oh! que je suis faible et
stupide! Mais que serai-je donc devant les chagrins et les
douleurs, si je suis si peu forte devant les ennuis! Oh!
Charles, comme il est bon et parfait et que je suis donc
loin de lui!

10 Décembre 1864. — J'ai passé une nuit abominable. D'affreuses rages de dents m'ont laissée toute entière
à mes remords et à mes tristes pensées, en m'ôtant tout
sommeil. Charles vient de causer avec moi et a été bon
comme un ange, ah! que je suis donc peu digne de lui!
J'ai la honte dans le cœur. Mon bien-aimé Charles,
comme je l'aime mais comme je sais peu le lui prouver!
Je suis fatiguée, attristée, mécontente de moi, malgré
son bon regard indulgent, tout à l'heure, quand il m'a
quittée. Ah! mon Charles que je voudrais donc être
digne de toi! Ce soir, nous allons dîner chez le Prince
Napoléon. Cela me fait un peu peur. On dit la princesse
très simple, très bonne et très peu effrayante. Mon Dieu,
pourvu que je ne fasse pas honte à Charles : je suis une
sauvage, je ne sais pas comment me tenir dans le monde,
je reste sotte et muette dans mon coin et je ne suis pourtant pas beaucoup plus bête qu'une autre. Oh! Charles,
que je suis donc triste de t'avoir peiné!

14 Décembre 1864. — Je suis souffrante, depuis
quelques jours. Ah! si cela pouvait être la raison que
Charles me donnait avant-hier, que je serais heureuse!

Mon Dieu! avoir un mari comme j'en ai un et un cher petit enfant, ce serait trop de bonheur.

21 Décembre 1864. — J'ai été affreusement maussade, ce soir, avec mon pauvre bon Charles. A quoi tient cette sauvagerie? Je n'en sais rien, ce n'est ni peur ni fausse honte. Je redoute les faux visages et les nouvelles amitiés. Pourquoi, je n'en sais rien. Je n'ai pas besoin d'adorer les gens et mon cœur ne se gaspille pas pour cela. Je trouve moyen, avec mes airs maussades, de peiner mon bon mari. Je me racornis, je me rapetisse l'esprit, je deviens bête à faire plaisir et j'ennuie mon mari. Je n'ai plus de nerf, je ne sais plus réagir; autrefois, j'avais plus de force sur moi-même. Je suis lâche et faible. Je crois même, ô stupidité! que, dans mon désir de fuir tous ces amis de Charles, il y a un bête de regret de le connaître depuis moins de temps, une espèce de jalousie. J'ai déjà manqué d'être jalouse et moi qui me croyais si au-dessus de ce sentiment-là! Je suis stupide!

25 Décembre 1864. — Nous revenons de la messe de minuit, où j'ai communié avec mon bon Charles. Comme il est pieux, et ferme, et fort dans sa piété! Cette belle messe de minuit qui vous remplit l'âme de joie, ne m'a donné que de la tristesse et du découragement. J'avais, ce soir, le cœur sec et aride, comme je ne l'ai jamais eu. J'ai eu à lutter, tout le temps que j'étais à l'église. J'ai lutté avec tristesse et découragement, mais avec bonne volonté. J'ai souffert affreusement. Ah! que c'est difficile, la lutte contre soi-même. Je suis faible et misérable et honteuse de moi, à côté de Charles. Dieu est bon et aura pitié de ma faiblesse. Charles, mon bon Charles, en rentrant, m'avait mis, dans ma pantoufle, une paire de magnifiques boutons. Sa bonté m'a fait mal, j'avais le cœur si gros que j'aurais pu sangloter. Je suis honteuse de moi-même .. Je suis honteuse de ma disposition d'esprit de cette nuit ; j'ai presque triomphé. Charles est bon comme un ange ; il me console sur moi-même et me fait du bien...

26 Décembre 1864. — Nous venons de rentrer d'une promenade sur les boulevards. J'irais au bout du monde, au bras de mon mari ; c'est si gentil de flâner ensemble, cela devrait me sembler étrange et il me semble que nous avons toujours été ainsi. Petit chagrin à dîner, à cause de l'observation de Charles, à propos de Madame M... Je suis folle et l'ennuie de ma sensiblerie. J'en suis désolée, car il est impossible d'être bon et tendre comme mon cher mari. Ah ! que j'ai donc à lutter pour devenir digne de lui !

1er Janvier 1865 — Nous avons heureusement commencé l'année. Ah ! que Dieu soit béni, pour ce qu'il m'a donné, dans l'autre : grandes tristesses et bonheur infini... Ah ! que cette année soit heureuse et bénie, pour mes bien-aimés parents et tous ceux que j'aime ; puissé-je rendre mon cher mari heureux, avoir l'espoir d'un cher petit enfant, marier ma sœur et Pierre, chacun pour leur bonheur, etc...

3 Janvier 1865. — Je suis mauvaise, ce soir, grognon au possible, et je vois, chez mon bon mari, des mécontentements qu'il dit ne pas avoir. Je ne sais m'occuper de rien. Ah ! quel bon mari j'ai et quelle abominable et ennuyeuse femme on lui a donnée !...

Écrit par Charles : Je suis mécontente de moi. J'ai un tel désir de bien faire, de me rendre agréable et utile à mon mari, que le moindre regard, le moindre mot de sa part me sont affreusement sensibles. Je ne songe pas qu'il peut être agacé, fatigué, pressé, ennuyé lui-même pour tout autre motif, je le crois mécontent, et mécontent de moi. Une fois dans cet ordre d'idées, j'interprète tout de travers, et je finis par devenir toute triste, ce qui me rend maussade et grognon. Et puis, si Charles vient à me faire une observation, je la prends pour une gronderie et non pour un conseil amical, de sorte que mon cher mari doit être fort embarrassé, dans certains moments, de savoir par quel bout me prendre. Quel est le remède à tout cela? Un peu moins d'orgueil, se croire moins forte, et recourir à Dieu. Je serais si bonne, si je pouvais être plus égale, et si le mauvais ange n'avait pas quelquefois raison du bon! Donc, résolution pratique : Aussitôt que je sentirai la crise approcher, je ferai seulement cette petite invocation : Mon Dieu, je me noie, tendez-moi la main! et, tout bas ou tout haut, un petit signe de croix!

5 Janvier 1865. — L'autre jour, je me suis couchée, chargeant mon cher mari de finir mon journal. J'ai été bien émue, honteuse de moi-même et attendrie jusqu'au fond du cœur, de la bonté de Charles, en lisant cette page, le lendemain matin. Oh! comment puis-je peiner, un seul instant, par des craintes stupides, un mari si parfaitement bon et indulgent... Jenny va très bien, cette chère amie est plus tendre et plus gentille que jamais. Mon petit mari chéri est bien gentil pour elle. Ah! que je l'aime et qu'il est donc bon et charmant. Je suis molle et paresseuse à être souffletée. Ah! que cette habitude de causer avec moi-même me fait du bien. Cette chère petite page de Charles va être mon guide et mon soutien. Ah! que Dieu a été bon de me donner un bon ange gardien comme mon cher mari.

7 Janvier 1865. — J'ai été, ce matin, au mariage de Jules avec la petite Ricoux. Tout s'est très bien passé.

Le brave Jules avait une tenue qui m'a touchée. Je n'étais pas revenue à Notre-Dame des Victoires, depuis mon mariage, et cela m'a remis toute cette émouvante matinée devant les yeux. Je me suis vue à côté de mon mari, devant l'autel, j'ai entendu Monseigneur, j'ai vu la foule, tous les miens, puis le bon baiser de Charles, à la sacristie, quand les amis et les indifférents ont cessé leurs embrassades et leurs félicitations. Ah! mon Dieu! déjà huit semaines. Que Dieu soit béni pour le bonheur dont il me comble!.. Charles vient de rentrer, comme j'écrivais à Marie. Nous avons eu une bonne petite demi-heure de causerie. Il est bon comme personne ne l'est. Ma mère, mes tantes l'adorent et semblent si heureuses de me voir à lui.

16 Janvier 1865. — Dîner chez tante Camille, avec les Alexandre; le soir, les Bœrsch. Pendant qu'Ascher jouait, nous sommes restés Charles, Jeanne, Jenny et moi, à rire et bavarder dans le petit salon. Mon petit mari chéri est bien gentil avec mes amies, je suis très reconnaissante de tout cela; il est si bon, si charmant. Mon Dieu que je suis heureuse et que je l'aime.

17 Janvier 1865. — Le désir m'est venu de causer un peu avec moi-même, ce que je n'ai pu faire tranquillement depuis longtemps. Voyons, depuis quelque temps ai-je fait des progrès? Non; imperfection sur imperfection, voilà tout ce que je découvre en moi. Et d'abord, jalousies atroces, vilains doutes sur les uns et les autres; je lutte, mais je retombe. Ah! que c'est dur de se vaincre soi-même! Ah! que je suis donc grognon et désagréable; depuis quelque temps, tout me déplaît, me répugne et cela quand Dieu me donne autant de bonheur qu'il est possible d'en rêver. Mon bon mari me supporte, avec une patience d'ange. J'ai des moments

où je dois être insupportable. D'où cela vient-il? d'un
orgueil immense et d'un égoïsme plus grand encore.
Tout me blesse, la plus petite plaisanterie, un rien, une
phrase dite d'un certain ton, et me voilà me forgeant
mille choses et les idées tristes m'envahissent et me
donnent un air grognon et mécontent. Quand donc mon
pauvre Charles me verra-t-il un visage toujours souriant
et heureux?

25 Janvier 1865. — Que je l'aime mon bien-aimé
Charles, je ne puis assez répéter combien il est bon et parfait, je lui dis toutes mes pensées; il me pardonne et me
fait tant de bien...

26 Janvier 1865. — Je suis comme autrefois, seulement j'ai en plus tout le bonheur possible : il n'y a pas
de quoi me rendre triste. Depuis quelques jours, j'ai un
vague espoir qui me fait battre le cœur. Oh! ce serait
trop alors! je suis si indigne et mérite si peu l'immense
bonté de Dieu... Tout à l'heure, j'ai fait ou voulu faire
une chose qui m'a fait peur. Charles m'avait dit qu'il
me permettait de lire son journal J'ai entr'ouvert ce
livre, qui me semble un peu sacré; j'y ai lu un mot ou
deux qui m'ont éblouie, j'ai vite fermé le livre ,en en-
voyant, de cœur, mille tendresses à mon bien-aimé Charles. Je n'y toucherai plus que sous ses yeux, qui sont
pour moi un guide, une force, un soutien, tout au monde
car j'y vois son cœur et son affection.

27 Janvier 1865. — Je suis seule, je lis et je rêve, je
rêve surtout. Je pense à ce vague espoir, qui semble
pouvoir devenir une réalité. Oh! quelle joie pour moi,
pour Charles, pour maman, pour tous. Je prie Dieu de
toute mon âme...

2 Février 1865. — Me voilà recluse et privée de
bals et de soirées. Oh! la bonne corvée de moins et quel

ennui béni en plus. Dieu est trop bon, il a ajouté encore à ce bonheur si parfait!... Ma bonne mère chérie me consacre presque toutes ses journées, tantes et père viennent me voir, mon beau-père, les amies aussi. Ma chaise longue est toujours gaiement et amicalement entourée. Oh! que je suis heureuse!

12 Février 1865. — Aujourd'hui trois mois que nous sommes mariés et, dans ces trois mois, de combien de joies et de bonheur Dieu nous a comblés... Hier et ce matin, bonnes visites de mon beau-père, il vient bien souvent, toute gêne se dissipe, car il est impossible d'être meilleur et plus aimable que lui... Charles va, ce soir, chez Mme Rouher. C'est singulier comme j'éprouve peu de sympathie pour cette famille. Mon cœur effleure la jalousie. Oh! pauvre cœur que tu es faible, quand tu devrais être si fort et si fier de son amour...

15 Février 1865. — Quand Charles est rentré, j'écrivais à Fanny Lablache et, lorsqu'ils s'approcha de moi, je cachai bien vite ma lettre; le mouvement le peina, je continuai d'écrire, lorsqu'il prit un journal et ce fut mon tour d'avoir une petite blessure au cœur; j'avais tort, mille fois, mon pauvre bon Charles vit bien vite mon air soucieux, il ne résista pas à sa bonté et me fit des reproches doux et tristes, qui me navrèrent, puis peu à peu, tout en prêchant, et consolant tour à tour, il me dit aussi que je n'étais pas, avec ma si bonne mère, respecttueuse et tendre comme je le dois et comme elle le mérite. Il me dit tout cela, avec sa douceur sérieuse qui fait de moi tout ce qu'il veut. Il a été bon comme un ange, et lorsqu'il vit mes larmes, mon chagrin, mes remords, il me consola avec une tendresse que je n'oublierai de ma vie. Oui, je le crois, il me rendra meilleure; avec lui, je ne désespère pas de moi. Je me promets bien de réparer ce que j'ai fait. Ah! que j'ai hâte de dire à ma mère, mes remords et ma tendresse. Ils sont tous bons et parfaits, et moi que suis-je? J'ai le cœur brisé, mais, avec Charles, je me relève, avec lui, je me vaincrai.

18 Février 1865 — Charles me soigne et me dorlote comme un petit enfant, il est admirablement bon pour moi, aussi je l'aime comme jamais je n'aurais cru que j'aimerais quelqu' un, mais est-ce que je l'aime *bien*, en le rendant heureux? J'ai peur que non, je suis grognon et presque jalouse. Oh! honte! jalouse d'un passé si pur et si saint. Oh! je me travaille et je vais me vaincre. Mon bon Charles, quand serai-je digne de lui?

4 Mars 1865. — Je suis toujours fatiguée et souffrante de ces maux de cœur. J'ai la faiblesse de m'en plaindre, quand j'ai devant moi de telles compensations à ce peu de souffrances! Ne faut-il donc pas payer cet immense bonheur? Oh! que Dieu est bon pour moi; le matin, en allant à la messe, rencontré la voiture de Mademoiselle L... en toilette de mariée. Charles, un moment, a dû l'épouser. C'est une étrange rencontre. J'ai eu un vilain moment d'égoïsme, qui m'a fait regarder avec joie et fierté mon cher mari. Le sien ne le vaut pas, sûrement. Oh! qu'ai-je fait pour mériter le bonheur et l'enlever ainsi à de plus dignes que moi?

6 Mars 1865. — Oh! mon bon Charles, je suis sûr que je lui ai fait de la peine, lui si parfait pour moi! Je suis désolée et il m'a déjà pardonnée, j'en suis sûre. Comme il est bon, pieux et calme, et moi, quelles révoltes, quelle sécheresse, quel manque de douceur. Comme j'ai de la peine à dompter tous ces vilains mouvements qui m'agitent le cœur. Je lutte, mais avec si peu de courage et d'ardeur et n'ai-je donc pas pour stimulant la joie de

rendre la vie douce à mon mari. Pauvre Charles, comme
je dois être désagréable et il ne se plaint jamais. Il vaut
mille fois mieux que moi et je ne suis pas bonne avec
lui. Oh! honte. Mon Dieu, pardonnez-moi, aidez-moi,
soutenez-moi, je veux devenir bonne et douce et pieuse,
digne de lui enfin mais, toute seule, je ne puis rien...

9 Mars 1865. — Je viens de rentrer de la rue du Mail
où j'ai été seule dîner, Charles n'ayant pas le cœur à voir
du monde. En arrivant, je trouvai mon cher Charles plus
triste que jamais et je ne puis dire le chagrin que la vue
de sa chère figure affligée et la pensée de mes remords
me donnèrent. Mon Dieu! je ne lui suis bonne à rien;
je ne puis même le consoler, et cet ami qu'il perd ne
pourra pas même être remplacé un peu par moi! je suis
une enfant qu'il faut guider et soutenir, bonne tout au
plus à aimer. Je n'ose lui dire un mot de consolation,
j'ai si peu confiance en moi et me sens si peu capable de
remplir, par ma société, un vide dans sa vie. Oh! mon
Dieu, rendez-moi un peu plus digne de lui. La vue de
son chagrin me désole et je donnerais ma vie pour le
voir heureux. J'ai le cœur brisé. Quelle femme faible
et sotte et misérable je suis. Autrefois, j'avais l'ambition
d'être, pour mon mari, *un ami*, en même temps que sa
femme et que je suis donc loin de ce rêve. Je suis si
découragée de moi-même que je suis même honteuse
de lui témoigner ma tendresse. J'ai le cœur tout brisé.

10 Mars 1865. — Charles est en bas avec la cuisinière.
Il donne son congé à la pauvre fille : je ne me suis pas
senti le courage de le faire, en sorte que j'endosse même les ennuis à mon bon mari. Je suis de plus en plus
un être inutile, sans courage et sans volonté! Mon pauvre Charles a été, hier, bon comme un ange, pour moi. Il
est dans un profond chagrin, le duc est mort ce matin·

Nous avons été à la messe, prier pour lui. Tout Paris est dans la stupeur.

24 Mars 1865. — Mon pauvre bien-aimé Charles, le voilà parti avec le souvenir de ma mauvaise humeur. Je suis désolée. Et maman si bonne, et ma tante qui nous aime tant! Mais elle aime mieux Charles que moi. Je ne m'en plains pas, au contraire. Il s'est fait aimer de tous, mais ils le lui témoignent et moi qui l'adore, je l'accable de ma mauvaise humeur. Oh! mon Dieu, que je suis ingrate, vous m'avez donné le bonheur le plus parfait et j'en jouis si mal!... Charles me cite toujours un mot du discours de Mgr Darboy, à notre mariage, il me parle d'*inaltérable douceur*. Ce mot me fait rentrer en moi-même et rougir de honte! Y parviendrai-je jamais, à l'*inaltérable douceur*. Oh! que je suis lâche et faible. Je ne sais pas même me combattre moi-même... Charles est la bonté même et je l'adore. Dieu m'a comblée. Pouvu que mon petit enfant ne me ressemble pas et soit bon et parfait comme Charles et mes deux mères!

9 Avril 1865. — J'ai pris, ce matin, de bonnes résolutions et une provision de forces pour ces vilaines luttes que j'ai à subir entre ce que j'ai de bon et de mauvais dans le cœur. Charles m'aide, il est impossible d'être meilleur que lui.

10 Avril 1865. — Comme nous étions à Notre-Dame, nous en avons profité pour faire une petite visite à l'abbé Deplace, qui fut très bon et très aimable. Il me donna des billets pour sa retraite et Charles lui en demanda pour la retraite du soir, faite par le Père Félix. Mon cher petit mari me demanda si cela ne me faisait rien. Comme il m'avait promis une promenade en victoria, au clair de la lune, j'eus le cœur si gros à cette question que j'eus toute la peine du monde à lui cacher mon chagrin. Encore Charles, qui voit tout ce qui passe en moi, s'aperçut qu'il y avait quelque chose. Faut-il être stupide et folle pour regretter une promenade, au lieu de la joie d'avoir un cher mari aussi pieux et aussi bon.

Vendredi-saint, 4 avril 1865. — J'ai été, avec mon cher mari, visiter les églises. Nous avons été à Saint-Germain-des-Prés où j'ai pensé à l'année dernière, au Jeudi-saint. J'y ai pleuré, l'année passée et, *cette année j'y ai béni Dieu*, qui depuis ce jour, m'a bénie et *conduite à Charles* d'une manière si particulière. Nous avons ensuite été aux Missions étrangères. Partout, j'ai demandé à Dieu de la force et du courage contre moi-même, car j'ai à lutter plus que jamais contre mon affreux esprit de révolte. En rentrant, j'ai commencé, avec tante Camille et mon mari une discussion, où je me suis emportée, comme à l'ordinaire. Le soir, j'en eus le cœur tout brisé et encore cette après-midi, je n'ai fait que pleurer. Ah ! comment puis-je lui faire de la peine, à lui si parfait et l'aimant, l'adorant comme je fais. Il a été admirablement bon pour moi. Je ne puis dire ce que sa bonté m'a fait éprouver. Mais voilà assez de paroles : il faut des actes. J'ai bien promis à Dieu de persévérer dans la lutte et de ne pas me décourager. Ce matin et hier au soir, j'ai désespéré lâchement de moi. Mon bien aimé Charles m'a remontée. Tante Camille a été bien bonne comme toujours ; elle m'a pardonnée ce matin, quand j'ai été la trouver suivant l'avis de Charles. Elle est bonne comme un ange et ma mère donc ! Je pourrais être si heureuse, je suis si privilégiée, aimée et entourée comme je le suis !

14 Avril 1865 *(à M*elle* Wenger)*. — Tu m'as fait rire, en me reportant à cet âge extravagant de seize ans. J'ai amusé Charles, en lui racontant nos enthousiasmes. Comme nous nous montions, l'une l'autre, l'imagination !

Tout à l'heure encore, à Saint-Germain-des-Prés, je pensais à des souvenirs à peu près pareils, mais qui furent plus sérieux. Je n'y étais pas retournée, depuis l'année passée. Aujourd'hui, j'y priais à côté d'un *cher mari de ma religion*, pieux et bon comme je voudrais t'en trouver un, mais je t'avoue que c'est difficile. Ah! Chérie, c'est le bonheur complet, que de voir prier, à côté de soi, un mari bien-aimé.

24 Avril 1865 *(journal)*. — Nous avons fait, ce soir, en victoria une promenade de deux heures, mon mari et moi. Le temps était admirable et nous avons bien joui ensemble de cette belle soirée tranquille et sereine : le tête-à-tête est tout à fait nécessaire, par un temps pareil.

5 Mai 1865. — Mon bon Charles est bien bon et bien tendre pour moi; il m'embrasse et me dorlotte, mais où est la confiance, et les causeries sérieuses, et l'air intéressé quand je cause? J'en suis venue à ne plus lui dire que des riens, car je parle si bêtement et exprime si mal ce que j'éprouve que je ne lui donne guère envie de me prendre pour confidente de ses pensées. Je suis son enfant, mais pas sa femme et son amie. Je lui demande aide et conseil, mais je ne suis pas un appui pour lui. Oh! quand parviendrai-je? Cela me désole; je voudrais être tout pour lui : pauvre garçon, je dois l'ennuyer, je suis maussade et grognon à lasser un ange. Je ne sais quel diable me pousse; je ne puis retenir mes paroles maussades, ni mes airs inquiets. Je suis aujourd'hui, si découragée de moi, je me trouve si sotte, si laide, si ennuyeuse! Mon pauvre bien-aimé Charles, je le plains de m'avoir. Quelle jolie petite femme, A... aurait été pour lui! Cela aurait fait un joli couple, je me le disais hier, Je voudrais savoir s'il n'a pas eu la pensée de l'épouser.

Il est vrai que, quand il a fait sa connaissance, on avait déjà l'idée d'un mariage entre nous Oh! mon Dieu, faites que je le rende heureux, que je devienne la femme sérieuse et bonne qu'il lui faut.

12 Mai 1865. — Charles vient de partir pour Paris; il est un peu souffrant aujourd'hui, mon pauvre petit mari, je l'ai trouvé un peu pâle. Ce n'est rien, mais comme, tout de suite, le cœur se met en peine, quand on voit le visage de ceux qu'on aime pâli ou fatigué. Voilà six mois aujourd'hui que nous sommes mariés. Nous avons été ensemble entendre la messe, ce matin et remercier Dieu. J'ai le cœur plein de reconnaissance envers Lui, qui m'a donné un soutien, un guide, un ami tel que Charles. De combien de tendresse, de soins, de bonheur, mon bien-aimé Charles ne m'a-t-il pas entourée, durant ces six mois; quelle patience, quelle bonté, quelle indulgence! Je suis toute émue aujourd'hui, en pensant à tout cela.

16 Mai 1865. — Hier soir, Lubeck, qui se marie à la fin du mois. Rien que des heureux autour de nous, mais personne autant que nous ... Après avoir écrit mon journal, je m'étais mise à lire les mémoires de Mme de Motteville et, tout en lisant, il m'a semblé sentir remuer mon petit enfant. Je ne puis dire l'émotion que cela m'a donnée. Voilà plusieurs jours que je le crois, mais jamais comme maintenant.

10 juin 1865. *(à Mlle Wenger).* — Nous avons eu un chagrin cette semaine, c'est la mort de ce pauvre docteur Frébault... Voilà la vie : les uns s'en vont et les autres viennent, le temps efface, comble les vides, il n'y a que les cœurs qui saignent, mais rien n'est changé. Mon Dieu, pour les cœurs désolés, que ce beau soleil doit être triste! Il me semble que les chagrins doivent être plus amers, dans cette belle saison où tout est jeune, heureux, épanoui. Qu'en dis-tu? Je reprends mon habitude de te donner, de temps en temps, un petit sujet de réflexions philosophiques.

15 Juin 1865. — J'ai eu une petite scène d'enfantillage avec mon cher mari... Je suis de moins en moins ce qu'il lui faut, je le sens et cela me désole. Il est parfait.

La Petite Muette, 18 juin 1865. — Voici notre première nuit dans notre chère et jolie maison. Elle a été bénie aujourd'hui. . Ce soir, je veux seulement remercier Dieu de ses bontés et marquer cette belle journée.

19 Juin 1865. — L'après-midi, hier, nous avons fait des préparatifs pour la bénédiction de la maison... A cinq heures Charles est rentré avec Mgr Buquet, notre Curé et l'abbé Lagarde. La maison était toute prête. Charles avait rangé chaque petit autel, avec son activité ordinaire. Monseigneur, au pied de l'escalier, nous a bénis d'abord, mon mari et moi, puis après avoir béni la maison, il a parcouru successivement chaque pièce, en s'arrêtant spécialement dans notre chambre à coucher... Nous avons été bien heureux de cette touchante cérémonie : voilà notre maison sanctifiée, j'en suis heureuse, en pensant à mon petit enfant, qui arrivera ainsi dans un lieu bien vu de Dieu. Puissé-je y rendre heureux mon bien-aimé mari, et bien élever les enfants que Dieu voudra bien m'y donner!

28 Juin 1865. — ... Oh! que j'ai de la peine à me vaincre, surtout dans les petites choses, les petits ennuis, les soucis, les blessures d'amour-propre, les petites déceptions, je suis plus faible qu'un enfant. Cela me fait honte. Oh! mon bon mari, que je dois lui sembler petite et misérable! Il est si au dessus de toutes ces misères-là.

10 Juillet 1865. — Mon cher mari est parti, ce matin, avec mon père et ma mère. Ils étaient bien contents tous trois, mais moi, j'avais le cœur bien gros et une grande envie de pleurer, en les mettant en voiture. C'est bien peu, trois jours, et c'est bien bête de se désoler pour si peu, mais c'est la première séparation et mon bien aimé Charles est ma vie et ma joie. La maison me semble si vide sans lui.

10 Juillet 1865 *(à son mari)*. — Mon petit mari chéri, me voila déjà, j'espère que je ne me fais pas attendre. Mon Dieu! si j'avais été seule, je crois que je t'aurais écrit, à pine montée dans ma petite chambre vide. Oh! mon chéri, ne te moques pas de moi, mais j'avais le cœur bien gros, ce matin, et il s'en est fallu de peu que je ne fasse une petite scène ridicule et stupide, au moment où la portière s'est refermée sur vous trois. Mais j'ai tenu bon et me voilà en possession de mon sang-froid. Je suis bien sage, mon amour, je ne me permets pas de chagrins, mais ma pensée ne vous a pas quittés, depuis ce matin. Je suis contente de pouvoir t'annoncer que la bibliothè-que est arrivée. Je suis si impatiente de te voir bien installé, au milieu de tes livres et de tes paperasses. C'est bien désintéressé de ma part, car ce sont autant de rivaux, qui vont me prendre mon cher mari. Vous voilà près de Montbard. Oh! notre arrivée, comme tout m'est présent à la mémoire! Je ne te quitte pas, mon chéri, je suis entre vous trois par la pensée, je vois cette jolie route, j'entends les acclamations de papa en revoyant des champs, de maman qui est bien contente de respirer un autre air que celui qu'elle respire depuis près de trois ans, pauvre mère, et toi, mon ange, tu penses un peu à ta petite femme, à cette belle nuit, pen-dant laquelle nous avons fait cette route. Oh! Charles, je m'en vais finir, car mon sang-froid m'abandonne et, si je continue, je ne réponds pas de moi. Mais ne t'inquiète pas, ce n'est rien, c'est un petit moment de faiblesse, qui va passer.

11 Juillet 1865 *(à son mari).* — Mon bien cher mari, que faites-vous par cet affreux temps? Nous venons de nous lamenter, en pensant à vous, et en regardant tomber cette vilaine pluie, qui ne veut pas cesser depuis ce matin. Ton bon père est venu déjeuner avec moi, malgré la pluie et malgré ton absence, aussi ai-je été bien touchée et bien heureuse de cette bonne heure qu'il m'a donnée. Il a été si bon, si bon, tellement bon, que j'en ai le cœur encore tout ému et tout content... J'ai eu la visite de M. de Beaumont; il a vraiment une conversation intéressante. Il t'aime beaucoup et a été fort gentil. Mais qui est-ce qui n'aimerait pas mon petit mari chéri, je vous le demande un peu. Oh! mon amour! que la maison est vide sans toi! J'ai été stupide dans ma lettre d'hier, pardon, et pardon aussi pour mes fautes, j'ai la conscience d'en avoir fait une vraiment abominable... Comme je bavarde, mon amour, si je m'écoutais, je ne finirais pas. Adieu, chéri, plus que deux jours et je t'embrasserai comme une folle. Quelle joie! Oh! je me réjouis tant pour ce moment! Cela vaut la peine de se quitter, pour le bonheur de se revoir. Adieu chéri. Je t'adore.

11 Juillet 1865 *(à sa mère).* — Enfin te voilà dans mon cher Bourbilly. Je ne puis te dire, chère maman, comme je suis contente que tu fasses connaissance avec ce beau pays, qui est plein de souvenirs pour moi. N'est-ce pas qu'il est joli et comme on se sent loin dans cette chère solitude!... Je n'ai rien de nouveau à te dire, mais j'ai voulu t'écrire cependant, parce que vou

me manquez. Songez que j'ai loin de moi, maintenant, ce que j'ai de plus cher au monde. Oh! que je
vous aime; si vous saviez à quel point. Vous pensez à
moi un peu, n'est-ce pas? Mon petit mari parle-t-il de
moi? Sait-il comment j'avais le cœur gros, hier matin.
Toi, maman, tu l'as bien vu. Embrasse-le bien pour moi
et mon bon père aussi.

12 Juillet 1865 *(journal).* — Je viens de recevoir
huit pages de Charles, huit chères pages tendres, charmantes, qui m'ont fait pleurer de joie. Oh! qu'il est bon
et que je l'aime! Il me dit que je lui fais un vide, il me
dit qu'il m'aime et mille choses si douces et si tendres,
que je ne peux me lasser de les relire. Leur voyage s'est
très bien passé. Il m'écrit, le soir, commençant sa lettre
dans notre chère grande chambre et la finissant dans la
petite. Quelle joie m'a donnée cette lettre Oh! mon cher
mari, que je t'aime! Oui, il a bien raison, notre affection
est de celles qui se fortifient chaque jour davantage.
Tante Camille me quitte à l'instant, je lui ai lu quelques
passages; elle a été si contente, qu'elle a pleuré comme
moi.

12 Juillet 1865 *(à son mari).* — Mon mari chéri, je
ne puis te dire le bonheur que m'a causé, ce matin, ta
lettre, si bonne, si tendre que je n'ai pu la lire sans pleurer de joie. Je te remercie mille fois, mon amour, pour
toute ta tendresse et pour tout ce que tu me dis de
bon et de doux, dans ces chères pages. Je n'ai jamais eu
de joie pareille à celle de ce matin, lorsque j'ai reçu cette
lettre si impatiemment attendue. Elle a été ma première
pensée, au réveil et ce sera sans doute la dernière, ce soir.
Tante Camille t'embrasse de tout cœur, ainsi que papa
et maman et elle me charge de te dire qu'elle t'aime
tellement. Elle a eu les yeux pleins de larmes, lorsque

je lui ai lu les deux petits passages qui la concernaient.
Comment, mon amour, je te manque et la place de la
petite est vide? Oh! chéri, que tu es bon de trouver cela!
Je ne puis assez te remercier de ton affection: c'est ma
ma vie, c'est mon bonheur, je ne puis te dire comme
j'ai été heureuse en lisant ta lettre. Que tu es gentil de
m'avoir écrit huit pages; je n'en rêvais pas autant.
J'ai de quoi prendre patience jusqu'à demain soir. Je l'ai
déjà lue et relue trente-six fois, cette lettre chérie, je l'ai
embrassée, j'ai respiré, avec bonheur, un léger petit parfum de tabac, qui n'avait pas eu le temps de s'évaporer et
me voilà de la joie pour longtemps. Et dire que peut-
être je recevrai encore une chère lettre demain : voilà les
interminables journées d'hier et d'avant-hier oubliées.
Si tu savais comme le temps m'a semblé long, comme
toute la maison était triste et comme mon pauvre cœur
avait de la peine à prendre sur lui. Mais je ne suis pas déraisonnable, mon chéri, je t'assure, j'ai offert mon ennui
au bon Dieu et j'ai pris courage en pensant à toi... Tu
as été ému en voyant notre bon lit et ses rideaux blancs.
Oui, mon ange, je te comprends à demi mot et toutes les
émotions de ce mois de novembre me sont bien présentes à la mémoire. Je vois chaque coin de ce cher
petit pavillon, je refais chaque promenade que nous
avons faite dans les bois et la prairie; je me souviens de
tout, mais surtout de la tendresse de mon bien aimé
mari et de tout le bonheur dont il m'a entourée. Oh!
mon amour, y a-t-il une plus heureuse femme que moi?
C'est moi qui ai à remercier Dieu, car il m'a donné plus
de bonheur que je n'en avais jamais rêvé. Comment
peux tu dire que tu n'es pas assez tendre pour moi? Si
tu avais vu mes larmes, ce matin et ma joie, tu ne pen-
serais pas cela. Oh! que je t'aime, mon cher amour,

et quel désir ardent j'éprouve de te rendre heureux! L'ai-je fait, depuis que nous avons quitté ce cher Bourbilly, ai-je été tout ce que j'aurais dû être pour un mari comme celui que Dieu m'a donné? Oh! la triste réponse que je suis obligée de me faire!... Je t'embrasse un million de fois sur le front, sur les joues, sur tes chers yeux, je te serre bien fort dans mes bras, mon amour adoré, à demain, je ne me possède pas de joie.

29 Juillet 1865 (*à Madame Erard*).—J'éprouve un réel plaisir, ma petite tante chérie, à t'adresser une lettre à mon cher Bourbilly. Je suis si curieuse de savoir s'il te plaît, je suis si contente de penser que je pourrai en parler avec toi car. comme il a été témoin des plus beaux jours de ma vie, tu es destinée à en entendre parler souvent. Et puis, bonne tante. je sais que cela te fait plaisir de le connaître et d'aimer ce que nous aimons. N'est-ce pas que c'est joli? Te figures-tu comme j'y ai été heureuse? Et n'est-ce pas un endroit charmant, pour venir s'y réfugier comme nous l'avons fait, mon petit mari et moi? Cela ne vaut-il pas mieux que tous les voyages de noce possibles? J'aime mieux attacher le souvenir de mon bonheur à ce petit pavillon qu'à tout autre lieu au monde.

29 Juillet 1865 (*à son mari*). — Mon chéri, me voici et bien raisonnable, et bien sage, cette fois-ci. Cela ne veut pas dire que je n'ai pas le fond du cœur un peu triste, mais, comme je veux être une petite femme digne de toi, je ne m'y arrête pas, et je ne songe à mon mari que pour penser au plaisir qu'il éprouve et à la joie que j'aurai, mardi. C'est bien, n'est-ce pas? Tu ne fais pas ta figure grave, tu souris, au contraire, et tu es content *de la petite*? Ma lettre te saluera demain, à ton réveil. Je me figure être à sa place et je t'embrasse, en pensée et je te serre dans mes bras... Comme les heures peuvent être longues, mon bien-aimé, c'est effrayant en songeant à celles que j'ai devant moi. Mais sois tranquille, je serai sage. Adieu, mon amour bien-aimé, mon cœur ne te quitte pas ; si tu savais comme il est plein d'amour, de reconnaissance, de dévouement pour mon cher mari !...

La Muette, 30 juillet 1865. — Oh ! comme j'attends avec impatience la lettre de demain : sera-t-elle longue ? *Le petit* aura-t-il bien pensé à moi ? Je me demande cela, toute la journée. Je bavarde, je radote, mon chéri ? Ne m'en veux pas ! Je tâche de me faire illusion et de me rapprocher de toi, autant que possible. Je me dis, toute la journée, ce que tu me disais en voiture : c'est que je dois être heureuse de ce qui me retient loin de toi. Oh ! oui ! le regretter, ce serait offenser Dieu, qui me comble, et faut-il que je sois heureuse, pour tant me chagriner d'une séparation de quelques jours !

31 Juillet 1865 (*à son mari*). — J'ai été bien heureuse, ce matin, en recevant la lettre de mon cher petit mari ! quelle joie elle m'a causée et avec quelle impatience elle était attendue ! Je suis ravie de voir que votre voyage se passe si bien, le temps semble parfait, la petite tante est contente et mon mari semble si heureux : bien franchement, cela me fait le plus grand plaisir ! je suis très sage, mon chéri, très raisonnable, tu serais content de moi, sauf hier au soir, où un peu de fatigue m'a rendue, un instant, triste et grognon. Et toi, chéri, je te serre dans mes bras, je t'embrasse mille fois. Pardonne-moi cette lettre, j'ai le cœur un peu triste, je ne sais trop pourquoi, c'est bête, mais n'aie pas peur, je ne me laisserai pas aller. Mon petit mari me manque terriblement : voilà la cause principale, mais demain il me revient et je serai toute à la joie de le revoir... Ce que tu me dis de Bourbilly m'a bien touchée. Ah! je l'aime autant que toi, je n'y ai passé que douze jours, mais j'y ai des souvenirs de bonheur pour toute ma vie.

15 Août 1865 (*journal*). — Je suis assez raisonnable pour certaines choses, et très déraisonnable pour d'autres. J'ai eu, ces jours-ci, des crises de larmes, des susceptibilités, des tristesses qui n'ont pas de raison. Ma pauvre tête vagabonde sans cesse, s'accrochant à tout ce qui peut me peiner et me faire voir tout en noir.

25 Septembre 1865. — A trois heures, j'ai été me confesser, je veux communier demain pour être prête à tout. Peut-être serai-je bien malade? En tout cas, je veux être pure et bonne pour l'arrivée de mon petit ange.

La Muette, 24 octobre 1865 (*à son mari*). — Mon mari chéri, c'est déjà moi; je n'y tiens pas plus que les autres fois et, du reste, je connais assez mon cher *petit*, pour savoir que, demain, il sera heureux d'être embrassé, à son réveil, par *la petite*. Oh! comme elle l'embrasse en pensée, et que de bonnes petites choses elle lui dit à l'oreille! je vais très bien, ma journée s'est passée raisonnablement... Oh! comme les bonnes senteurs de Bourbilly me feraient du bien et comme la toute petite grandirait et grossirait, dans ce bon air. Tu n'oublieras pas ma commission pour sainte Chantal... Adieu, cher amour, je t'adore, je voudrais être à jeudi pour lire ta lettre. Si tu savais comme je t'aime et comme je suis la plus heureuse femme qui existe!

La Muette, 25 octobre 1865 (*à son mari*). — Ma pensée n'a cessé de te suivre, depuis hier. Que fait-il? A quoi pense-t-il? A-t-il froid? Songe-t-il à sa petite, toute triste de s'endormir sans un baiser et, ce matin, de ne pas recevoir sa chère visite de tous les jours?

Voilà ce que je me dis, à toute heure. Mais, malgré cela, je suis bien sage et bien raisonnable. Je n'écoute pas mon cœur, quand il se serre ou qu'il est bien gros. Adieu, mon bien-aimé, je t'embrasse mille fois, j'attends demain avec impatience, car tu m'as écrit un mot, n'est-ce pas? Adieu chéri, tu es un petit mari comme il n'y en a pas deux au monde et je t'adore.

La Muette, 26 octobre 1865 (*à son mari*). — Bonjour Charles, bonjour mon chéri, je ne sais rien au monde de meilleur, de plus cher, de plus tendre que mon mari bien-aimé. Ta lettre de ce matin m'a rendue folle de joie. Je crois bien que je chasse toutes mes idées noires! Ces chères huit pages m'ont égayée, attendrie, je les ai lues et relues, si bien que je les sais par cœur, je les porte sur moi et elles éloignent jusqu'à l'ombre d'une tristesse. Oh! je sens bien que ces craintes sont une offense à Dieu, qui m'a donné plus de bonheur qu'à personne... Je me suis interrompue, quelques instants, pour réveiller Chantal. Si tu avais vu ce joli petit réveil, sans pleurs, sans cris, tu aurais été charmé! Je l'ai embrassée mille fois, pensant à toi, embrassant cette petite bouche, qui est tout à fait la tienne, et ce front qui sera le tien. Oh! de quelle tendresse je me suis sentie le cœur rempli, pour le père et l'enfant. Si tu voyais comme elle devient forte et grasse! Enfin tu seras content, demain, de l'état dans lequel tu nous trouveras. Demain! Ah! quel bonheur! heureusement que j'ai ta lettre, pour prendre patience jusque là!...

27 Octobre 1865 (*journal*). — Voilà plus d'un mois que je n'ai pas écrit mon journal et j'ai pourtant à y mettre de grandes joies et de grandes émotions, que Dieu m'a envoyées. Le mardi 26 septembre, j'ai donc communié pour mon enfant; dans l'après-midi, j'ai reçu

des visites .. La nuit suivante, j'ai commencé à souffrir ;
le matin, on a tout préparé, j'étais joyeuse et impatiente.
Vers quatre heures, M. Campbell est venu, Charles
et maman étaient près de moi, la soirée s'est passée
gaîment, ils m'ont rejoint après dîner. Je me suis endormie un peu et je me suis réveillée en sursaut, avec
de fortes douleurs, qui n'ont fait qu'augmenter. Mon bon
mari et ma chère mère ne m'ont pas quittée, me soi-
gnant, m'encourageant, recevant toute la mauvaise
humeur, la colère que me donnait la douleur, avec une
patience d'ange. Vers cinq heures, M. Campbell,
qui a été parfait, m'a endormie, à ma prière ; je me suis
réveillée à sept heures et demie, et ma bien-aimée petite
Chantal était là, sauvée par le bon docteur. Elle est
maintenant grasse et forte, je suis bien heureuse. Maman et tante Camille l'adorent, le fait est que c'est un
petit ange, dont la vue me remplit de joie. J'ai été admirablement soignée. Mon bien-aimé Charles, ma mère,
ma tante, tous ont été parfaits. Charles est à Bourbilly
depuis mardi, il revient ce soir, il m'a écrit deux lettres
adorables. Oh ! que je l'aime, mon cher mari. Et j'ai été
si mauvaise pour lui, j'ai été si nerveuse, pendant cette
nuit, qui sera un si cher anniversaire pour moi maintenant. Mon beau-père est venu, presque tous les jours, il
est bien content, il embrasse sa petite fille, avec une
tendresse qui me fait une telle joie à voir... J'ai été bien
mauvaise, tous ces temps-ci, avec ma pauvre tante Camille, qui est d'une bonté angélique : ce sont d'affreuses
jalousies qui me prennent, je ne sais pourquoi, lorsque
ma tante et maman endorment ou promènent mon enfant. Mais je reconnais bien vite mon ingratitude ; je suis
toujours la même, jalouse et violente, avec des remords
et des chagrins. Mon petit ange va m'adoucir, elle est

si jolie et si gentille, elle ressemblera à son père, elle a sa bouche et ses yeux et son front. Cela me rend si heureuse, quand je les regarde.

6 Novembre 1865. — Mon bon mari m'a donné, pour notre anniversaire, deux meubles charmants qui me tentaient. Cela m'a émue, car moi je ne lui donne rien... Cela me désole de ne pas avoir un souvenir, qui puisse lui témoigner ma profonde tendresse, ma reconnaissance, pour cette année de bonheur et mon désir de le voir heureux. Ma petite fille grossit et embellit; ses six semaines vont lui apporter une foule de progrès, elle commence à sourire et à fixer...

11 Novembre 1865. — Charles m'a sermonnée doucement et tendrement. Il m'a fait un bien que je ne puis dire, par ses conseils et son affection. Il m'a remontée, m'a donné du courage. Oh! qu'il est bon et parfait. Je devrais être, et je suis par moments, si touchée de la profonde affection que mes tantes et ma mère témoignent à mon enfant. Elle est bien gentille et se fortifie tous les jours; c'est quand elle dort qu'elle est jolie. Son sommeil est si joli, si calme et si doux; il y a une telle pureté dans ce petit visage, que cela me remue, quand je la regarde dormir, et cela me porte à prier. Mon Dieu! que Charles a été bon pour moi aujourd'hui, je sens qu'il m'aime et lui sait aimer comme peu de monde aime! C'est vrai et profond.

12 Novembre 1865. — Aujourd'hui, le cher anniversaire de notre mariage. A deux heures, mon beau-père est venu et nous avons été avec notre enfant à l'église. Mon petit ange n'a fait que dormir, tout le temps. J'ai été bien émue, pendant que mon père et maman promettaient d'être fidèles à Dieu. Ma petite à été vouée à Marie jusqu'à sept ans. Oh! comme j'ai prié cette bonne mère de la garder bien pure et sans tache et de veiller sur elle !

14 Novembre 1865 — Chantal devient si forte et si jolie. Le matin, dans le bain, elle fait notre bonheur, je la lave et elle est si contente dans l'eau qu'elle fait plaisir à voir. Aujourd'hui elle a vraiment ri et c'est moi qui ai reçu ce joli petit rire. Oh! Dieu soit béni! car je crois qu'il n'y a pas de femme si heureuse que moi! Mari, enfant, parents et amis, il m'a tout donné. .

24 Novembre 1865. — J'entends de temps en temps une petite plainte douce, qui vient de mon cher petit berceau. Cela me fait réfléchir. Suis-je bien digne de ce titre de mère? Ne suis-je point trop enfant, trop vive, trop orgueilleuse pour mériter la garde de cette petite âme que Dieu m'a confiée? Je crois que Charles pense cela. Heureusement il saura se faire obéir, lui; et il lui donnera la douceur et l'aménité qui me manquent...

2 Décembre 1865. — Certains airs tristes de mon père me rendirent grognon, si bien que mon pauvre bon Charles à bout de patience, me parla avec une sévérité triste et douce de tous les ennuis que je lui causais. Il me dit que je ne le rendais pas heureux, ce qui me causa un chagrin profond et vrai que je ne puis exprimer, d'autant plus qu'il se mêlait à ses paroles tant d'affection et de tristesse! Oh! qu'il fut bon et tendre ensuite. Mon Dieu, comment puis-je ne pas rendre heureux un être si parfait. Il est admirablement bon pour moi. Je tâche de devenir plus douce, je lutte, je travaille, et je retombe le plus souvent; cela me désole, mon bon Charles me rend courage.

IV

PREMIERS VOYAGES
(1866-1867)

Au printemps de 1866, il nous fut enfin possible de réaliser le projet, depuis longtemps caressé, de faire un voyage en Italie. Le 12 mars, nous quittions Paris, en compagnie de Mme Érard et, le lendemain, nous traversions le Mont Cenis, partie en voiture, partie en traîneau. Après quelques arrêts dans les villes du Piémont, nous arrivâmes à Rome, avant la semaine sainte, puis nous descendîmes à Naples et, au retour, nous fîmes un court séjour à Florence : nous étions rentrés à Paris, le 4 mai.

Au mois de juillet, nous fîmes un voyage à Londres, puis toute la famille s'installa, pour toute la durée du mois d'août, à Deauville.

Dans le courant de décembre, Marie fut invitée à passer huit jours chez l'Empereur et l'Impératrice, au château de Compiègne : elle attendait alors un nouvel enfant et elle fut forcée de décliner l'invitation ; je dus me rendre seul au château, où je demeurai du 9 au 16 décembre.

Le 7 février 1867, à sept heures du matin, naquit, à la Muette, l'aîné, qui devait être le seul de nos fils. Il fut ondoyé, le 9 février et baptisé, le 1er mai suivant, sous les noms de François-de-Sales, Louis, Pierre. Dans le courant du premier semestre, Marie eut un grand chagrin et une grande joie. Sa grand'tante, Mademoiselle Elise Erard, qui vivait avec nous à la Muette, mourut, le 16 mars et, au mois de Mai, sa cousine chérie Marie Wenger, lui annonça ses fiançailles avec M. Henri Muller.

Au mois de juin, Marie assista, avec moi, aux grandes fêtes données en l'honneur de l'empereur de Russie et du roi de Prusse. Il y eut une magnifique représentation de gala à l'Opéra, un grand bal à l'Hôtel-de-ville, une splendide revue à Longchamps, enfin une soirée aux Tuileries, avec souper dans la salle de spectacle admirablement ornée; spectacle vraiment féerique, que nous admirions à loisir, assis entre nos amis de Ségur et de Sandrans, dans le voisinage immédiat du comte de Bismarck, qui depuis...

Marie ne voulut pas quitter ses enfants pour m'accompagner à Rome, où je me rendis, à l'occasion de la Saint-Pierre et des grandes fêtes de canonisation, mais nous allâmes ensemble faire un tour en Suisse, au mois d'août et nous assistâmes à la célébration du centenaire de sainte Chantal, à Annecy. Le lendemain, 22 août, nous quittâmes la Savoie, pour nous installer à Bourbilly et faire commencer les travaux de restauration de cette vieille demeure. Le 11 septembre, les ouvriers entreprirent les premières fouilles et, le 17 octobre, notre fille aînée posa la première pierre du bâtiment neuf, qui, sur la façade principale, réunit les deux corps de logis

Marie, désirant assister au mariage de son frère Pierre, qui devait avoir lieu le 12 novembre, force nous

*fut de rentrer à Paris un peu avant que les approches
de l'hiver vinssent interrompre les travaux de Bourbilly.*

4 Janvier 1866. — Il n'y a pas de mari meilleur que
le mien, il est plein de bonté, d'indulgence, de tendresse pour moi. Au commencement de cette année,
comme à la fin de l'autre, comme tous les jours de ma
vie, je bénis Dieu qui me l'a donné.

29 Janvier 1866. — Dieu bénisse mon cher mari
pour l'indulgence et la tendresse qu'il me témoigne. Je
suis bien émue et touchée. Il a parlé de son père avec
un respect et une affection qui m'ont rendue triste, car
c'est à cause de moi qu'il tient envers lui cette conduite
parfois un peu raide et qui éloigne notre père : il souffre encore plus que moi de cet éloignement. Il est vrai
que moi, je souffre de sa tristesse et de la part involon-
taire que j'y ai. Je prie Dieu de bien faire connaître à
mon père, le cœur de son fils et de l'attirer vers nous.
Il ne comprend pas les tendresses dont le cœur de Charles
est capable et cependant elles seraient douces, j'en suis
sûre, à son cœur aimant Il est si bon, mon père, d'une
nature si tendre et qu'il faut aimer. Mon Dieu! que je
serais heureuse, s'il se rapprochait de nous. J'espère qu'un
jour cela arrivera. Charles espère aussi. Je ne puis dire
combien mon cher mari a été bon pour moi; Dieu me
préserve de lui causer désormais la moindre peine!

12 Février 1866. — Aujourd'hui, quinze mois que
je suis mariée : mon cher mari m'a donné son journal à
lire et j'ai été profondément émue. Les premières pages,
datant du début de notre mariage, m'ont fait rougir et
m'ont humiliée; il est si heureux, si tendre, si bon, il

compte sur un tel bonheur avec moi! Mon Dieu! que
j'ai été loin de tout ce qu'il a rêvé et lui, comme il a été
au-dessus de mes rêves! Jamais un mot de reproches, et
toutes mes mauvaises humeurs, mes vivacités, dont il a
tant souffert, ne sont pas même nommées. Je ne puis
dire avec quelle émotion, quelle tendresse ardente et
attendrie j'ai lu ces pages bénies, où le noble cœur de
mon cher mari et son élévation se montrent tout entiers.
J'ai vu encore comme il m'aime et cette nouvelle assurance m'a rendue bien heureuse. Comme ce sera doux
plus tard, pour nos cœurs, de revoir ces témoignages du
bonheur et de la tendresse des premiers jours! Mon
journal est devenu maintenant, un besoin, une chère habitude pour mon cœur, et il me prépare, j'en suis sûre,
pour plus tard, de petites jouissances intimes dans le
souvenir des jours heureux. Oh! que de saintes résolutions, je forme; que le bon Dieu les bénisse et m'aide à
les tenir!..

21 Février 1866. — Je rentre toujours triste et fatiguée du monde, je ne sais trop pourquoi. Est-ce parce
que je n'y ai pas de succès? J'espère que non; je crois
plutôt que c'est la désillusion sur des amitiés et sur des
caractères qui me rend mélancolique. Tout cela est vide
et creux et il n'y a de bon que le coin du feu, à côté de
mon cher mari!

25 Février 1866. — Charles a été ennuyé que je lui
aie rabâché mes lamentations sur l'indifférence de mon
cher beau-père. Je le comprends, j'ai eu très tort. Il
est mécontent de moi, la maison est mal menée, tout
est sale, mal entretenu, il dit que je suis trop dans les
nuages. Mon Dieu! que c'est désolant de se sentir au-
dessous de son rôle. Je ne connais rien de profondément humiliant comme cette conviction et je l'éprouve

en ce moment. Il est très mécontent de moi, mais comme il m'a vu pleurer et qu'il est très bon, il a changé de
langage, coup sur coup. Je me suis sentie si enfant, si
peu de chose, si lâche. Quand donc serai-je changée ?
Cette bonté m'a bien rabaissée.

Turin, 14 mars 1866. — Nous sommes arrivés,
ce soir, après être partis de Lanslebourg, ce matin, à neuf
heures... Le voyage a été délicieux. Tout était couvert
d'une neige admirable, on voyait à peine quelques têtes
de sapin, quelques rochers bruns et deux ou trois toits
isolés, qui perçaient cette belle nappe blanche. Arrivés
sur le sommet, au bord du lac qu'on ne voyait pas, le
spectacle est devenu saisissant. Cette plaine, ces hautes
cimes, cette route complètement couverte de neige, ce
calme, cette solitude qui semblaient plus complets par
l'uniformité de la couleur, étaient impressionnants. Ma
belle passion pour la neige a été enfin satisfaite. Charles
a été ravi comme moi : c'était un paysage étrange
et beau et qui avait un grand charme. La solitude,
du reste, et le calme des hauteurs ont une grande
douceur et vous font du bien. Je comprends Emile Ollivier, qui passe souvent un mois dans le désert, mais alors
les prairies sont couvertes de fleurs sauvages et cela doit
perdre de sa grandeur et de sa beauté ! Le traîneau est
vraiment le plus charmant moyen de locomotion que
l'ont ait jamais inventé. Je n'ai jamais passé une plus
jolie journée que celle d'aujourd'hui. Rien n'y a manqué, pas même quelques bons moments d'épanchements
avec mon cher mari ! Nous avons parlé de sa jeunesse,
et j'ai été bien émue.

Rome, 24 mars 1866. — J'ai fait, ce matin, avec
Charles, une longue promenade délicieuse. Nous avons
été au Forum, au Colisée, et nous sommes revenus par

le Pincio. Nous n'avons vu tout cela qu'en passant. Le temps était divin. J'ai été éblouie. Le Colisée m'a émue plus que tout ce que j'ai vu jusqu'à présent. On est enveloppé de souvenirs : ces pierres parlent et les souvenirs païens se mêlent aux chrétiens, l'émotion nous saisit et alors l'on comprend le charme de Rome et l'amour qu'elle inspire. Je suis prise dès ce matin !

Naples, 17 avril 1866. — Lundi nous sommes arrivés ici. La route est belle et l'arrivée est splendide... Nous sommes allés à Pompéi, par un temps divin, qui rendait ce beau ciel, cette mer bleue plus éclatants ; ce pays est éblouissant, c'est un véritable Paradis, une nature heureuse, qui semble devoir être l'endroit de la terre où le bonheur s'est réfugié, car tout est riant, lumineux, parfumé mais, à côté de cela, grouille un peuple en haillons. Il n'est cependant pas trop triste à voir, car il est remuant, bavard et chante au soleil. Pompéi est peut-être de tout mon voyage ce qui m'a le plus intéressé.

20 Mai 1866. De notre cher pavillon de Bourbilly. — Nous sommes arrivés ici, hier au soir, mon mari et moi. Nous sommes partis en tête à tête, comme deux amoureux, pour ce pèlerinage aux lieux témoins de nos premiers beaux jours. J'ai laissé mon petit trésor à toutes les chères mères de la Muette. J'avais bien envie de l'emmener, mais Charles ne le voulait pas et il avait bien raison... La route était délicieuse, par ce temps charmant. Tout est vert et frais, les genêts sont en fleurs et les haies parfument les chemins. Le joli mois de Mai est vraiment le joli mois de Mai et notre vallée est un vrai paradis avec ses prairies fleuries, ses bois verts et les chers souvenirs que j'y trouve, à chaque pas. Arrivés au haut de la Garenne, nous sommes descendus à pied,

au château, courant, riant, heureux des joies passées,
et du bonheur présent, que nous sentions doublement.
Nous avons pris à travers prés, le temps était délicieux, si
pur et si doux qu'en revenant, après nous être reposés
un instant, Charles et moi, nous avons été nous asseoir
dans la sapinière, au-dessus du Peucrot. Nous sommes
restés là, une bonne heure, calmes et tranquilles, à rêvasser et à parler du passé et de l'avenir. Nous sommes
revenus par le pont, au bas duquel nous nous sommes
assis, comme le lendemain de notre mariage. Je suis
bien heureuse et je jouis bien de mes joies. Charles est
plein de tendresse pour moi; sans le souvenir de Chantal,
je me croirais à dix-huit mois en arrière.

Bourbilly, 20 mai 1866. — *(A ses parents.)* Nous
avons fait notre voyage très heureusement. Nous sommes arrivés de jour, en sorte que nous avons bien pu
jouir de cette campagne charmante, toute fleurie et
embaumée par l'aubépine et les genêts. Comme me
disait le père Galotte, ce matin, vous trouverez, à chaque pas, un bouquet d'épousée. Ma foi, je les accepte et
me fais illusion. Cependant, la réalité des dix-huit mois
de mariage m'apparaît bien souvent, par le cher souvenir d'une petite figure ronde, d'un petit nez qui se fron-
ce et de deux petites coquines de dents, que je sens encore piquer mon doigt. N'ayez pas peur, je ne suis plus
jalouse, je deviens douce et je vous reviendrai aussi
bonne que possible. Nous sommes plus ravis de Bourbilly que jamais. Tout y est si riant et si paisible qu'il
semble qu'il faut que nous vivions là... Ah! si nous a-
vions de la place! si, si, si; on va loin avec des si. .

Bourbilly, 21 mai 1866. — *(A ses parents.)* Nous
allons très bien, nous sentons que ce bon air nous serait
bien souvent nécessaire et nous jouissons pleinement du

beau temps, de la verdure, de toute cette floraison charmante des haies et des prairies; et moi j'ajoute tout bas,
de notre bonheur. Nous pensons bien à vous tous et au
plaisir que vous éprouveriez, si vous étiez avec nous.

2 Mai 1866. — Nous avons été, Charles et moi, à
La Roche-en-Brénil. On y arrive par une route, qui serait
assez monotone, si elle n'était toute fleurie par les touf-
fes d'or des genêts et les belles églantines qui semblent
couvertes de neige. On est surpris tout à coup par une
belle vallée, où des bois de sapins viennent se baigner
dans un petit lac; plus loin, un autre étang où aboutit
le parc de la Roche. Le Château entouré d'eau n'a que
trois côtés. Les bâtiments, qui entourent la cour sont
tapissés de lierre, les vieilles tours, le pont-levis achè-
vent de lui donner un air féodal et charmant. C'est mystérieux, mais ce doit être un mystère heureux. Cela a
l'air vieux, mais ce n'est pas délabré; d'un autre côté, la
restauration est faite avec tant de goût que l'on sent
que ce n'est pas une main profane qui a relevé ces vieux
murs. Enfin, nous avons été séduits par ce joli castel et, à
tous deux, l'idée de Bourbilly ainsi restauré nous est
venue à la pensée. Nous avons visité la grande salle
d'attente, au plafond à solives peintes, aux murs tendus
de vieilles tapisseries. Le salon a le même plafond, la
salle à manger aussi, mais avec la peinture en moins.
Nous sommes montés à la bibliothèque, toute en rayons
chargés de livres; au milieu, un bureau encombré d'un
intelligent désordre. Là ont été écrites de belles pages
éloquentes; j'aime voir ces témoins d'un travail ardent
et sérieux. Tout est simple, mais intelligent et animé.
Ce château a cela de charmant que le soleil y pénètre:
c'est clair et gai et fait pour la vie de famille, en même temps que pour l'étude. En sortant, nous avons fait

un petit tour dans le parc, puis nous sommes revenus par
le pont de Beauserin et, à pied, par le bois charmant de
Sauvigny. Tout est vert, frais et embaumé, on respire
avec bonheur. Avant dîner, nous avons été nous asseoir,
une heure, dans le haut de la Garenne, jouissant du calme et de la beauté du coucher du soleil.

23 Mai 1866. — Nous avons été à Epoisse, cette après-
midi. Le village est joli et touche le château, l église
même est dans la première cour, ombragée de beaux arbres et entourée de bâtiments presque tous anciens et
pittoresques. Le château forme un demi-cercle très vaste, il a un caractère et un cachet très à part... Nous cher-
chions un domestique, lorsque nous avons rencontré un
jeune homme, à qui Charles s'est nommé et qui nous a
fait entrer, avec beaucoup d'empressement, au salon :
nous y avons trouvé sa femme, je suppose, assez jolie
et gracieuse. Mme de Guitaut la mère, survint et nous fit,
comme ses enfants, un accueil fort aimable. Le salon est
simplement meublé, mais comfortable. On nous fit faire
le tour des terrasses ; ces dames nous témoignèrent le désir
de voisiner, on parla de Bourbilly, des projets de restauration et nous sommes revenus très enchantés de ce voisinage futur. En rentrant, nous nous sommes longuement promenés au bois Thomas, puis sous les sapins du
Peucrot et nous sommes revenus par de charmants sen-
tiers que je ne connaissais pas, donnant sur la vallée.
Charles eut la bonne pensée de dîner dehors et nous
avons ainsi joui du coucher du soleil, des ébats des pou-
lains dans la prairie, du calme de cette heure délicieuse,
une des plus charmantes de la journée. J'ai été ravie de
tout ce petit voyage fait à deux, mon rêve.

Deauville, 31 juillet 1866. *(à son mari)*. — Cela
me semble tout drôle d'être ici avec ma fille, loin de toi ;

ce n'est pas seulement parce que cela ne s'est jamais fait, mais aussi parce que c'est une chose très étrange que nous soyons séparés et à laquelle je ne pourrai jamais m'habituer ; quelque chose me manque, à tout moment : le soir, mon cher oreiller, puis tes taquineries et surtout la chère habitude de te raconter tout ce que je vois, tout ce que je sens, tout ce que je pense. Tu vas nous revenir bientôt, n'est-ce pas ?

2 Septembre 1866 *(journal* . — J'écris près du petit lit, où Chantal vient de s'endormir, de son joli sommeil paisible. Que de pensées douces et pures me viennent près de cette enfant endormie ; je pense alors à l'autre qui va arriver, je pense à ma responsabilité, je pense à leur avenir, que je mets sous la protection de Dieu. Je suis meilleure, depuis mon retour. Je crois que Charles est plus content et plus heureux. L'autre jour, à Deauville, sa lettre d'Annecy, pleine de reproches mérités sur mon inégalité d'humeur qui le rend malheureux, m'avait brisé le cœur. C'est pour le revoir plus tôt que je suis revenue. J'ai pris une résolution ferme et sincère, je lutte il est vrai, mais je crois que cela va mieux. Cependant, l'autre jour avec mon bon père, je me suis emportée ; le regret est vite venu, mais la lutte est difficile et rude à soutenir.

9 Septembre 1866. — Je viens de faire un tour, avec mon mari et mon enfant, l'un traînant l'autre. C'est une telle joie pour moi, quand je suis seule avec eux et quand Charles fait attention à sa fille. Il a beau dire, il l'aime bien. Du reste, c'est étrange, mais il la fascine, elle ne le quitte pas des yeux, quand il est là et elle lui dit *papa* si gentiment. Elle trotte très bien maintenant, tout autour de la chambre, en s'accrochant aux meubles. C'est une douce après-midi, que celle-ci, vraiment la vie

calme et solitaire me va plus que toute autre. Je suis
meilleure depuis quelques jours : Charles le dit et je le
sens, au dedans de moi.

11 Septembre 1866. — Quelle illusion de me croire
meilleure! Toute cette douceur de la semaine est tombée, hier, en un seul instant et pour une misère! J'aime
trop mon enfant, je l'aime avec passion et jalousie, je ne
puis la voir joyeuse avec d'autres, je revendique, à tout
instant, mon titre de mère et c'est pour cela que je lutte,
pour que Dieu ne m'en veuille pas d'aimer ainsi ce petit
être béni qu'il m'a donné. Hier, le temps était menaçant,
j'ai voulu sortir malgré les nuages, je suis rentrée avec
l'enfant, par une averse et j'ai grogné mes pauvres tantes,
qui arrivaient tout inquiètes. On n'a pas trop confiance
en moi, pour les soins que je donne à Chantal et ces doutes offensent et aigrissent mon pauvre petit esprit.

La Muette, 19 septembre 1866 *(à son mari)*. — Mon
chéri, j'ai reçu ta lettre, avec bien grand plaisir, ce matin;
la journée d'hier m'avait semblé si longue sans nouvelles! Le fait est que cela me semble très étrange de voir
ta lettre datée de Drusenheim, cela me fait suivre un
enchaînement, comme nous disions, Marie et moi, autrefois; un enchaînement d'idées très doux. Quand on est bien
heureux, c'est un tel plaisir que de regarder en arrière et
de voir où commence le bonheur. Cela me fait remercier
Dieu, car il a comblé ma vie.

La Muette, 20 septembre 1866. — J'ai été promener
avec tante et, arrivée au Saut du loup, voilà Jules qui
accourt me dire que le Père Hyacinthe m'attendait, au
salon. J'ai pris mes jambes à mon cou, autant que possible et j'ai reçu le Père, qui a été charmant et a fait tout
plein d'éloges de mon cher mari; il a été aimable et gracieux et enfin m'a conquise. Il m'a dit qu'il venait te

remercier de ton ouvrage, qu'il a commencé et qui l'intéresse beaucoup; il a ajouté que tu étais un vrai chrétien, qu'il en avait été frappé etc, etc,... il ne faut pas que je fasse rougir mon chéri!

28 Septembre 1866. — Aujourd'hui un an que Dieu nous donna notre enfant! La pauvre petite, pour ce premier anniversaire, a été un peu souffrante, grognon, mal en train, avec un brin de fièvre. Cela me mit, ce matin, l'inquiétude au cœur et j'ai été à la messe, toute triste et préoccupée Nous avons communié, Charles et moi, pour remercier Dieu de ses grâces et lui demander de les continuer à notre enfant chérie. Aujourd'hui, devait se terminer, à Annecy, une neuvaine faite pour elle, devant le tombeau de sa patronne. J'ai prié avec assez de ferveur, j'ai bien demandé à Dieu, avec instance, force et courage contre moi-même, car je suis toujours faible contre ma vilaine nature et j'ai besoin de Lui... Après déjeûner, l'enfant se mit à pleurer et crier, la fatigue se joignant à cela, mes nerfs se prirent et j'eus une espèce de crise violente, que je ne pus surmonter. Ce fut affreux, j'en ai l'âme brisée de remords et de chagrin... Charles ne voulut pas me voir, avant de partir. Pauvre cher ami, je dois lui faire honte et pitié, à lui si fort et si supérieur à ma faiblesse. En rentrant, il m'a embrassée et réconfortée. Dieu est trop bon pour moi, je suis indigne. Ce soir, Chantal va mieux, mais elle fut agitée, toute la journée. Que Dieu la bénisse mille fois, que la Sainte Vierge, sainte Chantal et son bon ange veillent sur elle. Bientôt, sa petite âme va s'éveiller : serai-je digne de lui être un exemple ?..

2 Octobre 1866. — Hier, nous avons été faire une promenade au Jardin d'acclimatation. Chantal fut ravie; sa petite curiosité fut excitée, au plus haut point. La

journée était douce, une de ces douceurs d'automne.
Ma petite fille fit quelques pas, seule déjà. Je me sou-
viendrai de ces premiers pas sans appui. Ce soir, chez
Charles, Chantal fut un amour. Elle baisa la main de
son père, qui la caressait, puis m'embrassa après. Charles a, sur elle, une influence de tendresse; elle m'embrasse, chaque fois que je la mène à lui... Je suis un peu
meilleure; voilà deux journées pas trop mauvaises. Ce
soir, mon bien-aimé Charles et moi, avons repassé, dans
nos journaux, l'heureux temps de nos fiançailles. Pauvre garçon, qu'il a dû avoir de désillusions; moi, au contraire, je n'ai fait que l'aimer, l'estimer, l'admirer davantage.

La Muette, 5 octobre 1866 *(à son mari)*. — Mon
chéri, tu n'es pas là près de moi, pour que je t'embrasse,
cela me fait le cœur un peu gros de passer ce cher anniversaire loin de toi. Mais, demain, nous nous verrons et
nous pourrons bien nous serrer dans les bras l'un de
l'autre, en parlant des jours passés. J'ai été à la messe
ce matin, mon amour, pour remercier Dieu de sa bonté.
J'ai passé, à l'église, une bonne heure douce et calme
devant l'autel de la Vierge. Tu penses si j'étais près de
toi par le cœur.

7 Octobre 1866 *(journal)*. — Augustin a la pieuse
dame Sapida. — « Continuez à vivre de façon à vivre
avec votre frère, car votre frère, quoique mort, est vivant. Assurément c'est un sujet de larmes de ne plus
voir ce frère que vous aimiez tant et qui vous témoi-
gnait tant de respect... Lorsqu'on pense à ces choses,
le cœur est percé et les larmes coulent, comme le sang
du cœur. Mais que le cœur se tienne en haut et il n'y
aura plus de pleurs dans les yeux. Quoique vous ayez
perdu ce qui est maintenant l'objet de vos regrets, l'u-

nion de Thimothée et de Sapida subsiste encore. Thimothée vous aime toujours ; ce saint amour demeure dans son trésor et il est caché en Dieu, avec le Christ. Ceux qui aiment l'or le perdent-ils quand ils le cachent ? Ne pensent-ils pas, au contraire, le posséder avec sécurité, en le gardant ainsi loin de leurs propres yeux ? La cupidité terrestre se croit plus sûre de son trésor, si elle ne voit pas ce qu'elle aime et le terrestre amour s'afflige, comme s'il avait perdu ce qu'il a placé d'avance dans le dépôt éternel ! Sapida, goûtez les choses d'en-haut où le Christ est assis à la droite de Dieu : Il a daigné mourir pour nous, afin que nous vivions, même après que nous sommes morts, afin que l'homme ne considère pas la mort comme l'anéantissement de l'homme et que nous ne pleurions pas, comme ayant perdu la vie, les morts pour lesquels Celui qui est la vie a voulu mourir. » Voilà les consolations divines devant lesquelles la tristesse humaine doit s'effacer. J'ai copié ce passage, parce que la pensée de la mort ne m'est pas assez familière et m'est trop poignante, cela me fait du bien de la considérer un peu ; je suis faible et, à ce seul mot de mort, mon cœur saigne. Il faut que je m'aguerrisse, parce que je sens mon cœur lâche et faible et trop attaché à mon bonheur. J'ai toujours demandé à Dieu de mourir avant ceux que j'aime, c'est peut-être mal : Que sa volonté soit faite ! Mon Dieu, que de progrès j'ai à faire en tout, et que d'imperfections nouvelles je découvre, à chaque instant. Je suis plus douce cependant, depuis quelques jours, je prends plus sur moi. Dieu et Charles aidant, je me vaincrai : la bonté de ma mère et de mes tantes et la douce vue de mon petit enfant me font rentrer en moi-même. Que Dieu est bon pour moi, il m'a comblée et j'ai pu être ingrate ! J'en ai le cœur tout déchiré quand j'y pense. Oh! que mon cœur est plein de saintes résolutions. Je me sens bonne, ce soir, adoucie, pacifiée. Je veux réparer mes fautes et me rendre digne de l'immense bonté de Dieu. J'écris près de mon cher Charles, qui travaille. Nous avons de bonnes soirées paisibles et douces, en tête à tête.

La Muette, 27 octobre 1866 *(à son mari).* — Mon cher amour, c'est décidément une très vilaine chose que l'absence et je ne m'y habitue pas; je devrais avoir honte de te le dire, quand je suis déjà presque à la moitié... Adieu, mon bien-aimé, je t'aime plus que jamais, je t'embrasse mille fois, j'ai hâte que tu reviennes; la maison est vide, quand mon mari n'est pas là, et mon petit enfant, même avec les joies qu'il me donne, ne suffit pas pour combler ce grand vide...

7 Novembre 1866 *(journal).* — Je ne suis pas meilleure. Voilà pourquoi je ne puis être satisfaite, ce soir, et j'ai le cœur attristé et mécontent de lui-même. Ma chère petite fille devrait cependant m'adoucir. Elle m'est une si grande joie et remplit mon cœur d'une si grande tendresse; mais c'est cette tendresse même qui, jalouse et mal dirigée, m'emporte et m'aigrit. Avec Charles, c'est la vivacité et l'orgueil. J'ai peur de désespérer de moi. J'ai bien à lutter et cela m'effraye, pauvre âme faible que je suis. Aujourd'hui, cela va bien mieux. J'ai été me confesser, pour communier demain avec Charles, demain! le 12 novembre! Deux ans que nous sommes mariés! Le bon Dieu soit béni, pour toutes les grâces dont il n'a cessé de me combler depuis et dont je me suis rendue si peu digne.

14 Novembre 1866. — Mon cher 12 novembre s'est bien passé; nous avons été communier ensemble, mon cher mari et moi, dans la même église où, deux ans auparavant, nous avons été unis devant Dieu. M. le curé nous y disait la messe, à l'autel de la Vierge. J'y ai bien prié, le cœur tout reconnaissant de la bonté infinie de Dieu.

8 Décembre 1866. — Charles fut très fâché de ma vivacité, mais il me pardonna et fut plus tendre que jamais pour moi, mais j'ai bien souffert et je me suis bien promis de ne plus m'attirer une semblable rigueur. C'est dans ces moments-là que je sens combien je l'aime, car mon cœur se brise...

22 Décembre 1866. — Le soir, avant de se coucher, Charles voulut lire mon journal et me donna le sien à lire. Ce fut une souffrance, un chagrin pour moi; Charles y dévoile entièrement sa sainteté intérieure; l'état de son âme, si détachée, si courageuse, si pure, m'a effrayée, puis humiliée. J'ai aperçu quelques regrets de sa vie d'autrefois, j'ai vu que je n'avais pas été ce que j'aurais dû être, cela me tortura. Oh! ce que j'ai éprouvé, ce soir-là et le lendemain! Après le départ de Charles, je vins m'enfermer dans son cabinet, j'y ai achevé ma lecture, j'ai pleuré, prié avec angoisse, puis j'ai écrit quelques mots, à la hâte, dans son cahier... Hier matin, Charles a lu ces lignes. Je fus impatiente, jusqu'au soir. Oh! qu'il fut bon et tendre, j'ai senti, j'ai cru ravoir, en un instant, ce que j'avais perdu! J'ai bien remercié Dieu et demandé son aide. Cette fois-ci, je dis : je veux.

29 Janvier 1867. — Depuis que j'ai interrompu mon journal, j'ai été toujours plus lourde, plus fatiguée; j'avance lentement vers le moment béni de ma délivrance. C'était ce matin que commençait la neuvaine, que Charles fait faire à Annecy, devant le tombeau de saint François-de-Sales, pour la venue de ce cher petit être, frère ou sœur de Chantal, si impatiemment attendu Que

Dieu le bénisse et nous protège tous! J'ai communié, ce matin, comme si c'était pour la dernière fois... Mon Dieu, que je suis fatiguée, aigrie, ennuyée, mes pauvres nerfs sont dans un triste état. Mon Dieu, pardonnez-moi, je suis indigne du bonheur dont vous me comblez; pardonnez-moi, je vous en supplie et, si votre volonté est de me rappeler à Vous, dans cette maladie, faites que je sois prête, purifiez-moi, rendez-moi digne de Vous. Que mon bien-aimé mari, mes petits enfants chéris, ma mère si bonne et si tendre, tous ces êtres aimés qui m'entourent, trouvent ici, *en tous cas*, l'expression de ma tendresse, de mon repentir et de ma reconnaissance; tous, tous bien-aimés et chéris.

12 Mars 1867. — Voilà six semaines que je n'ai écrit mon journal et que de choses se sont passées depuis! Le 7 février, le bon Dieu m'a envoyé un cher petit garçon. C'est à minuit, comme Charles finissait sa neuvaine à saint François-de-Sales, que j'ai commencé à souffrir. A neuf heures, mon petit François a fait son entrée dans le monde, plus heureusement que sa petite sœur. Je voulais l'appeler Pierre, mais Charles tient, avec raison, au nom de François, par reconnaissance. Depuis ce temps, je suis bien remise, Dieu a été bien bon pour moi... Chantal a été fort souffrante, elle a eu la fièvre, je crois que c'était l'influence de grippe qui régnait dans la maison. Enfin, j'eus une grosse peur, augmentée par le mystère qu'on me fit. Il ne faut pas me cacher les choses, car ma tête trotte et se fait des monstres de tout. Charles fut bien inquiet, il m'avoua depuis que, lorsque le médecin vint, il demanda à Dieu de lui donner ce que devait avoir l'enfant, et sa tête fut prise de suite. Dieu merci, ce ne fut que la grippe!... Ces dames se partagent et viennent me voir assez souvent. Ce ne sont plus les visites de toute la journée, que l'on faisait à Chantal, lors de sa naissance; mon pauvre petit Franz n'excite pas la même tendresse, ni le même enthousiasme. C'est que Chantal n'avait pas une grosse fille fraîche, trottant et bavardant, à côté d'elle, pour paraître plus noire et laide. Il est très brun, mais il me semble gentil, ses petits yeux cherchent bien, et sa bouche est jolie, au repos. La famille ne l'admire guère, ce sera pour plus tard, mais alors nous nous amuserons. C'est mauvais ce que je dis là. Comme dit Charles, je suis une nature *réclamante*.

14 Mars 1867. — Ces dames devaient venir, je ne les ai pas vues, j'ai peur que ma pauvre tante ne soit plus mal : mon Dieu, qu'avons-nous devant nous? Que je suis donc faible et lâche, j'ai peur des épreuves, gâtée que je suis par Dieu... Oh! comme tout est mélangé dans la vie, joies et peines! Me voici comblée par Dieu, j'ai un mari comme il y en a peu, deux enfants qui me comblent de joie, et nous voilà menacés d'un deuil et d'une douleur, car notre pauvre tante m'a toujours tendrement aimée et a été pleine de bontés pour moi.

16 Mars 1867. — Ma tante est bien mal, elle s'est confessée hier, a reçu l'Extrême-Onction cette nuit, et l'on attend sa mort, d'un moment à l'autre. Et je ne l'ai pas vue! J'en ai le cœur tout désolé, le souvenir de sa bonté me revient à la mémoire, plus vif que jamais. Oh! quel vide va nous faire cette bonne, sereine et chère figure, j'ai le cœur tout torturé par la pensée de n'avoir pas toujours été douce et soumise envers elle... Oh! comme tout se touche dans la vie, les douleurs et les joies, la mort et la naissance; quels enseignements en tout! — Je n'ai pas marqué ici une triste nouvelle aussi, que j'ai apprise étant encore au lit et qui m'a bien peinée, tout en me faisant bénir Dieu. B... est mort, dans les premiers jours de février. Que serais-je maintenant, si je l'avais épousé? Quel long avenir de douleurs j'aurais devant moi! Dieu soit béni, dans tout ce qu'il fait. Il a été bien miséricordieux pour moi, Il m'a menée à Charles et m'a comblée. Qu'Il soit béni en tout ce qu'Il nous donne! Mon Dieu, comme je suis ingrate et comme je mérite peu toutes vos bontés. Je suis faible et lâche devant les épreuves, je suis révoltée et orgueilleuse dans la joie, je ne vous aime pas assez, ô mon Dieu, et je ne sais rien accepter comme je le devrais, parce que je n'ai pas assez d'amour. Charles, que je devrais admirer, dans sa foi tous les jours plus vive et plus profonde, est un sujet de critique pour moi. Je viens de le peiner un peu, tout à l'heure. Oh! que je suis loin de lui! Mon Dieu, quelle triste journée : le temps est gris et sombre, comme mes idées. Je n'ai de goût à rien, je ne peux m'arrêter à rien, la pensée de cette pauvre âme qui va quitter la terre ne me quitte pas. Pourquoi ai-je écrit ce mot : Pauvre? C'est heureuse que je devrais mettre.

3 Avril 1867. — Je viens de rentrer du jardin, où j'ai passé mon après-midi, par un temps charmant. Chantal était comme un petit diable: l'air et la liberté la rendent toute folle; je m'en occupe beaucoup, n'ayant pas repris de bonne; cela me fatigue un peu, mais cela me fait très grand plaisir. Nous ne nous quittons guère, elle devient bien gentille, mais en même temps, grandit une petite volonté de fer, que ces dames ne m'aident pas assez à briser. Le pauvre petit François n'est pas si gâté que cela : on vient à peine le voir. Depuis trois jours, je vais de nouveau à la messe, avec Charles. Cela me remplit bien ma matinée; l'après-midi, je reste avec les enfants, je travaille, je lis, j'écris. Après dîner, Chantal reste avec nous, jusque vers huit heures. Son père ne dit rien, je crois même qu'il n'est pas trop fâché de l'entendre rôder autour de son fauteuil. Elle vient, de temps en temps, le câliner et lui baiser les mains. Je rentre près de Charles, quand mes petits lits sont bien calmes. Nous lisons, causons, travaillons jusqu'à l'heure du thé, où nous allons souvent de l'autre côté. Nous nous couchons à minuit, une heure, après avoir fait notre prière ensemble. Souvent même, nous faisons ensemble une méditation sur l'évangile du jour. C'est mon Charles qui la fait, je sens que cela me fait du bien. Ah! quels progrès il fait, tous les jours, dans la piété! Je me plains un peu de ses soirées prises par les bonnes œuvres. Ah! que je suis loin de lui!

5 Avril 1867. — Quand je suis heureuse d'un petit progrès intérieur, vite les tentations surviennent et je retombe, hélas! bien bas! Hier, ma journée s'était bien passée, puis, quand tout le monde fut parti, pour un rien, pour une bêtise qui blessa mon immense orgueil, j'eus un violent accès de colère contre Charles, qui rejaillit sur maman. Ah! que j'en fus peinée! Oh! la vilaine nuit que j'ai passée!

6 Avril 1867. — Hier, je m'installai, avec mon ouvrage, près de Chantal et de Baby, puis je n'y tins plus, je vins demander à Charles la permission de venir lire près de lui. J'avais toujours le cœur bien gros, mais je ne sais quoi me disait d'espérer. Puis, un peu avant de dîner, je vois Charles s'adoucir, puis enfin, avec une bonté et une tendresse dont je l'ai béni mille fois, il me prit dans ses bras et me pardonna. Je pleurai bien sur son cœur et l'espoir et la joie remplirent mon âme. Dieu ne m'avait pas abandonnée et était bien resté avec moi. Le soir, nous restâmes bien tranquillement dans cette

chère bibliothèque. Aujourd'hui après dîner, la petite
resta, comme tous les soirs, avec nous, jusqu'à huit heures. Sa petite intelligence se développe, la lumière s'y
fait peu à peu et c'est charmant d'en suivre les progrès.
La tendresse grandit aussi, dans ce petit cœur, elle devient caressante et ses baisers ne sont plus toujours in-
téressés. Ah! mon Dieu! rendez-moi digne de garder
cette petite âme, faites qu'elle vous aime et qu'elle vous
connaisse : surtout qu'elle soit pure, ô Vierge sainte,
pure et sans tache : qu'elle garde sa blancheur et son
innocence, souvenez-vous que nous vous l'avons confiée!
Mon cher petit François va beaucoup mieux, aujour-
d'hui. Dieu soit mille fois béni pour sa bonté, il est plein
de miséricorde pour moi, si indigne.

9 Avril 1867. — Cette soirée m'a fait penser à autrefois. Qu'il me semble être loin de ce temps-là. Ces
trois dernières années me semblent une vie! J'ai eu des
pensées folles, qui m'ont traversé la tête. Oh! l'enfant
que je suis! Mon Dieu! soyez béni pour tout ce que vous
m'avez donné et tout ce que vous avez fait pour moi!
C'est Vous qui m'avez menée à mon mari, pour le bien
de mon âme. Je crois qu'en d'autres mains, je serais devenue pire que je ne suis.

9 Avril 1867. — Mon Franz était souffrant aujour-
d'hui, de son vaccin. Maman paraît l'aimer, quoique ce
soit un peu comme ces dames, pour ne pas me faire de
peine. Oh! vilaine méfiante que je suis! Elles sont toutes bonnes, trop bonnes pour moi. Seulement elles ne
sont pas encore faites à ce petit garçon, qui est venu
partager les affections de Chantal. Oh! la petite têtue,
était-elle démon aujourd'hui, vraiment méchante, mais
avec des moments de câlinerie et de tendresse, qui me
fondent le cœur. Le soir quand elle est couchée, elle

bavarde derrière son petit rideau, que c'est à en devenir
folle. Sa petite voix m'appelle sans cesse: *maman, mère.*
Ah! quand mon François parlera comme cela! comme
le cœur s'élargit cependant pour les affections nouvelles,
sans rien ôter aux tendresses premières; je sens déjà,
en mon cœur, de l'affection pour ceux qui viendront, si
Dieu m'en envoie! Mon Dieu, pourquoi les craindre,
pourquoi redouter les souffrances, l'ennui d'une réclu-
sion un peu longue. Il faut bien payer tant de joies!.. Ce
soir, est arrivée une invitation à un bal masqué au minis-
tère de la marine. Je sentais une bonne envie d'y aller.
Puis, je me suis dit : à quoi bon, cela déplaît à Charles,
cela ne peut me faire aucun bien, il vaut mieux que je
n'y aille pas. Quoique je sois à la fois bien heureuse et
raisonnable, le monde peut m'être mauvais et cependant, malgré tous mes raisonnements, je sentais une petite révolte intérieure contre ma vie calme. Oh! pauvre
créature humaine, faible et lâche, jamais satisfaite et
toujours réclamante! Je regrette le monde et j'adore
mon mari. et le tête-à-tête, avec notre fille en tiers, m'est
délicieux! Comment arranger tout cela? Voilà encore
un côté faible à travailler. Mes nouvelles habitudes me
font cependant grand bien.

13 Avril 1867. — Je me suis confessée, ce matin, et
j'ai communié; cela m'a fait grand bien. Charles avait
l'air si content, son regard avait une expression si tendre en me regardant, lorsque nous rentrions bras dessus,
bras dessous de l'église. Oh! pauvre cher, que je voudrais le rendre bien heureux! J'ai communié, ce matin,
pour mes petits enfants. Ils vont bien tous deux aujour-
d'hui, Dieu me les garde ainsi!

14 Avril 1867. — Ma petite fille n'était pas très bien
aujourd'hui; mon pauvre cœur est de suite plein d'an-

goisses! Oh! que je suis peu faite pour la vie! Ce soir, je suis restée près de mes petits enfants : les voilà bien endormis. Le soir, quand je vois ces petits rideaux baissés, quand j'entends ces douces petites respirations égales, je suis involontairement attendrie, et mon cœur s'emplit de tendresse, de joie, d'ardentes prières. Cette chambre me fait l'effet d'un cher sanctuaire.

23 Avril 1867. — Charles a eu une grande joie, hier matin. Avant-hier, M. Possoz nous avait dit avoir vu mon beau-père à la communion générale de Notre-Dame. Mon mari lui écrivit, hier, pour lui demander si c'était vrai. Notre père lui répondit qu'en effet, il était allé *jusqu'au bout*. Mais il en attribue une part à *quelqu'un* d'autre et cela me fit un peu de peine de voir qu'il ne parlait pas même de ce fils si bon et si pieux, dont l'exemple était si grand. Charles, lui, n'y pensa point et fut tout à sa joie. Que Dieu soit béni en tout ce qu'Il fait.

La Muette, 25 avril 1867 *(à son mari)*. — Mon chéri, quel vilain petit mot froid tu m'as écrit! Serais-tu de nouveau fâché? Oh! mon bien-aimé, Bourbilly ne te parle donc plus de moi? Et ne reste-t-il, quand tu t'éloignes, que le souvenir des mauvaises heures? Mon chéri, je te jure cependant que, cette fois-ci, la persévérance et la volonté sont fermes! Ah! cher amour, si tu savais comme je pense à toi, combien tu me manques et combien je t'aime, tu ne parlerais pas des moments où ma présence t'est désagréable. Chéri, c'est pour rire n'est-ce pas, que tu as dit ce mot-là? Oh! oui je le sens, car tu m'as bien embrassée en partant et, dans notre Bourbilly, tu dois m'aimer. Ah! tu me manques bien ; hier j'ai fait ma méditation toute seule et j'ai eu de la peine. Ce matin, à la messe, j'ai essayé de nouveau, mais sans succès. Ah! les progrès sont lents chez moi et les luttes difficiles!

2 Mai 1867 *(journal)*. -- Hier, nous avons baptisé notre cher petit François; mon cher papa était parrain, avec ma tante Morisseau. Après le baptême, on a porté mon fils, comme l'a été Chantal, sur l'autel de la Vierge et il a été consacré à cette bonne mère, jusqu'à l'âge de trois ans. Qu'elle veille sur cette jeune âme, qu'elle la remplisse de foi et de force et qu'elle l'arme ainsi pour la vie! Voilà ce que je lui ai demandé, de toute mon âme pendant le court moment où ma fille m'a laissé prier...

4 Mai 1867. -- Nous avons eu, hier, une grande frayeur: ma pauvre petite Chantal, toute dolente, toute la matinée, a eu, entre mes bras, une espèce de convulsion. Oh! l'horrible chose; le souvenir de ce petit visage bouleversé, me poursuit comme un cauchemar! Ah! j'ai bien souffert, mais Dieu m'a donné de la force. J'ai invoqué Marie, pendant que je tenais ce petit corps inerte entre mes bras, et elle ne m'a pas abandonnée. C'est pendant que je lui donnais une cuillerée de lait que l'horrible mal a pris ma pauvre enfant. Sa petite tête s'est baissée, ses traits se sont raidis, elle faisait des efforts terribles, puis elle est restée inanimée, raide, violette sur mes genoux; avec de l'eau froide et de l'eau de Cologne, elle est revenue, puis elle a été de mieux en mieux; deux dents ont percé, pendant sa crise Elle s'est endormie, vers huit heures, dans ma chambre; je l'avais là près de moi. Oh! la joie de la voir dormir paisible! Elle pleurait, de temps en temps, mais se calmait vite... Maintenant elle est bien, Dieu soit mille fois béni ..

23 Mai 1867. — Maman me quitte à l'instant, elle est venue, comme j'allais coucher Chantal. Elle s'est blessée, parce que j'ai dit qu'il ne fallait pas l'agiter. Je suis trop vive, parce que je suis aigrie. Mon pauvre cœur sera toujours jaloux et mécontent. Ah! l'on ne m'aime plus comme par le passé! Cela me déchire le cœur, par moments, Charles dit que c'est ma faute. Ah! mon Dieu, est-ce bien vrai? Je crois vraiment qu'il ne fait pas bon à être toujours ensemble. Nous sommes trop nombreux ici. D'abord, tante Célestine, tout en m'aimant, me trouve toujours en faute et maman et tante Camille subissent son influence. J'ai presque toujours tort, mais bien des choses m'énervent, m'aigrissent et me changent. Oui, je sens que je suis changée, en dépit des luttes et du combat. J'ai mille fois tort et ma mère chérie est un ange! Mon Dieu, que j'ai eu le cœur gros, ce soir. Elle m'a bien embrassée et dit de ne pas douter d'elle. Ce sont mes vilains airs boudeurs et maussades qui l'ont refroidie. Ce soir encore, j'ai été mauvaise, à cause de Chantal. Pauvre chère mère adorée, je ne veux plus lui faire de peine, ni à mes bonnes tantes non plus. Que puis-je faire pour lui faire plaisir? Je crois que, si j'allais à Rome avec Charles et si je lui laissais ma Chantal, elle aurait une vraie joie. Il me prend, tout à coup, une envie folle de la lui laisser. Puis revoir Rome en tête à tête avec Charles! Mon Dieu, je remets tout en vos mains : désirs, rêves, repentirs, amours de toutes sortes, et volonté de bien faire et de bien aimer. Que ma mère soit mille fois bénie pour sa bonté.

3 Juin 1867. — Charles hésite maintenant à partir pour Rome. J'avoue que j'aimerais mieux le voir rester. Ah! je ne suis bonne à rien, loin de lui, et la maison est bien vide et triste sans sa présence. Que Dieu me guide et que sa volonté soit faite et bénie.

5 Juin 1867. — Le soir, représentation de gala, à l'Opéra. Grande loge impériale au fond de la salle, dix-huit princes et princesses de front, avec leur suite debout derrière : c'était fort curieux. Entre l'Impératrice et l'Empereur, le Czar, grand, à l'air fatigué et l'œil dur. A la droite de l'Empereur, la princesse Victoria de Prusse, très gaie, pas jolie, sa sœur la princesse de Hesse, plus fine, les deux fils du Czar, de vrais Kalmouks, surtout l'ainé, le prince de Leuchtenberg. A la gauche de l'Impératrice, le prince de Prusse, la princesse Marie de Russie, la princesse Mathilde, Anna Murat, le prince de Hesse, un prince inconnu et l'affreux petit prince japonnais. On jouait l'Africaine et Giselle, mais on n'eut d'yeux que pour les princes. La salle très brillante, avec des diamants éblouissants, mais un froid glacial; pas un cri, pas un applaudissement, rien que des rires pour le Taïcoun et pour un cent-garde, qui traversa le ballet... Charles y fut bien gentil et y vint pour moi. Il nous mena ensuite chez Tortoni. Pour le récompenser de sa complaisance, je me laissai aller à la fatigue et fus très vive et très brusque avec mon bon mari. Toujours pour des misères! Je l'ai payé cher, par des heures d'angoisses et de déchirement. Il décida son voyage de Rome, auquel il avait renoncé pour moi. Oh! quelle douleur que cette pensée... J'ai promis à la Vierge d'aller la remercier à pied, à Notre-Dame des Victoires, si elle adoucissait le cœur irrité de mon cher mari. Oh! comme je sens combien profondément je l'aime, quand je le vois fâché et peiné. Ah! s'il m'aidait, s'il me soutenait dans mes luttes, je parviendrais. Dieu bon, ne m'abandonnez pas.

6 Juin 1867. — J'ai été à la messe, ce matin, j'ai prié, supplié Dieu et la Vierge de secourir mon pauvre cœur déchiré par le regret, la douleur et mon amour. Quand je pense à cette absence de Charles, j'ai le cœur brisé; c'est ma faute; sans cette cruelle vivacité, il serait resté et j'avais la douceur de voir qu'il n'aimait pas me quitter, nous aurions été à Bourbilly, après avoir eu le plaisir de voir ensemble le spectacle des fêtes que Paris donne à tous ces princes. Je ne suis pas mondaine, mais j'aime cependant errer partout, au bras de mon mari. Je vais à l'Hôtel-de-ville et aux Tuileries, mais avec quelle impression différente. Ce soir, je ne peux que pleurer. Ce voyage me désespère. Cette après-midi, Charles m'a menée à la grande revue de Longchamps. C'était splendide, nous avons admirablement vu, du haut des tribunes, le magnifique état-major de l'Empereur entouré de tous ces princes. Charles fut très affectueux de soins pour moi, cette après-midi, cela me fit oublier mon chagrin et jouir du beau spectacle. L'empereur de Russie était entre l'Empereur et le roi de Prusse. Le défilé fut admirable et la vue de cette plaine immense, toute bondée de troupes, était imposante. A la fin, admirable charge de cavalerie, avec des cris et des fanfares. Nous avons vu ensuite, tout ce beau cortège repartir L'Impératrice était charmante... Mon mari s'adoucit un peu, ce soir. Ah! de quel chagrin mon cœur est rempli : il m'étouffe, par moments et je ne puis le supporter, et tout cela pour une misère. Oh! pauvre nature, combien peu de chose il te faut pour te révolter. Mon Dieu! je ne veux cependant pas désespérer, mais je ne puis rien, toute seule, contre moi-même.

7 Juin 1867. — Mon fils a aujourd'hui quatre mois. Dieu soit béni de me le protéger. Oui, Dieu est bien bon pour moi. Charles s'est peu à peu adouci, jusqu'à ce soir, où il m'a bien embrassée, ce qui m'a inondé le cœur de joie. Ah! je me sens heureuse et je l'aime de toute mon âme!

12 Juin 1867. — Samedi, grand bal à l'Hôtel-de-Vil-

le ; ce fut une fête splendide, par le local et la décoration :
des fleurs et de l'eau à profusion. La belle cour intérieure
était couverte d'un velum rose et or, avec un double escalier entouré de jets d'eau, de lumières et de fleurs. Mais
toute cette splendeur fut surpassée, lundi soir, aux Tuileries. Le bal fut de toute beauté. Après l'arrivée des princes, qui firent leur entrée dans la salle des Maréchaux, on
descendit, par un double escalier, dans le jardin tout
illuminé. C'était une véritable fête vénitienne, ces arca-
des de lumières, ces parterres dessinés au gaz, cette lueur
pâle de la lumière électrique éclairant les jets d'eau, les
feux de bengale dans les massifs, les lanternes rouges
dans les arbres, puis ces femmes décolletées et en grande
toilette errant dans ces allées, c'était une féerie. Je me
trouvais près du grand bassin, lorsque passa devant nous,
l'Impératrice donnant le bras à l'Empereur de Russie ;
c'était un beau couple. L'Impératrice était splendide ;
elle a une grâce et une distinction souveraines. Mme de
Morny, toute en blanc, avait un air aérien. Je vis
bien des beautés et des personnages et, en remontant,
j'eus la chance de me trouver, pendant quelque temps,
tout à côté des deux Empereurs. Nous sommes restés
encore une demi-heure, assis dans le jardin, puis en remontant nous attendîmes à la porte de la salle du souper.
Nous fûmes récompensés de notre peine. C'était un spectacle de toute beauté. Les princes, sur une estrade à la
façon de Paul Véronèse, un double escalier devant eux
descendant au parterre, où les tables du public étaient
dressées (c'était la salle de théâtre) sur la scène ; vis-à-vis,
un décor idéal avec une fontaine vraie, éclairée à la lumière électrique et des chœurs de femmes ; on se croyait
en plein festin royal du Moyen-âge ou de la Renaissance.
Je m'attendais à voir l'un des princes se lever et chanter

un air, tandis que la salle s'écroulerait en flammes. Heureusement qu'il n'en fut rien et nous partîmes, en même temps que l'Empereur de Russie, en plein jour. Auprès de nous, était la table de la duchesse de Mouchy, entre Gortschakoff et Bismarck. Ce monstre a l'air très bon enfant et excessivement gai.

14 Juin 1867. — Dieu merci, la nouvelle froideur de Charles n'a pas tenu et le voilà bon et tendre comme avant. Il m'est rentré, aujourd'hui, avec la bonne nouvelle qu'il ne partirait que mardi, avec Monseigneur Darboy. J'ai gagné ainsi peu à peu cinq jours, ce qui réduit beaucoup le voyage. à ma vive joie. Ma plus grande angoisse est de le voir exposé aux fièvres de la saison. Dieu et saint Pierre qu'il va fêter, me le protègent et me le conservent bien portant ! je le leur demande de toute mon âme. Je crois que cela lui coûte un peu aussi de nous quitter. J'ai senti cela aujourd'hui, à la façon dont il m'a serrée dans ses bras, au moment de sortir. J'avais sa fille sur les bras, et il m'a embrassée, puis elle, nous entourant fortement et tendrement. Oh! combien j'ai le cœur plein !... Voici ce que Charles a écrit, dans mon journal : L'absence de Charles est une punition méritée ; je saurai la subir et je profiterai de ces quelques jours pour rentrer en moi-même, examiner en quoi j'ai besoin de me corriger. La fin de ce mois peut être féconde, pour notre bonheur à venir. Convaincue que Dieu seul peut me donner la force de vaincre mon caractère, je m'adresserai avec confiance à ce Père miséricordieux et je chercherai, dans un redoublement de ferveur, de piété et de prières, les lumières et l'appui qui peuvent suppléer aux défauts de mon éducation. Je chercherai surtout à prendre des résolutions pratiques : fuir l'oisiveté de l'esprit, qui engendre les mauvaises pensées, et qui ne nourrit pas la foi, remplir non seulement mes devoirs de mère, mais aussi ceux d'épouse, de maîtresse de maison, surtout enfin ceux de chrétienne, que je ne fais pas toujours passer les premiers, s'abandonner à la volonté de Dieu qui fait bien toute chose et qui a promis la paix aux hommes de bonne volonté.

15 Juin 1867. — Charles m'a écrit, hier, cette page que je vais relire souvent. La paix aux hommes de bonne volonté; mais j'en eus toujours le cœur plein et la paix est rarement venue. La lutte, toujours la lutte, il semble quelquefois que Dieu m'abandonne. Cette fois-ci, je ne promets plus rien, je ne jure plus rien; j'implore le secours de Dieu avec larmes, contre moi-même, car je me sens faible, sans force, sans courage, je me défie de moi, j'espère en Dieu, car j'ai le ferme désir de rendre heureux ceux qui m'entourent; mais en lui seul j'espère. Charles a été bien bon pour moi et je l'en remercie. Je sais la valeur de tout ce qu'il fait pour moi. Dieu le bénisse et le protège... Oh! comme mon cher mari a été bon pour moi, ce soir. Il vient de bien m'embrasser, en me disant: Ne sommes-nous donc pas bien heureux, tous deux quand tu es bonne! Oh! nous l'avons été, ce soir. Nous avons bien intimement causé, cela m'a fait grand bien. J'ai écrit une page dans son journal, pour le faire penser à moi.

16 Juin 1867. — Chantal est mauvaise comme un petit diable, ce matin: je viens de la punir, parce qu'elle est entêtée d'une façon terrible et la voilà qui se jette par terre, de rage. Mon Dieu, si petite et déjà si méchante! Cela vous remue intérieurement.

La Muette, 19 juin 1867 *(à son mari)*.— J'ai été courageuse, mon Charles, tes dernières bonnes paroles m'ont fait tant de bien, que j'ai été étonnée de ma force.

Il est vrai que, le soir, en me couchant, j'avais le cœur
bien gros, mais j'étais fatiguée et j'ai assez bien dormi,
après avoir longuement pensé à mon chéri. Ce matin, un
petit rire bien frais m'a réveillée, c'était ma petite fille
qui, debout à ma porte, me regardait dormir. Je l'ai fait
manger, j'ai déjeuné moi-même et me voilà! Je reviens
de la messe, où ton absence s'est fait bien plus sentir.
J'ai bien prié pour toi et mes enfants et cela aussi m'a
fait du bien... Je vais aller, avec notre fille, m'asseoir à
ma pauvre grande table vide. Ah! mon bien-aimé, il ne
faut pas que je m'appesantisse sur ce vide que je trouve
partout! Mais je suis courageuse, je te l'assure, et j'ai le
cœur rempli de bons désirs, de ferme volonté et d'ardente affection. Seulement, par moments, j'ai peur et je
m'effraye de moi-même, écris-moi de longues lettres, qui
me donnent de l'espoir et de la force pour ces moments
de défaillance. Adieu, cher ami bien-aimé, mon cœur,
mes pensées, tout ce qui pense et sent en moi est plein
de toi. Chantal t'a cherché ce matin, dans ton lit, mais
n'a pas été trop étonnée de ne pas te voir. Père est parti, voilà tout, jusqu'à présent. Adieu encore, mille par-
dons; oh! le mal que fait cette pensée : *si j'avais voulu!*
Ecris-moi que tu m'aimes et me pardonnes; à demain.

20 Juin 1867 (*à son mari.*) — Très cher, je te soumets tous mes désirs, toutes mes volontés. Fais de moi
ce que tu voudras, pourvu que tu m'aimes et que tu ne
doutes pas de moi. Oh! non, pas douter. Oh! je crois que
notre revoir sera bien doux et bon! je crois que tu seras
heureux de me retrouver, et que tu m'aimeras comme
par le passé! Je bavarde, je te dis tout ce que je pense...

La Muette, 21 juin 1867. (*à son mari*). — La vilaine
nuit que je viens de passer, mon Charles chéri; je me
suis réveillée cent fois, avec les idées les plus tristes, et

trouvant ma chambre horriblement vide, malgré le cher petit lit où notre Chantal dormait près de moi! Ah! l'on ne peut pas séparer les enfants du père, dans la pensée du bonheur et il n'est vraiment complet qu'avec les deux réunis.

Mardi, 9 juillet 1867 *(journal).* — Charles va beaucoup mieux, ce soir; il a encore passé la nuit dernière dans sa chambre et a dormi paisiblement. J'avoue que j'en avais été vexée, j'avais fermé ma porte et j'écoutais s'il venait me dire bonsoir. Il vint, mais si doucement que je ne l'entendis pas et je m'endormis, le cœur un peu gros. Ah! comme je l'aime plus que jamais! Cela domine ma mauvaise nature et l'adoucit cependant. J'ai de vilaines tentations d'orgueil et de vanité. Des vifs désirs de plaire me traversent la tête, pour peu que je voie que l'on me regarde ou que l'on fait attention à moi et cependant le fond de mon cœur est pénétré de Charles seul, de la passion de lui plaire, de le rendre heureux. Ah! tous les jours, ce sont des luttes nouvelles : mon Dieu, soutenez mon cœur et gardez-le moi ferme, vaillant et pur, pur de toute pensée qui ne soit pas pour Vous ou pour ceux que j'aime et dois aimer!

31 Juillet 1867 — Ce matin, en allant et revenant de la messe, Charles m'exprima son mécontentement. Oh! la pauvre idée qu'il a de moi! C'est que vraiment je sens en moi, parfois, une faiblesse de corps et d'esprit, contre laquelle je peux à peine réagir! Mon Dieu, que tout ce qu'il a dit est vrai! C'est que vraiment la force, la volonté, l'énergie ne font que faiblir, chaque jour, en moi. Je suis si peu faite pour la vie! Mon Dieu relevez moi! ô Mon Dieu, il me semble que, tout au fond de mon cœur, vous aviez déposé une provision de force, d'intelligence, d'amour pour les choses saintes et sérieuses, de dévouement, de courage, et tout cela qu'en ai-je fait, ô mon Dieu? Il semble que tout soit étouffé, éteint, par une force inconnue, qui me laisse comme engourdie. Je suis faible, oh! horriblement faible. Mon Dieu! ranimez en moi ce que vous m'aviez donné. Qu'est-ce qu'il me faut donc? Que faire pour me réveiller, me secouer? Par moments, je crois que mon âme sort de son engourdissement et puis, par d'autres, je retombe et bien bas! C'est qu'aussi voilà près de quinze jours que je n'ai communié. Samedi, je veux me retremper.

Meiringen, 8 août 1867. — Au moment du départ, j'eus le cœur bien gros. Dieu bénisse tous ces êtres aimés que j'ai laissés derrière moi... Ce matin, départ de Lucerne, en voiture, avec Charles (mon rêve depuis longtemps); longé le lac d'Alpnacht, passé par Sarnen et Lunghern, avec un joli lac transparent. Belles vallées lumineuses. Long et admirable défilé du Brunig, gorges étroites, rochers et sapins hauts et fiers; par moments, une petite vallée verte et sauvage. Belle descente sur Meiringen. Sainte Chantal, veillez sur mes petits anges. Que font-ils, en ce moment? On les couche et maman vient les embrasser. Je suis fatiguée, j'ai le sang à la tête : oh! que ne donnerais-je pas pour sentir les petites lèvres fraîches de Chantal sur mes joues, et pour voir son beau et bon frère me sourire si doucement, comme il le fait toujours quand il me regarde. Charles est bon et tendre pour moi comme jamais il ne l'a été. Je suis bien, bien heureuse. Sans le souvenir de mes chéris, je pourrais croire à un voyage de noces...

Meiringen, 8 août 1867. — Bien chère maman, nous venons d'arriver à Meiringen, après une magnifique journée. Le passage du Brunig est de toute beauté et d'une variété étonnante. On y voit de tout, du riant et du sé-

vère, des gorges étroites et de belles vallées larges et
lumineuses, des prés, des vergers, des forêts, des sapins,
des lacs, des cascades; il y en a pour tous les goûts et
de quoi satisfaire toutes les imaginations. J'ai bien pensé à vous, comme chaque fois que je vois quelque chose
de beau, que j'aurais du plaisir à admirer avec vous.
Chère mère, je suis bien, bien contente de mon voyage;
Charles est si gentil pour moi que, sans le souvenir per-
sistant de deux chères petites figures que j'adore, je me
croirais de deux ans plus jeune!

Annecy, 21 août *(journal).* — Ce matin, nous allons communier, mon mari et moi, devant le corps de
sainte Chantal, pour nos enfants, puis nous irons dans
la chapelle où se réunit la famille de la Sainte, à laquelle
Monseigneur et la Supérieure ont désiré que nous nous
joignions pour la procession.... Je suis émue et heureuse
de cette fête: sainte Chantal, je le sens, va nous aimer
et nous protéger davantage. J'ai mis ma vie, mon cœur,
mes affections sous sa protection sainte. Je l'ai priée de
ne jamais abandonner mes enfants, que je lui ai confiés,
en lui demandant, pour eux, l'amour de la religion et la
pureté: Oh! gardez-moi ces deux âmes toujours pures.
C'est ce qui m'effraye dans la vie pour eux, c'est la perte de cette pureté première. Charles n'est point content
de moi, aujourd'hui, il est un peu moins tendre. Cela
me fait le cœur gros, car je sens en moi la volonté ferme de ne le contrister en rien. Ce n'est rien, je pense,
mais je me tourmente si vite, et j'en souffre de suite si
cruellement.

Bourbilly, 23 août 1867. — Arrivée, à la nuit, dans
notre petite maison. J'éprouve une joie véritable à revoir ce petit coin du monde tranquille et doux. Ce matin, j'accompagne Charles à Semur: il a un peu de peine

à me quitter: cela me fait un bonheur que je ne puis exprimer. Ah! nous nous aimons plus que jamais!....

Bourbilly, 2 août 1867 *(à ses parents)* . — J'ai installé Chantal à côté de moi et elle écrit à bonne maman des mots incompréhensibles, mais qui ont l'air d'être très intéressants pour ceux dont c'est la langue. Elle est bien, bien sage, notre enfant chérie. Elle a très bien dormi cette nuit, malgré une peur bleue qui lui a pris, le soir, des vaches, des petits poulets, du *(sapin)* lapin que Jules a tiré et d'un oiseau de nuit, qui est venu se percher sur la cheminée de sa chambre, en chantant d'une façon étrange. Il a fallu que son père vienne la rassurer : « Chasse les bêtes, n'est-ce pas, Charles, » disait-elle! François grossit à vue d'œil... Si tu avais vu leur étonnement, à tous deux, devant le Peucrot, ils ne l'ont pas quitté des yeux, et Chantal disait « assez lavé le chien. »

1er Septembre 1867. — Evangile selon StLuc Ch. XIX. Qu'est-ce que Dieu m'a donné? Car ce roi ce ne peut être que lui, ces dix marcs d'argent, c'est ce qu'il a déposé au fond de notre cœur, ce sont aussi les difficultés et les luttes qu'il a semées, dans notre vie. Suis-je ce bon serviteur qui a fait fructifier ce qui lui a été donné? Aurai-je aussi ce surcroît d'abondance ? Hélas! quelle réponse je trouve en moi; Dieu avait mis, dans mon cœur, le germe de la volonté, le germe de l'amour du bien, l'amour de toutes les saintes choses. Qu'en ai-je fait? Etouffé! tout est étouffé par l'orgueil et la paresse; le courage me manque et cependant où sont les difficultés, où sont les grandes douleurs, les devoirs pénibles et rebutants ? Oh! Dieu, j'ai peur de vous entendre dire : Méchant serviteur, je vous condamne. Ai-je bien compris cet évangile? Il me semble bien que c'est le travail de nous-même qui nous est ordonné.

Notre cœur n'est pas à nous, ni à cette vie. Il faut le faire fructifier, pour un autre monde et une autre vie.

2 Septembre 1867. — Evangile selon St Jean. Oh! l'admirable page que celle que je viens de lire! Qu'elle est douce et consolante, pour l'âme qui aime Jésus! Et cette résurrection de Lazare, avec cette amitié tendre et fidèle de Notre-Seigneur, n'est-elle pas faite pour remplir l'âme, de l'amour de Jésus! Il me semble que ces larmes divines me fondent le cœur et y ravivent l'amour. Mon Dieu, Vous êtes le meilleur, le plus tendre, le plus fidèle des amis, oui je mets en Vous mon espérance; je Vous donne mon cœur, apprenez-lui à aimer comme Vous. Chassez de moi tous les doutes, apprenez-moi à croire en vous et à votre Evangile, sans hésitations, sans troubles, sincèrement, simplement, avec un cœur d'enfant : le doute, voilà mon défaut principal avec l'orgueil provenant de lui. Il faut chasser ces tentations folles, faire taire ces questions que l'âme s'adresse à elle-même et qui la troublent parfois si cruellement. Soyons comme Marie, ne doutons point de Jésus et de sa parole et aimons-le sans arrière pensée, complètement, entièrement et d'un cœur tout à Lui.

3 Septembre 1867. — Evangile du Commun des Docteurs. Vous êtes la lumière du monde! — Cette parole s'adresse non seulement aux grands docteurs, à la plume éloquente ou à la parole ardente, mais aussi au pauvre prêtre, dont la parole est simple et naïve. Oh! mon âme, apprends à aimer la parole de Dieu, de quelque manière qu'elle soit expliquée! « Celui qui observe les commandements de Dieu et qui les fera observer aux autres celui-là sera appelé grand dans le royaume des cieux. » Oh! que mon esprit a de peine à écouter une parole simple; il faut de suite, pour me rendre attentive, de l'éloquence, de l'ardeur, de la flamme, de l'enthousiasme. Je reste froide ou distraite, lorsque tout cela manque et qu'il ne reste qu'une doctrine pure, avec une parole sans art. Mon Dieu, voilà ce que je vois dans l'évangile d'aujourd'hui, c'est la glorification de votre parole et de vos prêtres, apprenez-moi à les aimer sans distinction de talent ou de génie, à aimer vos commandements et à les suivre !

4 Septembre 1867. — EVANGILE SELON S. MATHIEU, CH. X — Quelle parole douce, encourageante que celle qui termine cet évangile : Quiconque se déclarera pour moi devant les hommes, je me déclarerai moi-même pour lui, devant mon Père qui est dans les Cieux ! Oui, voilà le défaut du jour, c'est la faiblesse et la lâcheté ; l'amour pour Jésus existe, plus qu'on ne le croit, dans bien des cœurs ; ce qui manque, c'est la force de le dire tout haut et de ne pas rougir lorsqu'on en rit. Oh ! nous sommes loin de l'amour qui fait les martyrs. Mon Dieu, faites que je vous aime ardemment, pleinement, jusqu'à mourir, s'il le faut, pour cet amour. Que je sois fière de mon Dieu, fière de ma croyance, de mon Eglise et de ses saints ? Ah ! Seigneur, puissiez-vous vous déclarer, un jour, pour moi, devant votre Père qui est dans les cieux. Je vous jure de mourir plutôt que de rougir d'être catholique et de renier votre amour.

Bourbilly, 5 septembre 1867 (*à ses parents*). — Mon petit François va très bien et Chantal aussi. Cette dernière est un vrai diable, méchante parfois, très tendre au dessert, poltronne comme un lièvre, malgré toutes les bêtes que je lui fais approcher, mais, au demeurant, un petit amour bien gentil. François est doux comme un ange ; il a un perpétuel sourire, sur les lèvres ; il passe son temps à errer avec sa nourrice, qui ne tient pas en place...

6 Septembre 1867 (*journal*). — EVANGILE SELON ST MARC, CH. XII — L'Épitre et l'Évangile de ce jour sont de toute beauté; ah! oui, c'est une religion divine que celle qui enseigne un tel amour et qui donne une telle puissance à l'amour. Aimer Dieu par dessus tout, et son prochain comme soi-même : il n'y a pas de commandement plus grand que celui-là, dit Jésus. Il renferme tout : la pureté, l'humilité, l'oubli de soi, le courage, la foi, toutes les vertues saintes qui mènent au royaume de Dieu. Celui qui n'aime pas, dit saint Jean, demeure dans la mort. Oh! parole admirable, trouvée sans doute en reposant sur le cœur de son ami divin. Oh! oui, ne pas aimer c'est mourir. Aimer c'est vivre, je le sens à la sainte table, je le sens parfois dans mes prières, je le sens lorsque je vois les miens, il me semble alors que mon cœur se renouvelle, se vivifie. Oh! mon Dieu, que je vous aime par dessus tout, que jamais ne s'affaiblisse en moi la force d'aimer. Mère du pur amour, ranimez-moi!

7 Septembre 1867. EVANGILE SELON ST LUC, CH. XII. — « Tenez-vous toujours sur vos gardes, car le fils de l'homme viendra, à l'heure où vous y penserez le moins. » Suis-je prête? Si Dieu m'appelait, serais-je assez pure pour paraître devant Lui? Comment est mon âme, est-elle forte, supporterait-elle maintenant les angoisses de la mort, sans faiblir. Oh! Dieu bon, Dieu miséricordieux, ayez pitié de moi! J'ai peur, je me sens si imparfaite, si misérable, si peu digne de paraître devant Vous. Oh! Seigneur, donnez-moi une mort sainte; je veux être toujours prête, toujours pure; aidez-moi, aidez-moi, car je suis pleine d'imperfections et, sans le secours de votre miséricorde, ma pauvre âme, faible et découragée, ne pourrait rien contre elle-même! Mon Dieu, je veux veiller, toujours veiller. La mort est là, tout près de moi, je n'ai peut-être plus que quelques jours à vivre : oh! Dieu, je me sens bien attachée à la vie et à mon bonheur Détachez mon âme de la terre, qu'elle aspire à Vous et que je laisse aux êtres aimés qui resteront après moi, l'exemple d'une mort bénie, calme, tranquille et pleine d'espérances.

8 Septembre 1867. EVANGILE SELON S. LUC, CH. XVII. Voilà encore une fois Jésus qui nous enseigne la foi. Oh! comme il insiste sur cette foi nécessaire pour sauver l'homme, une foi d'enfant, simple, naïve, croyant tout possible à Dieu et tout ce qui est beau et bon venant de Lui. Ai-je ce cœur plein de foi du Samaritain? — Aussitôt que j'ai reçu les bienfaits de Dieu, lui en ai-je rendu grâces? Ai-je tout rapporté à Lui? Hélas! non, Dieu me comble et j'ai l'air d'ignorer d'où me vient ce bonheur constant. Oh! Seigneur, donnez-moi un cœur plein de foi, plein de foi en votre puissance, en votre miséricorde, en votre bonté infinie. Oui, tout vient de Vous : bonheur, joies, douleurs salutaires, grâce divine; c'est Vous, c'est votre main adorable qui a soin de nous et de nos enfants. Oui, je le crois, et je Vous adore et je Vous rends grâces. Je Vous demande pardon d'avoir si souvent douté de votre intervention et méconnu votre main paternelle. J'ai foi en Vous, Vous êtes bien mon maître, mon Père, mon ami, et tout ce que j'ai vient de Vous.

11 Septembre 1867. EVANGILE SELON S. MARC CH. I. Voici encore la confiance et la foi qui nous sont enseignées. Oui, Dieu guérit tout, le mal physique, quand il lui plaît et le mal moral, quand on l'aide. Ah! Seigneur,

je viens à Vous, avec mon âme malade, et je Vous dis, avec
la même confiance que le lépreux : si Vous voulez, Vous
pouvez me guérir. Ah! Jésus, ayez aussi pitié de moi,
touchez-moi de votre grâce divine et que mon âme
guérisse à ce contact sacré. Je me sens malade, faible,
sans forces; c'est pour cela que j'ai recours à Vous, pour
que votre miséricorde ait pitié de mes souffrances. Oui
je sens, en votre bonté et en votre puissance, une confiance sans bornes. Soyez béni, pour tout ce que Vous
m'avez déjà accordé, pour les douleurs épargnées, pour
ma faiblesse si souvent relevée, pour ma pauvre âme
fortifiée. Ah! je retombe souvent, mais Vous êtes là et
Vous me tendrez votre main divine, qui achèvera de me
relever.

14 Septembre 1867. EVANGILE SELON S. JEAN, CH.
XII — « Marchez pendant que vous avez la lumière, de
peur que les ténèbres ne vous enveloppent » Oh! divine
lumière, éclairez-moi, que toujours je marche dans votre
voie lumineuse. Oh! comme souvent l'on touche les
ténèbres, combien peu de chose il faut pour s'y égarer,
et combien s'y égarent! Dieu puissant, notre lumière,
notre voie et notre vie, éclairez mon pays, qui marche dans
les ténèbres et qui ne sait où il va! Oh! par moments, il
me prend une soif ardente de vérité, de lumière et de
vie; un désir, une passion de faire connaître aux frères
aveugles, ces rayons si purs, si bienfaisants, que le Fils de
l'homme est venu répandre sur la terre! Et ne le peut-
on pas dans sa sphère, toute petite qu'elle soit? Dieu a
tracé ce devoir à tous. Je prends la résolution ferme de
faire tout mon possible pour glorifier cette divine lumière et la faire connaître.

15 Septembre. EVANGILE SELON S. MATHIEU, CH. VI.
Personne ne peut servir deux maîtres, dit Jésus, car s'il

aime l'un, il haïra l'autre, et s'il respecte l'un, il méprisera l'autre. Mon Dieu, est-ce que je vous aime uniquement? Est-ce que mon cœur n'est pas plein de l'amour de la vie, du bonheur, des richesses? Hélas, je le sens bien fort attaché à tous ces biens. Mais alors, c'est que je n'aime pas Dieu comme je croyais l'aimer. Il ne vient donc qu'en second et après tout ce qu'Il m'a donné, et et Il ne veut pas d'un pauvre amour, dernier et faible battement d'un cœur dévoué à un autre maître. Oh! Seigneur, pardon, je sens ma faute, mon ingratitude, je ne veux aimer que Vous et qu'en Vous! Oh! comme Dieu est admirable, dans cet évangile. Qu'il fait bon pouvoir compter sur cette Providence adorable, qui nourrit les oiseaux du ciel et a soin des lys des champs. Et comme parfois la confiance, l'abandon sont difficiles à faire entrer dans ce pauvre cœur tourmenté, inquiet, assailli de doutes. Qu'on a de peine à dire à Dieu : « Mon Père, je remets tout entre vos mains, mon présent et mon avenir, mon mari et mes enfants, mes parents et tous les miens! J'ai confiance en Vous, je sais que Vous ne m'abandonnerez pas et que tout arrivera pour le bien de nos âmes et de notre salut éternel, qui importe plus que tout le reste. » Mon cœur est-il prêt? Puis-je dire cette prière? Ai-je cette confiance et cet abandon? Hélas, par moments, je suis sans crainte, heureuse et confiante, par d'autres, j'ai peur, je doute, je m'effraye, les idées les plus noires me tourmentent et m'assiègent et j'oublie cette main paternelle, qui ne veut pas notre mort, mais notre vie, qui veille à tous nos besoins, qui nous console, nous aide, nous fortifie, pour peu que notre cœur aille se réfugier sous sa protection sainte. O mon Dieu, que votre Providence est admirable, que votre amour est adorable. Oh! mon Père céleste, je vous confie tout ce que j'aime, et je me remets moi-même entièrement entre vos mains.

16 Septembre 1867. Evangile selon S. Luc, ch. xxi — « Vous serez haïs de tout le monde à cause de mon nom. » Seigneur, sommes-nous encore haïs pour votre nom et avons-nous le courage de vous aimer par-dessus tout ? Hélas, ce ne sont plus des persécutions violentes ; c'est une haine sourde, ce sont des mépris voilés et les âmes sont faibles ! Où sont les martyrs, où est l'amour qui préfère la mort à l'abandon ? Mon Dieu, cela est éteint dans nos âmes, nous n'osons pas même avouer hautement le nom du Christ, nous rougissons de paraî-tre, à l'église, un peu plus que les tièdes, nous n'osons pas même faire le signe de la croix avant le repas ? Oh ! Seigneur, étouffez, déracinez-en moi cette lâcheté qui m'est odieuse. Je veux vous aimer à la face de tous. Je veux être fière de mon nom de catholique : que me font les sourires du monde ? Pourquoi les craindre ? Y a-t-il rien de plus beau que d'être enfant du Christ et de le servir ?

18 Septembre 1867. — « Je crois, Seigneur, aidez la faiblesse de ma foi. » Seigneur, me voici comme le père de l'enfant possédé, j'ai peur, je doute de ma foi. Mon Dieu, que cette vertu est donc nécessaire, vous la recom-mandez sans cesse ! Mon Dieu, que je la sens faible et chancelante parfois. Est-ce que je crois en Vous, Sei-gneur Jésus ? Oui, en Vous et en la Sainte Vierge, ma mère, mais aussi en tous vos mystères, en tous vos saints, et en tous les miracles que votre nom a pro-duits ? Y ai-je foi ? une foi d'enfant ? Ah ! mon Dieu, je scrute, je cherche, j'examine, j'écoute tous les doutes que le démon me souffle à l'oreille, au lieu de croire simplement, sans inquiétudes et sans recherches. Mon

Dieu, donnez-moi la simplicité de cœur, elle me manque plus que la foi!...

20 Septembre 1867. Evangile selon S. Luc, ch. VII et VIII. — Voici le modèle de l'amour et de la pénitence, que Jésus nous montre aujourd'hui. Oh! Madeleine, que votre foi est vive, que votre repentir est grand et que votre humilité est sincère! Comme nous sommes loin de cet amour ardent, qui fait tout pardonner. Et pourtant nous avons le même maître, adorablement indulgent et miséricordieux. Qu'est-ce qui nous manque? La foi, encore la foi, toujours la foi, et la confiance et l'amour aussi. Nos cœurs sont arides, nous ne trouvons plus le secret de ces larmes saintes, de ce repentir, et de cette humiliation. Seigneur, je voudrais pouvoir pleurer d'amour. Cela m'est arrivé plusieurs fois, mais il avait fallu pour cela, une parole éloquente, ou une cérémonie admirable, ou la vue touchante de ce vieillard auguste qui Vous remplace parmi nous. Quand je Vous reçois, quand je pense à Vous, à mes péchés, à votre miséricorde, pourquoi mon âme reste-t-elle froide et mes yeux secs? Seigneur, apprenez-moi à vous aimer avec ardeur et à pleurer mes péchés, avec la douleur de la Madeleine pleurant sur vos pieds divins. Renouvelez mon cœur, qu'il soit enflammé de votre amour et que je trouve en lui la source des larmes d'amour et de repentir.

21 Septembre 1867 *(journal).* — C'est singulier comme mon mari se plaît à remarquer ce que j'ai de laid. Je déteste les compliments, mais je ne tiens pas non plus aux choses désagréables. Seigneur, donnez-moi la beauté de l'âme! Que je ne désire plaire qu'à Vous, à Vous seul, mon seul maître, mon ami! Ah! je sens mon amour pour Vous, grandir dans mon âme! Oh! Jésus, si je pouvais devenir une chrétienne selon votre cœur, selon votre Evangile, selon vos commandements! Mon mari m'aimerait autrement que je ne l'ai rêvé, mais d'une affection qui durera plus que ces amours que l'on dit éternels. Oh! aidez-moi à refouler en moi ces désirs d'amour ardent, qui me gonflent le cœur parfois. Je suis fatiguée, mal en train, je crois que décidément c'est un troisième enfant que Dieu m'envoie. Dieu bénisse cet enfant! Qu'il vienne bien, comme les deux autres, c'est tout ce que je désire! Ce petit troisième va encore m'enlaidir! Que m'importe? Je n'y puis rien changer. Mes enfants sont mes joies, et une mère n'est jamais laide pour ses enfants. Puis, quand nous vieillirons, je tâcherai d'être une aimable vieille et de charmer les vieux jours de mon mari. Mon Dieu, ai-je bien ce calme, au fond du cœur? Suis-je résignée à ne pas inspirer d'amour et à me contenter de l'amitié de Charles? Hélas! j'ai peur que non : je sens, au fond du cœur, quelques regrets poignants et quelques aspirations ardentes, qui me démentent. Mais, Seigneur, est-ce mal? Non, n'est-ce pas? Puisque Vous nous ordonnez d'aimer nos époux de l'amour qui nous unit à votre Eglise, c'est qu'il faut aimer ardemment. Ceux qui n'aiment point demeurent dans la mort, a dit votre disciple aimé. Mon Dieu, je sens une grande puissance en moi d'aimer et de n'aimer que sous votre regard béni. Seigneur, je vous offre mon cœur et ses aspirations, bénissez, purifiez, retranchez!

21 Septembre 1867. Evangile selon S. Luc, ch. xiii — Mon âme est bien semblable à ce figuier aride, qui ne produit pas de fruit. Et cependant, voilà longtemps que je travaille cette terre ingrate! Dois-je me décourager? Dieu coupera-t-il cette plante inutile, qui croit dans sa vigne?

Mon Dieu, j'ai espoir, je sens, au fond du cœur, une volonté nouvelle, toujours plus ferme de ne pas abandonner la lutte. Je bêcherai, je taillerai, je couperai, mais non dans les racines et peut-être qu'à la longue, un peu de sève reviendra avec la vie. Notre-Seigneur dit qu'Il est venu pour les malades et non pour ceux qui se portent bien. Oh! mon âme, aie confiance dans ce médecin céleste, qui préfère la miséricorde au sacrifice. Seigneur, appelez-moi et je me lèverai. Oh! Mon Dieu, donnez-moi des forces nouvelles pour vous aimer et vous servir.

22 Septembre 1867. Evangile selon St Luc, ch. VII. — Seigneur, Vous avez pitié de nos douleurs et les larmes humaines ont un écho divin dans votre cœur. Oh! que Vous êtes adorable, disant à la mère affligée : Ne pleurez point. Comment ceux qui vous entouraient étaient-ils saisis de frayeur en voyant vos miracles; c'est l'amour, c'est l'espoir, c'est la confiance, qui devaient s'emparer de tous les cœurs. Mon Dieu, maintenant encore, Vous faites tous les jours des miracles, Vous rendez leurs fils aux mères désolées, Vous calmez toutes les douleurs qui s'adressent à Vous. Mais, maintenant aussi, l'on méconnaît votre miséricorde divine, votre bonté adorable et toute la justice de vos décrets. Seigneur, je Vous adore dans votre justice, mais je Vous adore aussi dans votre miséricorde inépuisable. Vous êtes un maître sévère et juste, mais Vous êtes un Père adorable, plein d'indulgence et de pitié pour toutes les misères humaines.

22 Septembre 1867 *(journal).* — Nous sommes venus peu à peu à une explication, Charles et moi; il m'a reproché mon manque de tendresse, quand intérieurement je lui faisais le même reproche. Il en est arrivé à lire mon journal. Je ne sais pas ce qu'il en pense, comme toujours, si ce n'est qu'il dément certaine supposition que j'avais faite. Faut-il le croire? Je crois qu'il s'ignore lui-même, dans la pureté de son âme. Enfin, il fut bon et tendre; c'est tout ce que je demandais. C'est que je suis jeune encore et surtout ai si peu vécu. Il est naturel que mon cœur, plein d'aspirations ardentes, batte parfois un peu plus vite, mais c'est pour mon mari qu'il bat. Ce matin, grand'messe et communion avec Charles. Terribles distractions et tiédeur. Oh! que mon âme est vacillante. Un jour je suis toute à Dieu, un autre, je puis à peine y penser, Seigneur, ranimez-moi!

23 Septembre 1867. — Je reviens de Semur, où j'ai été accompagner Charles, qui est parti pour Paris. Il nous revient lundi. J'avoue que ce départ m'ennuie beaucoup et je prévois que le temps va me sembler horriblement long, pendant ces trois jours! Ah! mon Dieu, je suis gâtée par vous! Une séparation de trois jours me pèse!

23 Septembre 1867. Evangile selon S. Mathieu, ch. xxii. — Oh! Jésus, que votre lumière sainte éclaire cet évangile pour mon esprit effrayé! Il y est dit que, dans le ciel, les hommes n'auront plus de femmes, ni les femmes de maris. Seigneur, c'est de l'union humaine que Vous voulez parler, n'est-ce pas, et non de nos âmes, qui pourront garder leur amour. Seigneur, j'ai rêvé d'éternelles amours, une affection sans fin, purifiée, sanctifiée dans votre amour! N'est-ce pas ainsi que nous nous aimerons en Vous, puisque Vous dites que nous serons comme les anges de Dieu? Ou bien votre amour effacera-t-il tout autre et n'aimerons-nous que Vous? Oh! non, Dieu bon, Vous réunirez tous les amours, sans les éteindre. Car alors, lorsque Vous frappez sur la terre nos bonheurs fragiles, que deviendraient nos âmes brisées,

sans l'espoir de la réunion éternelle et de l'éternelle joie ?
Ah ! Seigneur, qu'il fera bon s'aimer en Vous, saintement
purement, éternellement !

24 Septembre 1867. — Y a-t-il rien qui enflamme
plus le cœur du chrétien que les commencements admirables de notre religion ? Commencements sacrés, dans
le sang des martyrs et les prières des catacombes ! Le
récit de ces morts héroïques donne je ne sais quelle ardeur à l'âme : on voudrait être à ces temps sublimes.
Mais, Seigneur, aurions-nous le courage des martyrs ?
Serions-nous dignes de cette phalange sainte ? Serions-
nous aussi fermes, aussi calmes, aussi purs dans l'arène,
devant les bourreaux ? Mon Dieu, je crois que Vous n'a-
bandonnez point votre Église et que Vous lui réservez
encore des martyrs et des saints ! Oui, c'est votre gloire, ô
Eglise sainte, vous seule donnez assez de force, d'amour,
de foi à vos enfants, pour les faire mourir, plutôt que de
renier le Christ, pour confesser leur foi malgré les suppli-
ces les plus horribles. Je veux, de temps en temps,
me retremper dans ces récits admirables des premiers
martyrs. Puissé-je être toujours digne de cette Eglise
si grande, si féconde en héros et en saints.

24 Septembre 1867. *(journal).* — L'après-midi, la
soirée, la nuit m'ont paru interminables ! J'ai écrit, j'ai lu,
j'ai travaillé et ma petite Chantal a charmé, par son ba-
bil, la longueur des heures... Aujourd'hui il pleut, il fait
triste, mon joli pays a un air maussade. J'ai froid, je
vais faire allumer du feu et m'établir, avec mes livres et
mon ouvrage, au coin de la cheminée. Oh ! que c'est
triste d'être seule !... Mes enfants jouent et rient comme
des petits fous, à mes côtés. Cela m'égaie un peu. Ah !
mon chéri, tu me manques bien !

25 Septembre 1867. — Encore une journée presque

passée et demain me revient mon bien-aimé. Qu'ai-je fait hier? Je n'ai point allumé de feu, comme je le voulais : j'ai lu, écrit et cousu.

25 Septembre 1867. Evangile selon S. Marc, ch. xii. — Oh! l'admirable enseignement que celui du denier de la veuve! Oh charité sainte, vous venez tout droit du cœur de Jésus. Mon Dieu, que je suis loin de cette femme pauvre, que la charité est donc faible et stérile en moi. Ce n'est point de l'argent que je parle, c'est de la charité de l'âme, la charité de la parole, la charité de moi-même. Toujours je prends de belles résolutions et je recule et j'oublie. Oh! que la faiblesse de mon cœur est grande! Mon Dieu, enseignez-moi la charité, donnez-moi l'amour des pauvres, sans négligence, sans faiblesse, sans répugnance, sans dégoût. Que je vous aime en eux, que je les serve, que je les soigne, que je leur parle comme si c'était Vous. Apprenez-moi à pratiquer cette vertu sainte, je suis faible, ignorante, enseignez-moi à marcher dans cette voie de la charité parfois rebutante, mais voie sainte et sacrée qui me mènera à vous, ô Christ, qui avez aimé l'homme jusqu'à mourir pour lui!

26 Septembre 1867. — Je me suis fait du feu, hier soir, cela m'a fait du bien au corps et à l'âme; j'étais bien, dans cette chambre, avec ce beau feu clair et brillant, qui éclairait le petit lit où respirait doucement ma petite fille endormie... Le temps est clair et charmant, quoique froid; un beau temps pour un jour de retour.

26 Septembre 1867. Evangile selon S. Jean, ch. v. — Encore la foi, dans cet évangile, la foi en Jésus, la foi en son Evangile, la foi en sa gloire. Oui, ce n'est que trop vrai, nous ne cherchons que la gloire des hommes, et la gloire de Dieu, la gloire cachée et mystérieuse, nous ne la voyons point. Seigneur, nos âmes ne se contentent point de la gloire de vous avoir servi, écouté, aimé. Que de vains désirs, en nous, que de folles ambitions. Seigneur, apprenez-moi à n'aimer que Vous seul, à détester la gloire humaine, la vanité humaine. Tout est vide, tout est vanité! Vous seul, ô mon Dieu, Vous êtes la gloire véritable, la puissance, la force, l'amour. Tout le reste n'est rien auprès de Vous. Oh! Dieu puissant. nous voyons tout mourir autour de nous et nous croyons encore à la gloire humaine! Que mon âme se détache et s'élance vers Vous, ô gloire éternelle, ô seule beauté, Toute Puissance divine!

27 Septembre 1887. — Aujourd'hui deux ans que ma Chantal vint au monde! je bénis Dieu et sainte Chantal, qui lui ont fait traverser ces deux années presque sans souffrances! Jeudi matin, grande frayeur; Chantal, que je croyais avec Jeanne, s'était échappée et se sauvait sur la route!.

29 Septembre 1867. — Celui qui s'élève sera humilié, et celui qui s'humilie sera élevé! — Voici la vertu la plus difficile, la plus sévère, celle que le cœur de l'homme ne peut admettre, qui nous est ordonnée aujourd'hui. Oh! humilité sainte, humilité de Jésus, de Marie et de Joseph, détachement et pauvreté des saints, je vous admire, mais que mon âme est rebelle et pleine d'orgueil! Suis-je près de l'humilité? Est-ce que j'en approche seulement? Oh! non, l'orgueil me dévore, la vanité m'étouffe, le souvenir du monde me poursuit, même dans cette solitude et mêle d'absurdes regrets au bonheur calme dont je jouis. Dieu bon, je veux être humble et humble de cœur, je le veux et je travaillerai mon âme, sans me décourager. jusqu'à ce qu'elle arrive à se détacher de tout, pour ne se tourner que vers Vous, jusqu'à ce que l'orgueil, dont elle est pleine, soit écrasé, étouffé et que Vous me disiez, un jour : Montez plus haut, prenez la première place au banquet divin.

2 Octobre 1867— Fête des Anges-gardiens.—Quelle douce fête que celle d'aujourd'hui et qu'il est consolant de sentir, près de soi, un ami invisible, à qui Dieu a confié notre âme ! Oui, je crois à mon ange gardien, je crois à sa pure influence et j'implore, tous les jours, avec confiance, sa sainte protection. L'évangile d'aujourd'hui est plein de douceur et de miséricorde. Cette page divine est capable de rendre la confiance et la paix aux âmes les plus désespérées. Adorons cette miséricorde divine qui est venue pour sauver ce qui était perdu. O bon pasteur, je suis une brebis souvent rebelle, mais je reviens à Vous et votre amour n'a jamais quitté mon cœur. Prenez-moi sur vos épaules, car je suis souvent meurtrie et fatiguée, ô bon pasteur si tendre, si indulgent, je viens me réfugier dans vos bras avec confiance et amour.

3 Octobre 1867. Evangile selon S. Marc, ch. XIII. — Jésus nous montre avec quel respect nous devons entendre la parole de Dieu. Ce n'est pas vous qui parlez, dit-il à ses Apôtres, c'est l'Esprit-Saint qui parle par votre bouche. Oh ! esprit frivole, qui ne peut pas même s'attacher à la parole sans art d'un pauvre prêtre, apprends que cette parole est sacrée et que sa doctrine est divine. L'Esprit divin peut donner à celui qui la prononce, des trésors d'éloquence, mais il veut que nous nous attachions au sens et non à la forme. Mon âme est toujours rebelle, sur ce point. Je ne puis forcer mon esprit à être présent; mon corps est là, mais mon âme est ailleurs. Oh ! Dieu bon, éclairez cette pauvre âme aveuglée, apprenez-lui à aimer votre adorable doctrine, par dessus tout, par dessus l'éloquence et le charme et la séduction d'une belle parole.

4 Octobre. — Saint François d'Assise. — « Venez à moi, vous tous qui souffrez et qui êtes chargés et je vous soulagerai. Soumettez-vous à mon joug, apprenez de moi que je suis doux et humble de cœur et votre âme trouvera la paix. Car mon joug est doux et mon fardeau léger. » Voici toute la religion du Christ renfermée en quelques mots : la miséricorde, cette pitié du cœur de Dieu, l'humilité et la douceur, sources de toute paix et dont le modèle est Jésus. Et comment peut-on renier et ne pas adorer un maître, un père, un ami pareil, si doux pour ceux qui souffrent et dont le joug est d'amour. O Jésus, je sens que je vous aime davantage, à mesure que je médite les preuves de votre amour pour nous, qui déborde dans les paroles saintes que Vous nous avez laissées. Oui, je veux porter votre joug et mon âme fatiguée se relèvera sous ce doux fardeau. Faites-moi si humble et si petite que je puisse compter au nombre de ceux que Vous aimez, et que je puisse souffrir pour Vous et vous rendre témoignage !

4 Octobre 1867. — Je suis une sotte, car Charles a raison, j'ai besoin de plus de travail ; cela seul me fera du bien. Comme mon âme varie et qu'elle monte et descend du bien au mal, en peu d'instants. Oh ! pauvre nature humaine, que tu es faible contre toi-même ! Dieu bon, donnez-moi des forces. Ah ! combien de fois je me réfugie près de Vous, fatiguée de la lutte ! Ce soir, Charles m'a taquinée, j'y ai mal répondu. Quelle sottise, me voilà bien avancée, avec la conscience d'avoir mal agi, d'éloigner ainsi peu à peu de moi, ce mari que j'adore et qui me rend cependant bien heureuse. Encore un peu de courage et recommençons. *Ne désespère pas.*

5 Octobre 1867. — Aujourd'hui, trois ans que j'ai été fiancée à mon cher mari. Nous nous sommes bien embrassés, ce matin, en pensant aux émotions de cette journée. J'ai regretté de ne pouvoir aller à la messe, pour remercier Dieu de ses bontés. Et voilà que les fiançailles de Pierre se trouvent presque le même jour. Dieu le rende aussi heureux que nous! car, malgré ces petits nuages qui ne sont que des misères, nous nous aimons bien tendrement et profondément et Dieu nous bénit...

6 Octobre 1867. — Heureux les serviteurs que le maître, à son arrivée, trouvera veillant. Mon Dieu, encore une fois, suis-je prête? Suis-je sur mes gardes? Le maître est près de moi, il arrivera sans doute, d'un moment à l'autre. Comment trouvera-t-il mon âme? Sera-t-elle assez pure, assez domptée, assez calmée? Je travaille, je lutte, j'essaye, mais la faiblesse est grande; une tentation survient, je succombe. Oh! comme la pensée de la mort doit être toujours présente à notre âme! Qu'elle éviterait de fautes, que l'on commet, par oubli, dans la plénitude de la vie, sans penser à l'expiation, à l'heure solennelle où le maître frappera à la porte. Oh! si l'on se disait : c'est maintenant, c'est tout à l'heure que je paraîtrai devant mon maître et mon juge, il faut que mon âme soit pure et exempte de souillure, la force viendrait et l'on triompherait plus facilement de toutes les tentations dont la pauvre nature humaine est assaillie.

7 Octobre 1867—Evangile selon S. Luc. Ch. IX. — « Si quelqu'un veut venir à moi, qu'il se renonce soi-même, qu'il porte sa croix tous les jours et qu'il me suive. » Cette belle parole a toujours fait peur à ma pauvre âme effrayée. Porter sa croix! Quelles ont été mes croix? j'en ai eu bien peu, mais les ai-je acceptées dans la pensée du Christ? et toutes les petites misères

de la vie, les ai-je acceptées comme venant de la main
de Dieu et pouvant m'attirer quelque mérite à ses yeux ?
Non, la croix, petite ou grande, m'a toujours fait peur.
O Dieu bon, est-ce que je vous aimerais plus dans la
joie que dans la douleur ? O mon âme, sois plus forte,
hier c'était la pensée de la mort que Dieu t'offrait, c'est-
à-dire toute joie brisée, tout bonheur évanoui, mais
joie terrestre et bonheur humain, car si mon âme est
prête, le Maître m'ouvre le royaume céleste et son
bonheur divin. Aujourd'hui, ce sont les croix, Seigneur,
je les accepte, je les bénis, je veux apprendre à toujours
dire, du fond de mon cœur : que votre volonté soit faite !

9 Octobre 1867. — Celui qui croira sera sauvé ! Encore la foi : oh ! âme rebelle, soumets-toi donc, crois,
crois pleinement, entièrement, sans restrictions, avec
simplicité de cœur et tu seras sauvée ! Oh ! quelle récompense : une éternité d'amour, pour un peu de foi
humble et sincère !

11 Octobre 1867. — EVANGILE SELON S. LUC. CH. XII.
« Il n'y en a pas un seul qui soit en oubli devant Dieu. »
Mon Dieu, vous pensez à moi, pauvre créature misérable qui vous offense, chaque jour. C'est Vous qui m'avez
tout donné, parents, amis, mari, enfants, famille, bonheur de toute la vie. Chaque jouissance, je vous la dois,
chaque affection tendre, chaque amitié fidèle, c'est Vous
qui l'avez placée sur le chemin de ma vie. Ma fortune,
le pain que je mange, tout vient de Vous. Votre œil paternel ne quitte pas mon âme et Vous réglez chaque
battement de mon cœur. Et avec la pensée de cette
providence admirable, j'ose vous offenser. O mon Dieu,
pardon mille fois, pardon de mon indignité.

11 Octobre 1867. — Hier, malgré le vent et la menace de pluie, courses à Semur, avec Charles. Nous

rentrons, à la nuit. C'est bien là le bonheur du foyer que cette délicieuse impression de rentrer, à la nuit tombante, et de trouver un bon feu, une table mise et des petits enfants joyeux, qui vous accueillent gaiement. Cela vous réchauffe le cœur de se sentir dans ce centre aimé.

14 Octobre 1867. — Nouveaux ennuis avec ma nourrice... Oh! petites misères de la vie! Que mon cœur s'habitue avec peine à ces piqûres d'épingles! O cœur lâche, tu voudrais une vie éternellement calme et tranquille, sans ennuis, sans secousses, mais les luttes sont faites pour toi et la vie en est pleine. Courage et en avant, toujours en avant. Le cœur en haut, bien haut, au-dessus des petitesses et des faiblesses. Je n'ai point écrit de méditation aujourd'hui, et voilà plusieurs jours que mon esprit desséché ne trouve rien. Et cependant ce travail m'est bon! Voilà encore un cahier fini. Les jours, les mois, vont vite! Que Dieu soit béni toujours!

Bourbilly, 21 octobre 1867. (*à son mari*). — Mon bien-aimé, me voilà donc toute seule de nouveau. Je t'avoue que l'habitude ne m'en vient pas et que cela me paraît plus triste et plus pénible que jamais, de me sentir loin de mon chéri. Je suis montée dans notre chambre, après le dîner et Chantal et un bon feu m'ont égayée pendant une heure, mais maintenant les deux enfants dorment, et je n'entends rien, ni marcher, ni chanter, ni siffler. Oh! la vilaine chose, que la solitude! Ce matin, en te quittant j'ai eu beaucoup de peine à décider Chantal à me suivre, elle restait en me disant : encore voir père, mais père était bien parti...

V

TRANQUILLES ANNÉES

(1868-1869)

Aucun événement particulier ne signale l'année 1868, si ce n'est l'arrivée de notre seconde fille Cécile, née le 14 mai, ondoyée le même jour et baptisée, le 31 du même mois, par M. de Cuttoli, vicaire général de Paris, mort évêque d'Ajaccio. Marie ne fit aucun voyage, elle m'accompagna seulement dans quelques-unes des nombreuses apparitions que je fis à Bourbilly, pour surveiller les travaux. En 1869, au contraire, nous vînmes, dès le 21 juin, nous installer dans notre petit pavillon, afin de presser les ouvriers: le 20 septembre, nous eûmes, pour la première fois, le bonheur de coucher au château. Sans doute, tout n'était pas fini, mais l'ancien bâtiment comprenant la salle à manger et la cuisine était à peu près en état de nous recevoir. Le mois suivant, nous eûmes une petite alerte : le 25 octobre, nous devions dîner à la Roche-en-Brény, Marie se sentit souffrante et je dus aller seul chez Montalembert. Le médecin, que j'appelai le lendemain matin, constata un commencement de diphtérie : je fis aussitôt partir les enfants pour Paris. Quelques jours plus tard, Marie était remise et nous pouvions rentrer à la Muette. Je venais précisément d'être nommé maître des requêtes.

La Muette, avril 1868. *(à son mari).* — Que ce se-rait gentil, si tu pouvais revenir jeudi soir et que je serais heureuse de gagner ainsi une bonne nuit! Je ne vais pas trop mal, mais je t'avoue que, hier, j'avais une peur bleue que mon petit Georges n'arrive pendant ton ab-sence et j'avais l'égoïsme de m'en tourmenter, au lieu de m'en réjouir. Mon bien-aimé, c'est que j'ai tant besoin de ta présence, je ne puis pas penser, agir, jouir, souffrir loin de toi. Oh! je t'aime plus que par le passé, plus même que par cette heureuse et belle nuit, pendant la-quelle nous avons fait, à deux, cette chère route que tu vas faire seul.

Strasbourg, 5 août 1868. — Cher ami, nous som-mes arrivées hier, en très bonne santé. Le soir, il y eut réception d'oncles, de tantes, de cousins et de cousines. Est-ce bien moi? Je me crois bien loin en arrière, en regardant, par la fenêtre, notre grande vieille maison, avec son haut toit pointu Est-ce bien vrai que je ne suis plus ici, que je ne suis plus enfant, que j'ai un mari que j'adore et qui me rend si heureuse, que j'ai des pe-tits enfants bien-aimés, que le bon Dieu m'a donné toutes les joies de la vie? Je t'assure qu'il m'est très difficile de ne pas m'embrouiller, entre ce passé et ce présent que j'ai devant les yeux et dans le cœur.

Bourbilly, août 1868. — Ma bien chère maman, me voici seule avec mon cher mari, dans notre petit pa-villon solitaire, si bien que je pourrais me croire de qua-tre années plus jeune. Seulement, la vieille Claudine rem-place les soins attendris de nos deux bonne s, ensuite, il y a bien d'autres choses en plus et en moins, mais la grande chambre est toujours la même, elle a un air honnête et vieux, que j'aime. Mais notre Bourbilly, que je t'en parle, cela devient ravissant ; ce matin, lorsque

cette jolie façade m'est apparue, entre les arbres, avec
son pignon, ses tourelles, ses grandes fenêtres à croi-
sillons, j'ai été dans le ravissement. Chère, chère maman, j'ai rêvé toute la journée au temps où nous serons
réunis ici et à la joie que j'en aurai.

Bourbilly, 27 août 1868. — Mon beau-père est
arrivé, mardi. Nous lui avons fait faire le tour de nos
chères constructions, il fut ravi! Nous sommes ensuite
restés assis longtemps à causer, sur les rochers de la Garenne d'où nous dominions notre paisible vallée. Gentil
petit dîner et paisible soirée. Hier, nous nous sommes
levés de bonne heure et habillés promptement. Quel
ménage nous avons fait ensemble! nous entr'aidant et
nous prêtant nos peignes et nos brosses. Père me fit ma
raie, nous avons bien ri. Déjeuner à Semur et départ
aussitôt pour les Laumes. Après avoir dit adieu à mon
beau-père, nous nous sommes dirigés, Charles et moi,
vers Alise-Sainte-Reine, que nous apercevions, à notre
droite, à mi-côte du mont Auxois, sur lequel s'élève la
statue de Vercingétorix. C'est un joli village, qui a un
air un peu italien... Nous sommes arrivés sur un plateau
sauvage, où s'arrête toute végétation, sauf la mousse et
quelques pâles fleurs ; la statue de Vercingétorix domine
cette petite place, dont l'aspect désolé est un joli cadre
pour le souvenir d'une grande lutte et d'une grande
défaite. Une vieille petite croix, à moitié brisée, ramène
la pensée à des souvenirs plus sérieux encore que ceux
des héros vaincus. Nous nous sommes assis là, à regarder la vue, qui est belle ; elle s'étend sur plusieurs vallées, entourées de riches coteaux. Il y faisait un air
vif et un doux silence, comme sur les grandes hauteurs.
Traversé Sainte-Reine. Jolie route qui nous fait penser
à la descente de Fiesole. En trois quarts d'heure, nous

arrivons à Flavigny, très pittoresquement située sur une hauteur et enfouie dans la verdure. Très curieuse petite ville, vieilles portes crénélées, avec des statues de la Vierge. Très vieille église double, avec un joli jubé et des stalles de bois très curieuses.

La Muette, 30 août 1868 (*à son mari*). — Cher, très cher ami, me voici donc seule de nouveau, sans mon chéri. Je suis raisonnable, quand je réfléchis un peu, mais, par moments, je trouve le vide que tu fais bien grand; ce soir, j'en suis sûre, notre grand lit me semblera horriblement vide. Mon bien-aimé, il me semble que je t'aime plus que jamais. Ces derniers jours, tu as été si bon, si tendre, je n'oublierai pas mon doux petit voyage, cela avait presque l'air du premier que nous avons fait à deux... presque, hélas! Malgré cela, il a été délicieux et le souvenir m'en restera, plein de charme, dans le cœur.

8 Septembre 1868 (*journal*). — Allé à Marnes. Promenade délicieuse. Notre bon vieux cheval allait avec son admirable ardeur. Je voudrais savoir si c'est bien mal, ce plaisir que j'éprouve à circuler en voiture découverte. J'aime à passer, avec toute la rapidité de mon cheval, j'aime à sentir l'air me fouetter le visage, j'aime à être bien enfoncée dans le coin de ma voiture, à me sentir heureuse, à jouir de l'air, de la lumière, du beau temps du paysage, et, qui sait, peut-être de l'effet que je fais en passant ainsi, jeune, heureuse et gaie! Oui c'est mal, encore quelque chose à combattre!..

10 Septembre 1868. — Je suis restée, pour le cas où Madame Mertian, qui doit dîner, viendrait de bonne heure. Il me semble que je m'admire, je me trouve dévouée. Oh! vanité, où vas-tu te nicher? C'est une douce journée, le ciel est pur, l'air vif et doux. J'entends mes

petits enfants, qui jouent devant ma fenêtre ; ces jolis
éclats de rire, ces petites voix babillardes animent ma
solitude. J'ai lu, j'ai travaillé, je suis venue penser dans
mon journal. C'est une manière de rêver que j'aime.
Mais ces vilains ouvriers font un bruit terrible, dans la
maison de Pierre. Oh ! le calme d'autrefois, dans ce petit coin de verdure ! Mais je ne veux pas laisser l'agace-
ment entrer dans ma tête et dans mes nerfs. Je veux
calmer cette pauvre tête, si vite partie et ramener
mes pensées au bonheur que Dieu me donne. Je crois
que mon cher mari m'aime plus qu'autrefois. Il y a eu
un moment où l'affection première était bien tombée.
Mon caractère irritable en était bien la cause ! Enfin,
il m'aime, il me regrette comme il ne l'a jamais fait.
Oh ! quelle joie et quel bien me cause cette pensée : être
aimée ! Va-t-il être bien tendre quand il reviendra ? Je
voudrais le voir très amoureux de moi. Puis-je inspirer
un amour passionné ? Je suis presque laide, mais j'ai un
peu de passion dans le cœur et j'ai la volonté ferme
et ardente d'être aimée. Voilà mon père : trêve à mes
rêves.

11 Septembre 1868. — J'ai fait, ce matin, quelque
chose qui m'a semblé après coup, monstrueux. Par vanité, sachant que de couper les cils les fait grandir et
trouvant que je perds les miens qui, autrefois, étaient si
épais, j'ai pris les ciseaux et, sans trop y réfléchir, j'ai
coupé l'extrémité de mes cils. J'en ai eu une honte terrible, après coup ! J'ai trouvé cela si petit, si ridicule, si
absurde, moi qui abhorre les faux cheveux, les teintu-
res et tout ce que les femmes font pour s'embellir, j'ai
fait une chose qui ne vaut guère mieux ! J'ai été humiliée, à un point que je ne puis dire. J'en ai bien demandé
pardon à Dieu, j'ai senti en moi, une ardeur, un repen-

tir, un amour de Dieu si grands que cela a été une joie
véritable. Il m'aime donc, il me pardonne, puisqu'il fait
naître, en moi, ces effusions et ces jouissances. Je voudrais que Charles fût content de moi, quand il arrivera.
Mais je crois que je pense trop au corps et pas assez à
l'âme, je suis toujours aux prises avec la vanité et
l'orgueil. Il fait divin aujourd'hui, l'air est doux, le soleil n'a plus la brûlante chaleur de l'été, voici l'automne
qui arrive avec ses journées douces et sereines. Ah! que
cela me donne envie de partir! Mon Dieu, calmez, purifiez, retranchez, je sens que mon âme est complètement
à refaire, aidez-moi à travailler, je n'ai point assez de
force ni de courage pour l'attaque de front. La douceur
et la pureté voilà mon but : douceur et pureté de l'âme,
douceur dans l'amour, douceur pour tous ceux qui m'entourent et pureté de cœur. Oh! défendez-moi de la vanité.

14 Septembre 1868. — Soirée tranquille : Chantal
seule nous ennuie un peu. Terrible entêtement, que je
ne parviens pas à briser. Ses chagrins, après, sont si
grands qu'elle vous fait peine; il faut de la fermeté et
du courage, avec cette enfant .. Je suis allée au devant
de mon cher mari. Ah! qu'il fut bon et tendre et quelle
joie de l'embrasser, d'être serrée dans ses bras! Ce matin, les enfants ont été bien gentils avec lui, surtout
mon beau garçon, qui est si heureux, quand son père
s'occupe de lui.

La Muette, 17 septembre 1868 *(à son mari).* — Te
voilà de nouveau parti, mon pauvre ami. J'ai passé une
mauvaise nuit, à me tourner et me retourner dans ce
grand lit vide. Ce matin, Chantal a dit : Comment, père
est de nouveau parti! Hélas! oui, ce pauvre père passe
son temps à courir les routes. Mais, l'année prochaine

mon bien cher, nous jouirons bien ensemble d'une bonne
et douce vie, dans notre jolie demeure achevée, grâce à
tous ces voyages qui nous ennuient si fort. Il faut
bien penser à l'année prochaine, pour prendre patience.
Je me décide à emmener Chantal. Elle est très, très sage, comme elle dit, puis la pensée qu'un de moins à la
maison fera que les autres n'en seront que mieux sur-
veillés, m'encourage. Je les entends trotter là-haut,
mais, mon cher mari, je ne l'entends pas ranger les
livres, en sifflant ou en chantant! Oh! que la maison est
vide quand tu n'y es pas! Je suis raisonnable, n'aie pas
peur? N'est-ce pas que tu as remarqué mes petits progrès intérieurs? Dis-le moi, cela m'encouragera. C'est
pour toi que je travaille, chéri, aide-moi, je pourrai
peut-être bien t'aider, un jour, et notre affection toute
sûre et inébranlable qu'elle est, a besoin, je crois, de
cette confiance et de ce support. Comprends-tu ce que
je te demande? Oh! je voudrais tant arriver à être ton
ami, non pas ton amie, mais aussi ton *ami*, une affection forte et sérieuse qui partage *tout* et soit initiée à
tout. Je travaille pour arriver à ce but-là; c'est mon
ambition.

18 Septembre 1868. *(journal)*. — Hier, je pars a-
vec Charles, pour aller déjeuner à Issy, chez les Sanné;
il n'y avait que ma douce Sophie et sa belle-mère, avec
les petites. Chantal, très sage à table, devient très méchante, dans le parc. Cette enfant a une volonté de fer ;
je n'ai pas assez de calme avec elle. Nos deux natures
se briseront ou s'attacheront passionnément. Après la crise, elle fut très gentille. Jolie promenade dans ce parc, qui
a toutes les grâces sauvages des forêts; on y a même des
illusions de montagnes, un joli ruisselet d'eau vive descend dans la mousse, avec un bruit frais, qui vous trans-

porte bien loin et bien haut. Installation sous les cèdres, avec les enfants et ces dames... Chantal travaille, enfile des perles, à côté de moi. François devient, tous les jours, plus rageur. Cécile, elle, embellit beaucoup, ses longs cils sur ses joues brunes, sa petite bouche fine, ses longs cheveux en font une tête étrange.

19 Septembre 1868. — J'ai passé mon après-midi entre la lecture et l'ouvrage, dans le cabinet de Charles, établie près de la fenêtre, tandis qu'il travaille. Je me suis interrompue, plusieurs fois, par des visites aux enfants, que la pluie et l'humidité ont fait rester dans leurs chambres. Cet admirable été est donc terminé. Voici l'automne; bientôt l'hiver. Ainsi de nous! Oh! comme le temps marche à grands pas et comme nous serons vite arrivés à l'immortelle saison, qui sera pour nous le printemps ou l'hiver. Les pensées sérieuses m'enveloppent aujourd'hui : c'est le temps nuageux et triste qui m'écrase. Oh! comme le vent et la pluie sont tristes, à Paris! On pense le contraire généralement, mais je trouve cela si faux. Le ciel, resserré entre deux toits, vous écrase tant, lorsqu'il est gris, le vent qui fait grincer les portes et taper les volets, a un bruit aigre, la boue sur le pavé est hideuse. Tandis qu'à la campagne, l'horizon est toujours beau et que la pluie est jolie sur les prés et sur le feuillage, comme la terre sent bon, humide et trempée; on ne peut pas sortir, ou bien l'on sort malgré cela, mais on patauge gaiement. Demain, ce sera passé et que l'air sera délicieux. Décidément, j'aime la campagne. Oh! qu'il fera bon, vivre dans notre Bourbilly!... Notre pauvre Muette a bien perdu de son calme et de sa beauté. La maison de Pierre ne l'embellit pas : j'avais juste, de ce côté-là, un coin de verdure, sans toit et sans murs et voilà que cette maison vient montrer ses pierres et ses briques, à travers les arbres et m'ôter mon illusion de solitude. Si ce n'était mes chers parents et tous les miens, que je trouve ainsi réunis sous le même toit, je me détacherais de cette demeure, que j'aimais tant. Mais mes enfants y sont nés, j'ai toutes ces chères affections qui m'entourent, un jardin pour mon petit monde : que de biens pour quelques ennuis.

28 Septembre 1868 *(à son mari)*. — Aujourd'hui trois ans, mon bien-aimé, que notre fille vint au monde. Que tu as été bon et tendre, ce jour-là, pendant mes souffrances; aussi, de ces longues heures, il ne me reste que le souvenir de ta tendresse et de ma joie et je bénis Dieu pour le passé et le présent...

29 Septembre 1868. — Mon cher ami, ta chère et bonne lettre m'a fait tellement de plaisir! Je suis heureuse que tu aies beau temps et que la pluie ne vienne pas attrister ta solitude. Je me suis décidée à rester, pour mille raisons, et maintenant j'en suis désespérée. Que je suis seule sans toi, mon ami bien-aimé, que je sens donc que tu m'es nécessaire, que je ne puis vivre heureuse sans ton affection, sans ta chère présence! Mais il est trop tard pour te le dire, trop tard aussi pour partir. La prochaine fois, tu m'emmèneras. Je vais être raisonnable, mon chéri, je vais tâcher. Je suis dans une mauvaise veine, mon ami; j'ai de terribles luttes en moi; je suis profondément attristée, par ce combat continuel que j'ai à livrer contre moi-même. Je sais que c'est la vie, mais la vie est pénible, quand on est seule et qu'on n'a personne sur qui s'appuyer avec confiance. Je vais te paraître assommante, mon pauvre ami, mais je te confie toujours tout ce qui se passe en moi et, du reste, de loin, tu m'as quelquefois accordé plus de sympathie que de près : pour mes défauts et mes faiblesses, entendons-nous, cher, bien cher ami. Je te remercie, cher, de ta lettre de ce matin, elle est si gentille, si bonne, si affectueuse. Que tu es bon, mon bien-aimé, et que je me sens heureuse de t'avoir !

5 Octobre 1868. *(journal).* — Ce matin, Cécile a percé sa première dent. Quatrième anniversaire de nos fiançailles. Nous avons été à la messe, Charles et moi. Il m'est revenu, samedi soir, mon mari, il fut bien tendre et parut heureux du retour... Dîner avec mon cher mari et les enfants ! Puis-je rien rêver de plus doux, de meilleur que cette table ainsi entourée ? Oh ! non, vraiment non !

Bourbilly, 8 octobre 1868. — Hier matin, départ de la Muette. Je me sens un peu de tristesse, que le plaisir d'accompagner Charles et de le voir heureux, dissipe bientôt. Arrivée, par la nuit et une pluie pénétrante, dans notre petit pavillon Notre vieille grande chambre est toujours paisible et un bon feu et une bonne lampe nous la font paraître pleine de confort. Un bon petit dîner achève de nous réchauffer. Quand il pleut, j'aime mieux arriver le soir. Une chambre éclairée et chauffée, a un air si ami, si hospitalier, et vous fait vite oublier le mauvais temps, la pluie et le froid.

Bourbilly, 9 octobre 1868. — Je rentre, avec Charles, de Sauvigny. Nous avons fait le recolement des bois Je suis un peu fatiguée, mais quelle bonne fatigue ! J'ai été sur pieds, dans les fougères et les broussailles, trois heures durant. Ils sont jolis ces bois coupés, l'air y passe en liberté. Quel beau temps, quel air délicieux, vif et caressant à la fois. En rentrant, travail et lecture, dans ma chambre... Charles remonte travailler près de moi. Je lui fis la lecture dans *Le récit d'une sœur*. Nous relisons ensemble ce doux livre, si attachant et il nous

cause encore les mêmes plaisirs et les mêmes émotions.
Je soutenais, autrefois, qu'il était sans danger. Il ne
nous laisse, il est vrai, que des impressions pures et élevées, mais il a cependant des pages passionnées, qui me
paraissent pleines de péril. Hélas! Hélas! comme ils
vous reprennent, ces désirs d'amour ardent et profond,
sous l'œil de Dieu! Oui! cela serait doux d'être aimée
comme l'on sent qu'on aime, mais l'idéal de la vertu est
peut-être de comprimer ces désirs et cette puissance
d'aimer, pour n'aimer ainsi que Dieu seul et calmer et
tempérer les affections de la terre! Oui, mais est-ce
facile?

10 Octobre 1868. — Ma bonne mère, je t'écris de la
fenêtre ouverte donnant sur la Garenne. J'y ai passé
toute ma journée, ma table chargée et mon fauteuil
roulé tout près de la fenêtre, l'air pur des bois m'arrivant en droite ligne. Il fait un temps divin, le soleil se
couche admirablement. Charles en est ravi. Je fais des
rêves, tout le long du jour, en travaillant, marchant,
lisant même Le bon Dieu bénisse tous ces rêves, et les
réalise, car ce sont des rêves honnêtes et purs!

Bourbilly, 12 octobre 1868. — Nous avons toujours
un temps ravissant; hier même, il a fait chaud comme
en été; nous nous sommes donc dirigés vers La Roche-
en-Brény, par cette jolie route qui monte dans les bois.
Le château de La Roche m'a semblé plus charmant que
jamais. Le petit pont-levis est délicieux, caché sous le
lierre et la vigne vierge, si belle et si colorée à cette
époque de l'année. Mme de Montalembert était à vêpres,
mais Monsieur le comte, nous a dit le domestique, était
sous les quinconces avec M. et Mme de Meaux, arrivés
de la veille. Nous avons été les trouver. Montalembert
était assis sur une chaise de jardin, il s'excusa de ne pouvoir

se lever et j'eus presque de l'émotion, en regardant cette belle tête blanchie. C'est beau à voir, un homme convaincu et resté fidèle, toute sa vie, à la foi, aux idées, à l'ardeur généreuse de sa jeunesse. Quelle vie il a en lui! Il a plus de passion et de feu que toute notre génération entière. Ah! qu'il faudrait d'hommes comme celui-là. Il fut charmant, vif, caustique, il s'anime extraordinairement en causant, mais tout cela est tempéré par une grâce aimable. Il m'a beaucoup plu, sauf quelques tons parfois aigus dans sa voix... Cela me faisait un singulier effet, de le voir infirme et avec des cheveux blancs, cet homme dont *Le récit d'une sœur*, dont les lettres du Père Lacordaire, dont les ouvrages mêmes nous parlent d'une jeunesse si ardente, si vive, si courageuse. Du reste, son ardeur est toujours là, il semble toujours prêt pour la lutte!...

Bourbilly, 13 octobre 1868 *(à Mme Erard)*. — Je voulais t'écrire, hier au soir, mais Charles avait préparé nos fauteuils, notre lampe et nos livres, au coin du feu, et j'ai fini ma soirée à lui faire la lecture et à recoudre un ruban bleu, autour de son atroce chapeau. Ah! Mon Dieu, que j'ai de peine à lui donner l'amour des choses neuves! Je n'aurais jamais aimé un *dandy*, cela est sûr, mais il serait mille fois mieux, mon cher mari, s'il voulait s'habiller même comme bien des gens sérieux. Il aura le temps de s'habiller comme un grand-père!

Bourbilly, 3 octobre 1868 *(à ses parents)*. J'ai été, hier, à Semur, faire des courses, pour les sœurs de Vic-de-Chassenay. Ces pauvres sœurs, elles ont bien du mal et quelle ingrate population! Le beau sexe y est vraiment plus laid que partout ailleurs. Je remarquais cela, hier, avec Charles... Nous passions dans les champs, au couchant du soleil, à cette heure où les bonnes femmes

de Breton se revêtent de tant de noblesse et de poésie,
Eh bien, ces petites filles, qui rentraient leur bétail
étaient vraiment affreuses. Ce sont de longs visages de
quarante ans, sans jeunesse, sans gaieté, sans la moindre
grâce enfantine. Les garçons sont mieux, ils sont au
moins gais et gamins. Mais ceci n'a aucun rapport avec
les bonnes sœurs : que leur fait le visage, si le cœur est
bon et l'esprit ouvert, mais c'est que je crois que ce
malheureux esprit est, la plupart du temps, bien fermé...

29 Octobre 1868 *(journal)*. — Nous avons causé,
tante Camille et moi, tout à l'heure, elle a été touchante,
elle m'a parlé de nous tous, de mon père, que je trouvais aussi changé à mon égard... Ah! que me fait l'argent, si j'ai moins de tendresse. Oh! je porte la peine
des difficultés de mon caractère. Cela l'assouplira, je
pense, et Dieu me tiendra compte de mes luttes terribles!
Oui, je comprends que mon caractère, ombrageux, entier, emporté, soit pénible et détache de moi. Mais, mon
Dieu, j'avais cru faire des progrès. Il faut bien payer le
passé...

2 Novembre 1868. — Le soir, chez Mme Alphand.
Oh! cette société de Passy, cancanière, curieuse, province : que c'est drôle! J'avais une toilette simple, mais
qui ne m'allait pas mal. Il me vient comme des bouffées
de vanité. Je crois presque que c'est le dédain austère
de Charles qui en est cause. Oh! cher ami, que je voudrais être tout à fait simple et détachée, mais, je voudrais aussi te plaire un peu!.. Le mauvais démon
reprend le dessus, me comprime le cœur, me le serre à
le briser... Je dois être intolérable avec mon air ombrageux, douloureux, amer. Oh! j'ai soif d'amour, soif de
tendresse, mon cœur en est altéré. Je vais retourner
près de ma tante, je sens le calme revenir, Dieu bon

acceptez mes petites épreuves et fortifiez-moi!... Le calme est tout à fait revenu dans mon âme. J'ai tort mille fois, je m'en repens, mais que je suis donc désolée de voir cette pauvre âme si faible, si vite changée, retournée. Oh! Charles, si j'avais ta volonté dans le bien, ta foi si ferme et si droite... Dieu de miséricorde, je vous ai mal prié aujourd'hui, j'ai si peu pensé à ceux des miens qui ne sont plus. J'ai vite dit mon office de la Vierge, pendant la messe, pour n'avoir plus à le dire après. Oh! je vous demande pardon! Je vous prie, de toutes les forces de mon âme, pour ceux qui souffrent et qui attendent l'heure suprême de votre miséricordieuse justice. Oh! si mes luttes avec moi-même, les petites misères qui me tracassent, acceptées d'un cœur soumis, pouvaient avoir une petite valeur à vos yeux, je vous les offre! Elles verseront, peut-être, un peu de baume sur une pauvre âme souffrante. Peut-être, raccourciront-elles d'un instant les tortures de votre absence! Oh! religion divine qui fait prier pour les morts!...

4 Novembre 1868. — Qu'ai-je aujourd'hui? je n'en sais rien, quelque chose m'ennuie ou m'agite. Oh! je voudrais n'avoir pas de nerfs, mais j'en ai, j'en ai terriblement. Je vais travailler, cela rassemblera mes idées et calmera mes affreux nerfs. Quel stupide caractère de femme je suis!

La Muette, 4 novembre 1868 *(à son mari).* — Sais-tu à quoi je pense sans cesse? Je nous vois, comme il y a quatre ans, devant la cheminée du salon : tu venais de me donner tes beaux évangiles et moi je t'ai sauté au cou, pour la première fois. Oh! que ce premier cadeau si beau et si pur me fit de plaisir!

5 Novembre 1868 *(journal).* — Trouvé une bonne et affectueuse lettre de Charles, tendre même; s'il savait

le plaisir qu'il me fait! Mon Dieu, je n'ai pas vingt-qua-
tre ans et je ne suis pas femme pour rien. Est-ce mal, ces
rêves d'amour ardent, qui m'oppressent quelquefois?
Oh! ma pauvre âme, que tu as de peine à te calmer et
à aimer la vie calme, les affections calmes, le devoir calme! Mon Dieu, j'y arriverai?

22 Novembre 1868. — Fête de sainte Cécile, patronne de mes filles. Puisse cette vierge martyre, garder
ces âmes pures et fortes, dans le combat de la vie. Oh!
la force et la pureté : il me semble que ce doit être là
tout le caractère de la femme, avec de la douceur dans
cette force, mais point de faiblesses et point de souillu-
res...

27 Novembre 1868. — Je suis mal en train, un peu
souffrante, ce ne sera rien. Le physique réagit sur le moral, ou le moral sur le physique: je ne sais. Ils ont été
un peu malades, ce matin, tous deux, mais ma volonté
qui devient forte, les met au pas et aussi la tendresse
de mon mari...

1er Décembre 1868. — Mon Dieu, pardonnez-moi ma
faiblesse et soyez mille fois béni, pour le si miséricordieux
secours que vous avez donné à ma pauvre âme troublée!
Je vous aime, je vous aime, ah! que mon cœur se renonce et vous suive! Ah! que je suis loin, que je suis loin,
de ce but parfait. Charles me juge bien faible, bien petite, bien misérable; il a raison, je ne suis que faiblesse et
lâcheté. Où est ma force, où est ma volonté, où est mon
courage, quand Dieu m'abandonne? Ah! que Vous êtes
bon et miséricordieux, Père divin, Père adorable! Je
vous aime! Je sens, ce soir, mon cœur bien humilié et
repentant. Charles a été bien bon; cher bon ami, que je
ne l'offense jamais, que je le rende heureux, que je sois
tout pour lui, comme il doit être tout pour moi!

4 Décembre 1868. — Chantal ne fut pas très bien, toute la journée. J'aime trop cet enfant. Comme mon cœur est de suite saisi d'angoisse, à la moindre fatigue, au moindre malaise de ce cher petit visage. Je ne puis pas dire que je l'aime plus. Oh! non, mais sa petite intelligence si précoce, son petit corps si délicat, me font peur et m'attachent à elle, par je ne sais quelle fibre du cœur. J'éprouve pour elle une sollicitude plus inquiète. Ce matin, mon pauvre gros fut bien puni par son père. Les voilà dehors. Il fait beau et doux, je suis rentrée, je suis fatiguée et n'ai de goût à rien. L'air est imprégné d'une douceur mélancolique, qui me pénètre et ne me fait pas de bien. C'est stupide! Je ne puis pas dire que je sois malade, mais ce sont des lassitudes, des fatigues morales et physiques, contre lesquelles je suis sans force.

7 Décembre 1868. — Je suis seule, dans mes jolis salons, si élégants et si confortables. Ils sont bien faits pour l'intimité. Charles vient de sortir, les enfants jouent gentiment là haut. Je ne puis rester longtemps avec eux, car ils me fatiguent. Ils sont charmants, je les regardais tout à l'heure, couchés par terre tous les trois, si blancs, si frais dans leurs petites robes blanches, et je bénissais Dieu de m'avoir donné ces petits êtres chéris, pour égayer notre maison, charmer notre vie et lui donner un but si doux. Tout va assez bien, en ce moment, à la maison, je suis tranquille et assez heureuse de ce côté-là. Le reste ne devrait être considéré que comme des misères, aussi je ne les garde que pour moi. Charles est très bon et très tendre, je crois qu'il m'aime bien...

15 Décembre 1868. — J'ai emmené Chantal chez le docteur. Mon mari fut très, très fâché, parce que je n'ai point parlé de moi au médecin.. Mais, après le dîner, comme il fut tendre. Je vis qu'il voulait panser la plaie. Ah! que je le rende heureux; mon Dieu, faites-moi cette grâce: que ma volonté, ma personnalité, mes désirs, que j'apprenne à tout faire plier, pour son bonheur et la paix de sa vie. Mes trois chers enfants, qu'ils sont gentils, que mon aînée est tendre et précoce, que mon Franz est beau de santé et d'ardeur, que ma fille Cécile est aimable! Mon Dieu, que je vous bénis!

1 Janvier 1869. — Mon Dieu, je ne veux pas que le jour s'achève, sans vous avoir béni de vos bontés pour moi. Pardonnez-moi mes offenses, bénissez mes résolutions, bénissez, protégez tous ceux que j'aime, pendant cette année qui vient de commencer. Je vous offre mon cœur, gardez-le fort et pur, je vous bénis pour tout ce que vous daignerez m'envoyer, joies ou peines. J'ai été, ce matin, à la messe, entre deux visites à mes pauvres; j'ai pensé à leur solitude, en ce jour de fête et de joie et j'ai voulu inaugurer mon année par un peu de joie donnée aux malheureux... Que Dieu bénisse tous les bien chers habitants de La Muette, que la paix, l'union, l'amour, le respect des saintes choses, la bénédiction de Dieu, la santé, une joie pure, règnent dans cette demeure. Mon Dieu, mon Père, exaucez-moi! Je vous offre tous les ardents désirs de mon cœur, pour mon mari, mes enfants, mes parents, tous les miens!

3 Janvier 1869. — Etat moral très faible, je suis dans une mauvaise veine de tiédeur et d'étourdissement. Je ne sais comment qualifier le besoin de m'étourdir qui me prend, quelquefois. Oh! pauvre nature, lâche et faible, j'ai peur, non de la lutte, mais de la victoire.

7 Février 1869. — Aujourd'hui, les deux ans de mon fils! Que Dieu le bénisse mille fois, comme il l'a fait jusqu'à présent, qu'Il me le garde robuste et bien portant et surtout lui fasse traverser la vie, fort, bon et pur.

27 Février 1869. — Je suis honteuse de moi-même, mais ma grande lassitude en est cause. Puis, ce temps si mou, si énervant, ces fleurs si douces qui commencent à fleurir, ces pousses vertes si jolies, tout cela m'attriste et me fait mal. J'aimerais mieux un temps vif et froid, qui me raffermisse et me réveille. Oh! mon Dieu, je vous remercie, je sens que peu à peu vous rentrez dans mon âme. Vous avez entendu mes plaintes, Vous avez vu ma faiblesse, Vous êtes venu me donner de la force, pour traverser cette épreuve. Le mot est bien fort, mais tout ce qui cause des angoisses, des déceptions, des déchirements, n'est-ce pas une épreuve ? Mon Dieu, je vous aime, je vous bénis; au lieu de me laisser enivrer par cette langueur du temps, je veux vous bénir, je veux vous aimer, vous chercher dans ces beautés de la nature qui se réveille. Ces belles violettes que j'adore et dont le parfum si doux m'enivre, c'est Vous qui les avez fait germer, cette jolie verdure naissante, c'est encore pour moi que Vous la faites pousser. Oh! Père céleste, qui vêtissez les lys des champs, Vous n'oublierez pas, Vous n'abandonnerez pas votre pauvre créature fatiguée et malade!

6 Mars 1869. — Voilà la pluie et toutes les tristesses d'un ciel gris. J'écris, seule dans mon salon, avec le bruit de chers petits pas au-dessus de ma tête. Oh! chers enfants b'en aimés, vous êtes ma joie, mon bonheur, ma vie, la douceur dans le devoir et le courage pour les épreuves à venir, comme pour les misères du présent! Dieu soit béni, qui m'a donné toutes ces joies saintes!

4 Avril 1869. — En rentrant, nous avons trouvé les Roguès, qui étaient venus annoncer le mariage d'Etienne Carraby J'en suis bien contente pour ce bon et loyal garçon, mais nous allons le perdre un peu. Il était un si agréable ami et c'était un des hommes avec qui j'avais le plus de plaisir à causer! Enfin, telle est la vie, on forme des amitiés, on les perd, on se sent moins aimé, moins utile. Qu'elle est douce l'affection forte et robuste, qui résiste au temps, aux affections nouvelles, aux amis nouveaux, à l'épreuve de l'intimité, aux misères de la vie! Hélas! Seigneur, Vous seul êtes fidèle!

La Muette, 18 juin 1869. — Chère mère, je t'écris dans ma chambre, dans un désordre navrant. La Muette serait affreusement triste, si ce n'était la méchanceté de Franz, qui a pris de telles proportions que toute cette grande maison doit en être animée. Il mord, il tape, il se roule par terre, il fait des cris de rage effrayants. Cécile ne vaut pas beaucoup mieux, mais elle a des petits airs câlins, et un âge si tendre, qui rachètent ses colères. Comme Chantal ne quitte guère Jeanne et que, de plus, elle aide à emballer, elle est très sage...

Bourbilly, 24 juin 1869 (*journal*). — Le temps est superbe, le Peucrot d'une richesse étonnante. Oh! quel joli moment que celui-ci. On fait les foins, les haies sont étoilées de roses, les beaux blés tout remplis de coquelicots et de bluets, le soleil est chaud, mais la brise l'adoucit. C'est un joli pays que notre vallon.

25 Juin 1869. Je viens de faire une ravissante petite promenade, dans le petit fond sauvage de la vallée, où, entre les côteaux rapprochés, le Serain fait des détours dans les prés. Les enfants dégringolaient, le long des pentes, s'accrochant aux genêts, foulant du thym, dans leur course. Nous avons été jusqu'à la rivière; de l'autre côté, on fanait. Quels parfums délicieux! Chantal s'en revenait chantant: Oh! que je suis contente d'être à Bourbilly.

Bourbilly, 7 juillet 1869 (*à M*^{me} *Erard*). — Vous
écrivant tous les jours, je ne puis vraiment que vous ennuyer, avec l'uniformité de ma tranquille vie. Je lis, je
travaille, je vais aux foins, je vais au village, mais qu'est-
ce que cela vous dira, si je vous explique que j'ai vu la
femme Taupin, ou le vieux Saillier ou la Gautherot, ou
la Bizotte, Je pense à vous, cinquante fois, dans l'heure
et à la joie de vous posséder tous, grands et petits.
Quant aux mots des enfants, je n'en peux rien, j'oublie
la plupart de ces merveilles. Charles les retient bien
mieux que moi. Il fait le fou avec les enfants, dans les
prés et le grenier à foin, comme un vrai gamin.

Bourbilly, 13 Juillet 1869. — Bien chère tante, tu ne
devineras jamais le très charmant plaisir que je me
suis donné et que je ne connaissais pas. Je me suis baignée, oui vraiment, et je ne suis pas devenue verte, ni
bleue, ni jaune, j'ai conservé ma couleur naturelle, je n'ai
pas eu de suffocation et j'ai trouvé cette eau si douce,
si pure, si rafraîchissante, qu'il a fallu m'en arracher.
J'ai baigné les deux petites, et Charles, qui était avec
moi, le garçon. Chantal était si contente qu'elle ne voulait plus sortir, elle se jetait de l'eau au visage, et bar-
bottait comme un jeune canard ; tu aurais eu du plaisir
à la voir si joyeuse. Franz a été d'une poltronnerie
inouie, Cécile aussi, mais moins. Ils vont parfaitement,
tous les trois; c'est une baignade à n'en plus finir. Le
fait est que rien qu'à entendre ce doux bruit de la rivière
et à la voir couler, entre les prés, si fraîche et si jolie, on
est tenté d'y piquer une tête... Je ne puis cependant pas
te raconter que le beurre d'une telle est meilleur que
celui de telle autre, que j'ai fait demander un costume
de bains et qu'on n'en a pas trouvé, ce qui m'a fait supposer qu'on ne se baignait pas à Semur. Je passe mes

journées partagée entre tout ce qui m'entoure, je vais
de l'un à l'autre, du mari aux enfants, de ma chambre à
la cuisine, de la rivière au chantier, de mon ouvrage à
mes livres, de mes journaux à mes lettres, après avoir
bien relu les vôtres, et mes journées se passent doucement, sans agitation comme sans ennui. J'ai l'air de ne
pas me douter que l'on fait de la politique, bonne ou
mauvaise, de par le monde : c'est qu'on l'oublierait bien
facilement dans cette solitude, si nous n'avions pas les
journaux, qui viennent nous donner le spectacle des
étranges agitations du monde. Tout est singulier, le rôle
des acteurs comme les changements de mise en scène.
Ce qui va être drôle, ce seront les mécontents.

Bourbilly, 4 juillet 1869 (*à son mari*). — Mon bien
cher ami, me voici seule, à ton bureau, ayant autour
de moi tous les objets qui me parlent de toi, et tes chers
enfants tous couchés, et que je vais regarder, dans leurs
petits lits, encore pour me parler de toi. La journée a été
bien longue, sans mon cher ami, la maison bien triste et
bien vide, sans ses sifflements et ses grands airs de bra-
voure ! Comment se fait-il qu'un seul pauvre homme
puisse tenir tant de place et faire un si grand vide ?...
J'aurais bien voulu pouvoir m'échapper un peu avec
toi, mon bien cher. Bon Dieu, que ma chambre est vide,
malgré le petit lit qui touche le nôtre ! voilà ta plume, ton
livre ouvert, ton compas, tes paperasses : c'est impossible
que tu n'entres pas tout à l'heure. Il me semble que je
vais t'entendre siffler, en montant l'escalier...

15 Juillet 1869(*journal*). — Mon Dieu, gardez de tout
mal mes bien-aimés ! J'ai été dire des prières, ce soir, devant chaque petit lit, le cœur angoissé, je ne sais trop
pourquoi. Oh ! mon Dieu, je ne veux pas être ingrate, je
vous bénis, car Vous avez été, pour moi, d'une bonté in-

finie. Dieu bon, je ne suis pas digne de tant de biens, mais Vous êtes tout amour et tout miséricorde et Vous aurez égard, non à mes péchés, mais à l'innocence de ces chers petits, à la foi parfaite de leur père et à ma profonde reconnaissance pour tout ce qui m'a été donné par eux ! Oh ! aidez mon âme, dans sa lente, pénible, dure ascension vers le bien, le devoir et l'humilité... Voilà mes trois enfants bien calmes dans leur lit. Je suis seule, au pavillon, avec ces chers berceaux. J'aime cette solitude, elle est douce et charmante ; j'entends leur petit souffle et cela me tient doucement compagnie. J'ai promis de faire dire une messe à sainte Chantal, si mes chéris sortent sains et saufs de cette épreuve, que je redoute pour eux ! Oh ! chère sainte patronne de notre demeure ! Qu'il fait bon sentir une maternelle et sainte influence veiller sur tous les siens. Je mets, plus que jamais, mes enfants sous ce saint patronage....

Bourbilly, 18 juillet 1869 (*à son mari*). — Mon bien cher ami, ah ! tu m'as bien manqué aujourd'hui ; mais, malgré la longueur, la solitude et le calme de ce dimanche, je ne me suis pas ennuyée. Il faisait si bon, dans ma chambre, avec la fenêtre de la Garenne ouverte, le vent chantait si joliment dans les sapins, les oiseaux d'un côté, les enfants de l'autre ; avec tout cela, tous les ouvriers partis, notre jolie vallée, calme, paisible, lumineuse, se reposant de tous les vilains bruits de la semaine. Je me suis consolée d'être seule, en étant tout à fait seule. Notre baignade a été délicieuse. Le soleil perdait de sa force, l'eau était assez haute. C'était une joie, une joie, des bonds, des sauts, des tapotages et des rires, que cela faisait plaisir à voir et à entendre...

Bourbilly, 29 juillet 1869 (*à son beau-père*). — Mon cher mari est parti ce soir, pour aller au-devant de Marie.

C'est bien bon et gentil à lui, il sait le plaisir que me
cause l'arrivée de cette amie, qui est pour moi une véritable sœur. Nous la logeons comme nous pouvons. Ce
n'est pas brillant, mais notre amitié n'est pas difficile,
le bonheur d'être réunis est tout ce qu'il nous faut.
Charles prend assez bravement son parti de voir cette
carrière, dans laquelle il était entré si jeune, lui échapper, je crois que ce qui le peine le plus, c'est de voir
l'injustice, le manque de parole, la faiblesse de ceux qui
avaient promis de l'appuyer. Il n'en parle guère, mais il
n'est pas triste. J'ai foi en son courage, en son activité,
en son intelligence, pour triompher de cette mauvaise
chance et lui trouver un travail libre et une carrière
indépendante. Il ne devra tout qu'à lui seul, cela vaudra
mieux.. Charles a désiré que je vous écrive, ne pouvant
le faire de suite. Il est très touché de votre préoccupation.
Je crois qu'en effet cela doit vous être désagréable, de voir
le peu de cas qu'on fait d'un homme de la valeur de Charles, et des services que vous avez rendus, mais, ne parlons plus de ces choses. Charles n'a plus d'espoir, le
mieux est d'oublier. J'ai été heureuse de vous revoir,
cher Père, et maintenant quand nous reverrons-nous?
le mois prochain, n'est-ce pas? *Vous nous devez cela.*
Qu'est-ce qu'un jour, pour des enfants qui aiment leur
père? Ma famille passera ici des mois. Avec quel bonheur, je voudrais ne pouvoir pas mettre de différence
entre mon cher papa et vous. Cher père, ne vous offen-
sez pas de ce que je vous dis là : c'est avec tout le respect possible et dans toute la sincérité de mon cœur que
je vous le dis. Je vous demande cela pour Charles aussi,
qui serai si heureux de quelques jours que vous pour-
riez passer ici.

Bourbilly, 13 août 1869 *(à son beau-père)*. — Cher

père, je vous remercie tendrement de votre aimable
lettre. Je voudrais pouvoir vous dire combien ce bon
souvenir m'a fait de bien et m'a causé de joie, mais je
n'ai jamais su exprimer ce que j'ai dans le cœur. Merci
aussi, pour tout ce que vous faites pour mon mari. Vous
savez avec quelle tranquillité d'esprit il prend maintenant toutes choses. Je n'en suis pas encore arrivée
là et j'ai été bien indignée de toutes ces saletés. Il doit
y avoir du Juif là-dessous, d'après ce qu'on nous avait dit
autrefois. Ah! cher bon père, dans quel monde vous vi-
vez et comme votre caractère si loyal et si droit doit
être souvent froissé!

14 Août 1869 *(journal)*. — Que je n'oublie pas de
marquer de vilaines angoisses, que nous avons eues, que
j'ai eues plutôt et que mes parents et mon beau-père ont
vivement ressenties. C'est toujours à propos de la nomination de Charles, continuellement traversée. Georges
Plantier a prévenu papa, puis Charles, qu'il était venu
des rapports de police, dénonçant mon mari comme ennemi du gouvernement. Je devine la source de
ces vilains bruits. Ah! l'affreux monde que celui-ci;
partout l'on ne voit que bassesse, qu'intrigue; on n'agit
plus que par la calomnie. Le cœur se soulève de penser
à ces saletés! Charles est d'un calme qui m'étonne : c'est
sa grande foi qui le détache ainsi. Il est vrai qu'il fait
bon rêver une vie indépendante, un travail libre, dans
une retraite paisible, bien loin de ce monde bas et ab-
ject!

Bourbilly, 16 août 1869 *(à ses parents)*. — J'ai passé, hier, ma journée à Senailly; nous sommes revenus
dîner chez les de Lanneau et nous sommes rentrés ensuite,
bien enveloppés, dans notre victoria, par un clair de lune superbe et un temps frais et délicieux. Notre vieux

cheval, malgré les six ou sept lieues, nous menait à travers la campagne silencieuse, avec un train de ballade
allemande. Je ne connais rien de plus exquis. Epoisse
était tout illuminé : quatre lampions chez le Docteur,
cinq chez le percepteur, une douzaine à la mairie et une
population enthousiasmée par cet éclairage, animait de
ses cris la grand'rue.

Bourbilly, 26 août 1869 *(à M*^{me} *Erard)*. — Nous
avons eu un temps divin, pour aller à La Roche : le soleil
se couchait et l'air était vif et délicieux. Nous avons
trouvé tout le monde installé sur le pont, qui traverse
les fossés et mène de la grande salle au parc. C'est là
seulement que nous avons vu M. de Montalembert qui,
étant très fatigué, n'a pas dîné à table et est remonté
chez lui. Il a été aimable et charmant comme toujours...
Je n'ai jamais vu de simplicité plus charmante que dans
cette famille. Nous sommes restés à causer jusqu'après
dix heures, dans ce beau salon qui a tant de cachet, avec
ses poutrelles couvertes de devises et d'armes, ses magnifiques tapisseries, le long des murs, et ses meubles un
peu usés. En partant, la grande salle t'aurait ravie,
éclairée par la lune. Nous avons eu un retour délicieux.
La lune brillante, le ciel d'une pureté admirable et une
de ces bonnes brises morvandiotes, qui ne ressemblent
ni au froid ni au chaud : j'aurais été au bout du monde
ainsi.

2 Août 1869 *(journal)*. — Courses à Semur et visite
à Mmes Fénéon et Riambaud. Je soupçonne cette dernière d'être un tant soi peu coquette, mais ne le sommes-
nous pas toutes, plus ou moins? Toujours un désir de
plaire, n'importe à qui : chacune a son maître terrestre
ou divin.

20 Septembre 1869. — *Du château, où nous cou-*

chons ce soir, pour la première fois! Quelle rude journée de déménagement! Je viens de coucher mon petit monde. Que Dieu bénisse leur chambre nouvelle : sainte Chantal, nous mettons ces vieux murs relevés, une fois de plus, sous votre sainte protection! Que la paix, l'union, la charité et la foi règnent dans ce foyer sanctifié par vous! Protégez mes enfants et tous ceux que j'aime! Nous avons été dîner, pour la dernière fois, dans notre vieux pavillon et, à la fin du dîner, un violent orage a embrasé tous les coteaux et semblait nous retenir dans cette petite maison. Mais voici le temps calmé et notre installation en partie faite, voici même la lune. Que me sera-t-il donné, dans cette demeure, quels jours aurai-je à y passer, heureux ou éprouvés, dans la joie ou le cœur brisé? Que la volonté de Dieu soit bénie avant tout! C'est le cœur plein d'espérances que j'entre ici!...

5 Décembre 1869. — Il a neigé, toute la journée, et le parc est encore tout blanc, avec des reflets rosés, que lui donne le soleil. Je n'ose faire sortir les enfants, la neige est épaisse et j'ai peur, pour ces petits pieds sans sabots ; pourtant, je crois que ce beau froid clair est sain. Cécile est un amour, ce matin, les deux autres sont diables, comme des petits chiens enfermés. Charles est bien gentil pour moi : il est bon, bon, bon. Par moments, je travaille, je prends sur moi, cela va, je crois un peu mieux.

24 Décembre 1869. — Je ne sais pourquoi je n'ai pas écrit mon journal, pendant ces trois semaines J'ai une grande lassitude morale et physique. Cela va un peu mieux, mais les victoires sont toujours lentes et difficiles et les rechutes violentes et aisées. Hélas! Dieu me vienne en aide! Je ne vais point à la messe de minuit, ce soir, Charles vient de partir seul. Mon doux enfant

Jésus, je vous offre mes trois bien-aimés, bénissez-les, gardez-les moi purs et bons! Que la paix et la joie de cette divine nuit soient parmi nous!...

31 Décembre 1869 *(journal)*. — Je suis bien fatiguée d'une journée de visites, mais, malgré cela, je veux encore, avant de me coucher, bénir Dieu de tout ce qu'Il m'a donné pendant cette année : joies, bonheur, peines, santé de ceux que j'aime, petites misères. Qu'il bénisse mes enfants bien aimés, mon mari, mes parents, mes chères tantes, tout ce monde chéri, dont mon cœur est plein, que cette année soit heureuse et bénie pour tous, que l'union et l'amour soient parmi nous! Mon Dieu, je vous offre mon petit enfant, faites de moi ce qu'il vous plaira, mais que je sois prête! Ainsi soit-il!

VI

GUERRE ET COMMUNE
(1870-1872)

Au commencement de l'année 1870, je dus partir pour Rome, où je passai deux mois, chargé d'une mission du gouvernement. Marie, qui se trouvait enceinte, resta, pendant ce temps, à la Muette. Notre quatrième enfant y naquit, le 14 mai, deux ans précisément après sa sœur Cécile : elle fut ondoyée, le même jour, et baptisée le 28 juin, sous les noms de Françoise-Josèphe-Marguerite-Marie.

Le 2 août, nous étions partis pour Bourbilly, où nous comptions passer l'été; quatre jours plus tard, nous recevions la nouvelle des désastres de notre armée, et nous rentrions précipitamment à Paris. Le 9 août, je conduisis Marie et nos enfants à Folkestone, où se trouvaient ses parents et je revins, le lendemain, m'installer à Paris, chez mon père. Pendant un mois, j'allai, chaque semaine, passer un ou deux jours auprès de ma famille. Lorsque le Conseil d'Etat fut dissous, à la suite de la révolution du 4 septembre, j'allai rejoindre Marie, qui s'installa, le 24 septembre, à Londres, avec son père et sa mère, au Thomas' Hôtel.

Nous fîmes, au printemps de 1871, un voyage en Autriche et en Italie, à la suite duquel nous nous ins-

tallâmes à Bourbilly, où nous eûmes l'honneur de re-
cevoir M. le duc d'Aumale et plusieurs autres amis,
parmi lesquels le marquis de Ségur, avec toute sa fa-
mille. Au mois de décembre, naquit, à la Muette, notre
cinquième enfant, Geneviève, Jeanne, Madeleine, Marie.

Aucun incident particulier ne marqua l'année 1872,
dont nous passâmes une bonne partie à Bourbilly, qui
fut honoré de la visite de LL. AA. RR. Monsieur le
Comte et Madame la Comtesse de Paris.

1 Février 1870. — Mon cher mari est parti, hier au
soir, pour Rome. J'ai longtemps hésité avant de rester,
mais la sagesse l'a emporté, et me voici seule, sans mon
cher bien-aimé. La séparation ne m'a jamais semblé si
dure, si pénible, si pleine d'angoisses. Je l'ai accompagné à la gare : hélas! avec quel déchirement j'ai dû le
quitter. J'ai le cœur rempli de pensées tristes, d'idées
noires, j'ai peur, je tremble pour lui, pour moi, pour les
enfants. C'est folie, mais je n'y puis rien et j'ai déjà
bien pleuré!. . Mon Dieu, mon Dieu, ne m'épargnez pas,
mais gardez-moi la santé de ces chers petits enfants,
pendant l'absence de leur père : que je puisse les lui
rendre frais, bien portants et gais comme ils l'étaient...
Charles est parti pour Rome, comme commissaire général de l'Exposition romaine. Cher, cher ami, comme la
maison est vide sans lui! J'ai ma fille, qui couche près
de mon lit, et ce petit lit me fait du bien à voir, mais,
malgré cela, la chambre est bien vide et le sommeil lent
à venir... Je m'occupe plus de politique qu'autrefois. J'y
prends goût et je vois que cela fait plaisir à Charles.
Du reste, tout le monde s'est réveillé! Voilà les idées de
Charles qui triomphent. Son père ne lui en veut plus

de ses tendances libérales. Cher, cher Charles, je ne
peux penser qu'à lui et à son long et pénible voyage.
Aujourd'hui, traversée du Mont Cenis. Dieu le bénisse!...

2 Février 1870 (*à son mari*). — Mon bien-aimé,
quelle joie m'a causée ta dépêche! Me voici débarrassée
d'un grand poids, maintenant que je vous sais en Italie.
Mais, hélas! j'ai toujours le cœur bien gros, en pensant
à cette longue distance et à ce long mois. Je suis revenue, lundi soir, sanglottant et priant. Ne m'en veux pas
de ma faiblesse. Je ne sais pourquoi, jamais séparation
ne m'a été plus dure et plus pénible, jamais je n'ai tant
senti, en te quittant, combien je t'aimais. Oh! quelles
angoisses!

21 Février 1870 (*journal*). — Je suis faible, énervée,
je n'ai plus de vie. Ah! si Charles était là, sa présence
me ferait du bien; le seul bien que je désire, c'est de le
sentir là, bon et tendre comme dans les derniers jours
avant son départ.

16 Mars 1870. — J'ai eu une semaine bien chargée
de tristesse et d'ennuis. Samedi, j'ai été à une cérémonie qui m'a fait un mal affreux. Ces pauvres David en-
terraient leur belle petite fille de six ans, morte après
sept jours de maladie. Pauvre ange envolé! elle n'était
point à plaindre, mais les parents! mais le père accablé
de douleur, vieilli de vingt ans, qui suivait ce petit cercueil tendu de blanc! Oh! l'horrible angoisse qui a déchiré mon cœur, quand j'ai pensé ce que devait être une
pareille douleur et, quand ce pauvre homme m'a pris
les mains, en me disant, avec une voix brisée : « Dieu
préserve vos filles » j'ai fondu en larmes et en sanglots!
Mon Dieu, mon Dieu, ayez pitié de ce pauvre cœur
brisé! Dimanche, autre tristesse navrante: la mort su-
bite, inattendue de Montalembert. Il est mort en lut-

tant, il venait de jeter encore, à propos des tristesses présentes, dont le Concile entoure l'Eglise, un cri énergique et éloquent! Ce sont ces tristesses qui ont dû l'achever! Quelle perte pour l'Eglise et pour la France! Quelle perte pour nous!

6 Avril 1870. — Vendredi dernier, j'ai été, avec mon mari, à la salle de la société d'horticulture. Cochin y faisait une conférence sur Montalembert. Quel sujet! mais, il en fut digne et trouva des accents émus et éloquents, pour parler de ce grand cœur et de ce grand esprit. Oh! la belle vie et le noble caractère! Le cœur nous en bat d'admiration, les larmes coulent; cela ranime et réveille, d'entendre ces nobles choses. Le public était nombreux et enthousiaste. Ce fut une belle soirée, pour les amis de cette grande et chère mémoire. Je m'alourdis chaque jour et j'avance péniblement vers ma délivrance. Dieu bénisse mon petit enfant inconnu! Dieu bénisse et protège mes autres bien-aimés! Qu'il me donne et patience et douceur, et force et courage! Que sa volonté soit bénie!

5 Juin 1870. — Je viens d'obtenir de descendre dîner de l'autre côté : c'est un grand plaisir. Mes enfants vont bien. J'ai aujourd'hui le cœur en joie. Charles est plein de tendresse pour moi, ils sont tous si bons, si tendres. Oh! que Dieu soit béni!...

6 Juin 1870. — Ah! quand verrai-je donc ma Chantal? Que le temps me semble long sans elle, malgré mes autres chéris! mais ceux-là sont si diables, si turbulents, si terribles! Ils ont de bons moments, tendres et gentils, mais ça ne tient pas en place, c'est têtu, çà remue toujours et, quand on a la tête faible, on n'en peut plus, au bout d'une demi-heure de leur société. Pauvres chéris, ils viennent de goûter. Cécile a fait la gourmande;

quand l'un a fini, l'autre commence. Ils vont bien, ils sont forts et gais, je ne dois pas me plaindre et j'en bénis Dieu!.. Mon Dieu! comme H... est coquette. Mais, ai-je le droit de la trouver coquette? Je l'ai bien été, et beaucoup, mais c'était du temps de mon heureuse jeunesse, maintenant que j'ai vingt-cinq ans et quatre enfants, la raison domine. (Une très douce raison qui s'appelle le bonheur et l'amour de mon mari.)

22 Juin 1870. — Quoi de nouveau? rien. Je flâne encore, j'ai eu mes heures de lassitude, de silence, mes mauvaises heures, je ne m'intéresse alors à rien, et je passe mon temps au-dedans, à me forger mille ennuis. Mon Dieu, Vous m'avez tout donné, pourquoi ne puis-je pas jouir, dans le calme et la paix, des douceurs et des joies qui m'entourent? Je suis agacée, j'ai peur, j'ai des angoisses, mes pensées s'interrompent l'une l'autre. Oh! quel mauvais ange est venu me donner cette sourde inquiétude, qui trouble mon bonheur! Je ne peux pas la formuler, je ne veux pas l'avouer à moi-même; c'est si peu de chose, et c'est si fou à moi de m'en tourmenter! Si c'est une croix que Dieu m'envoie, je devrais la bénir et l'accepter avec joie.

30 Juin 1870. — Nous avons été au Palais-Royal, voir Gavaud, Minard et Cie. C'est tout ce qu'il y a de plus drôle, de plus amusant et de mieux joué. Ce soir-là, j'ai bien ri, cela m'a détendu les nerfs. J'en ai parfois besoin, de les détendre. Je suis affaiblie; je sens que cela me rend maussade et désagréable, mais je sens aussi que je n'y puis rien. Oh! je suis bien changée, je n'ai plus ni force, ni vie, ni volonté... J'ai besoin de me retremper, de communier. Je ne me suis pas associée, mardi, comme j'aurais dû le faire, à cette touchante cérémonie, qui donnait la vie à l'âme de mon enfant. Je suis lâche, je suis faible, je suis fatiguée aussi. Mon Dieu, mon Dieu, relevez-moi ! J'espère que ma chère enfant deviendra une femme forte et chrétienne. Oh ! forte et douce : Mon Dieu, je vous en prie !

16 Juillet 1870 (*journal*). — La guerre est déclarée, les troupes sont en marche. L'émotion ne nous quitte plus guère. L'enthousiasme est partout. On chante, on crie ; mon Dieu, que serais-je devenue, si j'avais épousé ce pauvre Fritz ? Veuve d'un prussien ou, s'il avait vécu, le voir combattre mon pays ! Oh ! c'eût été affreux et que Dieu a été bon pour moi ! Je lui offre mes croix, mes misères ; j'ai un mari que tout le monde estime et que j'aime, j'ai des enfants charmants et qui se portent bien, je ne dois point me plaindre, ni gémir, ni me tourmenter. Je dois être heureuse de mon lot, oui, heureuse et ne pas rêver ni plus, ni mieux... Ah ! grand Dieu, que de cœurs de mères, de femmes, de sœurs, doivent être angoissés, déchirés par cette horrible guerre ! Charles n'est rentré hier soir qu'à minuit et demie. J'étais à la fenêtre à l'attendre. J'entendais le va et vient de la route, des chants, des fanfares, le tambour, mille bruits lointains qui, dans le calme et la sérénité de cette belle nuit, me semblaient sinistres.

28 Juillet 1870 (*journal*). — L'enthousiasme est partout. Charles m'a mené entendre Faure qui, au troisième acte de la Muette, chante la Marseillaise ; je n'ai jamais senti rien de pareil. Quel frisson vous prend et comme le cœur est empoigné ! Ce chant est sublime et que Faure est beau dans son costume de pêcheur, s'enveloppant de notre drapeau, et chantant, avec son admirable voix, devant toute la salle debout, frémissante, criant, trépignant, pleurant. Oh ! que cela fait du bien ! Ce fut une belle soirée pour moi. Qu'il y avait longtemps que Charles et moi nous avions ainsi été en tête à tête. Il me mena après chez Tortoni et nous revînmes chez nous, en voiture découverte, par un temps divin.

Folkestone, 14 août 1870 (*à son mari*). — J'apprends que je puis t'écrire ce soir, et je m'empresse d'en profiter, pour t'embrasser et calmer un peu l'angoisse de mon cœur et la tristesse de cette longue journée sans nouvelles de France. Que fais-tu? Que fait Marie? Oh! que de complications! Je pense toujours à cette pauvre femme souffrante. Ecris-moi et rassure-moi un peu. Rassure-moi sur toi aussi, j'ai une anxiété, un tremblement intérieur qui ne me quitte pas. Les enfants vont admirablement bien aujourd'hui, Dieu soit béni! Chantal prie pour toi, chaque soir et ajoute toujours quelque chose de son invention. Hier, elle disait : « Sainte Vierge, protégez mon cher père et *dites-lui* de venir bien vite. » Mon bon, mon cher, mon unique ami, je t'aime de toute mon âme et je t'embrasse mille fois.

Folkestone, 16 août 1870. — Mon bien-aimé, ta lettre de ce matin m'a bien soulagé le cœur, car j'étais bien anxieuse de savoir ce qu'allait devenir ma pauvre Marie. Je te remercie mille fois de ton amitié et de ton dévouement pour elle, mes parents me chargent de te dire combien ils en sont touchés et reconnaissants. Qu'il me tarde de te voir, cher ami; tu ne me parles pas de retour : que veux-tu donc faire? Si tu es retenu par un devoir, ce n'est pas moi qui te rappellerai, mais, si tu peux revenir, fais-le, je t'en prie! Si tu savais comme ma sécurité me pèse, depuis que je te sens là-bas! Je bénis Dieu, comme toi, d'avoir pu éloigner nos chers enfants, mais quelles angoisses nous restent, au fond du cœur, pour nos amis exposés, pour toute cette brave jeunesse fauchée, pour cette chère France, qu'il me semble que j'aime plus que jamais. Cette mer que nous avons devant les yeux, et le triste pays qui nous entoure ne sont pas faits pour éloigner les pensées tristes de notre esprit. Les enfants nous distraient seuls, tout en nous fatiguant quelquefois, car la mer les rend un peu irritables. Chantal meurt de faim, la nuit et le jour, ce bon air lui fait grand bien, elle est tout à fait guérie, tandis que Franz se ressent encore de temps en temps de son indisposition. Chantal parle souvent de toi; elle prie chaque soir, pour son père, avec des petits mots si gentils : Sainte Vierge, faites que la mer l'apporte ici, disait-elle, hier soir. Ah! oui, moi aussi, je le voudrais : quand la traverserons-nous de nouveau, cette mer qui nous sépare de notre pauvre cher pays? Cette incertitude sur la vérité des nouvelles qui nous arrivent est horrible.

Folkestone, 17 août 1870. — Bien cher ami, je suis désolée; tout ce que tu me dis, tout ce que nous entendons, tout ce que nous ressentons d'angoisses et de tristesse me brise. Mon Dieu, pourquoi ne reviens-tu pas? Oh! que je voudrais vous avoir tous près de moi, ou au moins être près de vous? Je pense à ton père et à toi, sans cesse. Reviens, je t'en prie, nous te le demandons tous. Les enfants vont très bien, j'en remercie Dieu. Franz est plus éprouvé que les petites, par l'air et par la nourriture de l'hôtel. Ils sont tous un peu excités, mais Chantal est toute fraîche. Oh! mon bien-aimé, serons-nous jamais ensemble dans notre chère Muette? Pauvre Muette, que va-t-elle devenir? Adieu mon cher, cher mari, je t'aime plus que je ne puis te l'exprimer, ta bonté, ton dévouement me touchent, à un point que e ne puis dire. Que Dieu te bénisse et te protège! Je t'embrasse, ainsi que ton père, de tout cœur. Vous êtes bons, tous deux, d'avoir pensé à ma fête.

28 Août 1870 (*journal*). — Ah! j'aurais été heureuse d'avoir une sœur, qui fut une amie véritable! Ah! que l'amitié est une chose rare, l'amitié comme je la rêve, pure de toute envie, aimant toujours : dans la foule, dans le monde, dans la solitude, dans le bonheur, dans le succès, dans la douleur, ne souffrant pas une attaque, défendant l'amie, à ses propres dépens, s'il le faut. Puis la joie, le bonheur d'une confiance complète! Mais je n'ai point trouvé cela en ma sœur et, si je l'avais trouvée telle, telle j'aurais été...

Folkestone, 30 août 1870 (*à Mme Morisseau*). — Je vous écris, le cœur bien triste, mon cher mari m'a quittée, ce matin, pour retourner à Paris. Ah! que ne puis-je être près de lui! Si vous saviez comme cela m'est pénible d'être ici, à l'étranger, bien en sécurité, tandis que d'autres n'ont pas quitté notre cher pays...

1er Septembre 1870 (*journal*). — Ce matin, lettre de Charles, qui m'a causé un chagrin affreux; pas un petit mot tendre. Je réagirai, oui, il m'aimera de nouveau. Je le veux, je briserai, j'adoucirai tout ce qui lui déplaît en moi. Il faudra qu'il m'aime. Il verra combien je l'ai adoré, avec le fervent désir de le satisfaire, de le rendre heureux. Oh! s'il m'aimait! Je l'aime plus qu'autrefois, plus que jamais, je sais tout ce qu'il vaut, c'est pour cela que je le veux tout à moi, mon cher, mon unique, mon seul véritable ami. Mon Dieu, je veux lutter, je veux travailler mon âme, mais donnez-moi la force et éclairez son cœur, qui ne me connaît pas. Ah! s'il voyait la sincérité, l'ardeur de mon affection. Dieu le bénisse, Dieu le protège, Dieu me donne la force aussi d'aimer ceux qui ne m'aiment pas. C'est dur, mais j'y arriverai! Je me suis raisonnée, Dieu m'est venu en aide et j'ai jugé plus sainement l'état de mon cœur et du sien. C'est une noble nature, qui a le droit d'être plus exigeante des autres, car elle s'est formée elle-même. De là, un peu de raideur, mais quelle énergie, quelle force de dévouement pour ceux qu'il aime, quelle droiture, quelle dignité, qui ne le fera jamais descendre au mal! Oh! oui, je l'estime et j'en suis fière et je l'aime par-dessus tout... Mais de quoi ai-je le droit de me plaindre? Je suis remplie de défauts. Je n'ai qu'une chose pour moi, c'est que j'aime fidèlement, ardemment. Oh! un peu de retour, un peu de confiance... Oh! comme je pense à lui et quel ardent désir de le revoir! J'espère pouvoir communier, dimanche. J'ai besoin de force et de calme, mais j'ai pris aujourd'hui de bonnes résolutions. Je ferai mon devoir vaillamment, je le veux, je retomberai, mais je me relèverai et je persévérerai. Pourvu que je ne meure pas avant d'avoir rendu mon cher mari heureux, de sorte que mon souvenir lui soit doux. Oh! ce n'est pas de l'égoïsme, n'est-ce pas?

Folkestone, 15 septembre 1870 (*à son mari*). — Quel beau soleil, mon chéri, tu es peut-être en route pour ta promenade de Richmond. Ah! mon Dieu, que ne donnerais-je pas pour me promener bras dessus, bras dessous, avec mon cher ami, dans les prés qui longent le Serain! Y serons-nous jamais? Mais qu'importe, tant que j'aurai l'amour de mon mari, je me plairai partout avec lui! Que la volonté de Dieu se fasse! Mon bien-aimé, pardonne-moi ces deux lignes, que je viens d'effacer; je les ai regrettées aussitôt qu'elles ont été écrites. J'aime mieux te dire à quoi je pensais : *elle* se sent bien et beaucoup aimée, et je pensais que c'était une grande douceur dans la séparation. J'ai craint que tu ne trouves

une sorte de regret de ma part là-dedans, et j'ai effacé
bien vite ces deux lignes. Non, non, mon bien-aimé, j'ai
foi en toi, et je crois que tu m'aimes. Va, si je t'ai offensé
parfois par ma violence, quoique mon cœur soit resté
toujours dévoué et fidèle, j'ai bien payé, depuis le voyage
de Rome, la peine que j'ai pu te causer. J'ai beaucoup
souffert. Maintenant aimons-nous, sans arrière-pensée,
avec confiance, avec toute notre âme. Je te donne la
mienne et je prie Dieu de m'aider à la rendre digne de
ton amour. Quelle drôle de lettre, my Charlie, j'ai l'air
de prêcher, sur un ton d'oraison funèbre et tu vas peut-
être commencer aussi pour moi une petite scie lugubre.
Tout ce que tu voudras, mais rien de triste, car j'ai
encore un grand fond d'espérance et de joie à dépenser.

22 Septembre 1870 *(journal).* — Hier soir, comme
nous finissions de dîner, arriva Charles, que nous n'atten-
dions pas. Il avait l'air préoccupé et souffrant. J'eus
peur, je l'avoue : de quoi, je n'en sais rien. Mon pauvre
cœur reçoit un choc de tout. Le soir, il me pria de rester dans ma chambre, afin de le laisser causer librement avec maman et ma tante. La conversation fut longue. Il revint, content, me rappeler. Le départ était décidé. Maman est partie, ce matin, en avant avec lui, pour
choisir un appartement. Je ne sus rien de ce qu'ils se
dirent. Seulement, le soir, en se couchant, mon cher
mari me dit : j'ai eu une explication avec maman et elle
a été bien bonne. Ceci, chez lui, signifiait beaucoup :
j'éprouvai une joie profonde et sérieuse qui me fit presque pleurer. Il fut tendre bon, aimable. Cher, cher ami,
comme je l'aime et comme je suis heureuse de le sentir
de nouveau à moi. Oh! comme je veux être douce et
bonne! Ce matin, maman est partie avec lui. Elle était
un peu triste, moi, je l'étais aussi. Je crois qu'elle a vu

que j'étais peinée d'avoir été isolée des explications
d'hier, mais je n'ai rien voulu lui demander. Je crois
qu'il y a eu des cordes délicates de touchées. Je crois
que mon mari a reconnu la vérité de bien des choses.
Je crois surtout qu'il a vu que j'étais loyale et fidèle et
que je l'aime de toute mon âme et par-dessus tout, plus
qu'autrefois, plus que jamais. Le reste ne doit plus me
préoccuper. Dieu m'aidera! Cette après-midi, tante Camille m'a emmenée, avec Chantal et Franz, à Hythe,
une vieille petite ville proprette, gaie, pleine d'une
grâce champêtre et honnête : de gentilles maisons, qui
ont l'air *homely*, un joli paysage et, plus loin, la grande
mer qui ennoblit cette campagne. Les enfants, qui ne
sont pas blasés, étaient radieux. Pour moi, je regrettais
mon mari et rêvais de bonnes promenades, à son bras,
pour mes dimanches de Londres... C'est sûr qu'il a été
fâché contre moi : pourquoi? je n'en sais rien; il ne l'aurait pas été sans raison. Quand nous serons vieux, il me
le dira, et alors resplendira, à côté de ces petits nuages,
la sensation de l'avoir tant aimé et de l'avoir reconquis!
Oh! il a des yeux si aimants, quand il veut ! Je suis heureuse, je bénis Dieu.

10 Octobre 1870. — Je ne sais pas calmer l'inextin-
guible soif d'ardent et légitime amour, dont mon cœur
est dévoré! Que Dieu me donne la douceur. Oh! une
parfaite douceur pour le charmer! Il est bon, il est affectueux, pourquoi vouloir de la passion? Je suis une mère
de famille respectable: quatre enfants, allons donc! Le
calme doit envelopper mon âme et la maîtriser. Mais
j'ai vingt-six ans et je l'aime et je sais qu'il peut si bien
aimer! Que la volonté de Dieu soit faite! Il m'estime, il
a confiance en moi, j'en bénis Dieu. Cela vaut mieux
que de la passion, car cela dure et survit à la jeunesse,

si la vieillesse arrive jamais pour moi. Oh! je veux aller me perfectionnant, pour devenir sa parfaite amie, sa plus chère, sa compagne... Oh! mon cher mari, j'aime son âme, j'aime son honneur, j'aime sa conscience! Je lui rêve une gloire pure, non d'honneurs, non de situation, mais une gloire morale, la gloire d'un cœur noble et pur, une gloire comme celle de Montalembert. Cher, cher ami, comme il a été franc, comme il a été confiant. Oh! non, il n'y a pas d'ombres dans ce cœur-là!... Mon bien-aimé est rentré, maman l'attendait; il lui a lu sa lettre, qui est si belle, si noble. Que Dieu bénisse mon mari, pour son cœur loyal! Oh! comme je l'aime! Il m'a donné un baiser, qui m'a consolée de tout et m'a mortifiée. — Bonne et triste lettre de mon cher beau-père. Il me dit que la conscience de Charles peut être tranquille et qu'il sera le premier à l'appeler, dès que sa présence sera nécessaire. Quelle consolation et quel mélange de douceur et de tristesse cette assurance m'a donné!

Londres, 15 octobre 1870 *(à son beau-père).* — Mon bien cher père, je vous remercie tendrement de votre lettre. J'ai été bien soulagée, par tout ce que vous me dites sur Charles. Lui et moi, nous comptons sur vous. Il me charge encore de vous le dire, en vous demandant de le prévenir, dans le cas où, les élections étant fixées, il pourrait encore se présenter. Encore une fois, mon bon père, ne craignez rien pour moi; j'aime mieux souffrir de son absence, que souffrir de la pensée que j'ai pu l'empêcher de faire son devoir. Et il considère que ce serait son devoir de se présenter s'il en a le temps et le pouvoir.

20 Octobre 1870 *(journal).* — Mon Dieu! que de tristesses et d'angoisses partout! Et moi, je suis privilégiée, je n'ai pas le droit de me plaindre, mais, mon Dieu, ce que je donnerais parfois pour avoir faim et soif, comme les autres, dans notre pays bien-aimé!... Oh! le mal du pays m'envahit, par moments, terriblement! Pauvre France malheureuse, il me semble qu'on l'aime encore mieux qu'au temps où elle était si heureuse et si confiante, hélas! en elle-même!

28 Octobre 1870. — Je pensais que je méritais une bonne petite soirée, mais je crains de ne pas l'avoir... Je suis bien ennuyeuse, je le crains, bien pot-au-feu, la chaîne, le lien indissoluble, le boulet qui a remplacé la chère liberté qui devait tant plaire à cet esprit actif! Non, ce n'est pas un reproche, pas une plainte. Il est bon et charmant pour moi. Nous avons communié ensemble, hier matin. Oh! comme je me sentis près de lui! Toujours, toujours, mon Dieu, jusque par de là la vie, je veux l'aimer avec Vous!

12 Novembre 1870. — Aujourd'hui six ans que je suis mariée! J'ai communié, ce matin, le cœur plein de reconnaissance pour Dieu, lui demandant de m'unir, pour la vie éternelle, à ce mari, que j'aime mille fois plus encore qu'au premier jour... Ce soir, scène terrible de Chantal : cris de rage, convulsion presque, j'étais terrifiée. Maman, qui ne m'aide pas du tout, prétend que je l'excite. C'est un caractère d'un orgueil, d'une indépendance et d'une volonté contre lesquels on se brise. Mon Dieu, que faire? Les autres ragent, mais c'est vite fini. Elle est d'une grande beauté, en ce moment. Son père en est fou, elle peut être si gentille parfois. Mon Dieu, mon Dieu, montrez-moi la voie à suivre, que je sache guider cette jeune âme que vous m'avez confiée... Ah! Dieu, que j'ai parfois le cœur lourd! Mais, je le répète, Charles est parfait pour moi, il est tendre, il est bon, il cause beaucoup avec moi. Je travaille ma pauvre âme révoltée et saignante, la prière m'aide et ce calme divin de Farm Street agit, comme un baume, sur ce qui crie et saigne en moi. Dieu est bon. Qu'il soit béni!...

13 Décembre 1870. — Je sens que je suis faible et ingrate. J'éprouve le besoin de remercier Dieu. Je méconnais sa bonté Tout ce qui m'arrive de sa main est béni! Je suis folle de tout analyser et de tout scruter. Je marcherai droit, Dieu m'aidera Mon mari m'aime, oui, je le crois. Pourquoi douter? Il doit m'aimer, car il sait mon cœur pur et fidèle; il fait son devoir et le fera, j'en ai la ferme conviction. Je ne dois rien troubler, son cœur n'a rien perdu de sa foi. Oh! j'ai confiance. J'ai voulu faire cet acte de foi, avant de me coucher. Je ne veux pas laisser ici le seul souvenir de mes heures troublées, j'y veux retrouver aussi mes moments d'espoir et de confiance en Dieu et en mon mari.

Londres, 27 décembre 1870 *(à son beau-père)*. — Je ne puis vous dire combien cela m'est pénible de finir cette année sans vous embrasser et sans vous amener vos petits enfants. Je prie Dieu, de toute mon âme, de nous réunir, dans des jours meilleurs et de veiller sur vous, au milieu des émotions et des fatigues de votre vie! Je crois que je n'ai jamais prié comme je prie maintenant, pour tous les chers enfants et pour cette patrie bien-aimée. Je n'ai jamais senti, comme à présent, la force de tous ces liens, qui attachent le cœur au foyer, au pays, aux souffrances comme aux joies de ce pays si cher. Oh! que je voudrais y être!

26 Janvier 1871 *(journal)*. — Samedi, je suis allée à l'exposition de Pall-Mall. Je ne parle pas des tableaux flamands, car les plus grands génies dans ce genre-là ne me disent rien. C'est du talent gâché! Qu'est-ce que me font un vieux bonhomme, avec sa pipe, sa grosse femme dénudée et le verre de bière qui les unit? Je ne comprends pas l'art sans la pensée, la vie sans l'âme et la recherche d'une beauté quelconque et non de la réalité mesquine et bourgeoise. Oh! que j'aurais aimé peindre!...

14 Mars 1871 *(à Mme Morisseau).* — Je vous envoie ce portrait de Chantal, fait à la fin du mois dernier et que je n'ai reçu qu'il y a quelques jours. Charles le trouve atroce, mais je ne suis pas du même avis; c'est ressemblant, quoique bien peu flatté. Mais c'est gentil, c'est sa petite expression sérieuse et rêveuse et son air moyen-âge. Seulement ses traits sont plus nets et plus fins. Les autres sont assez gentils et vont bien. Seulement votre filleul est dans une terrible veine de révolte, de colère et de gaminerie. Je crois que la nature a voulu compenser, en lui, la dose un peu forte du sexe féminin, qui m'a été départie! Oh! que je voudrais vous montrer tous ces diables et ces anges!

Londres, 3 Mars 1871 *(à Mme Morisseau).* — Je suis fâchée de vous savoir si triste et abattue. Hélas! je le comprends, mais j'aimerais pouvoir vous remonter un peu. Je voudrais vous avoir près de nous et vous amener quelquefois mon joli petit troupeau d'enfants, pour vous égayer. Ils sont si bien portants, si gais, si gentils que cela vous ferait plaisir de les voir. J'avoue que Chantal me donne assez de mal; vous ne pouvez pas vous imaginer la distraction de cette petite tête, quand il s'agit d'apprendre. Pour le caractère, elle a gagné. Elle est fort jolie, en ce moment, mais je crois que cela ne restera pas. Notre garçon est toujours le même, bon gros enfant, rieur et rageur. Cécile se fortifie et fait quelques progrès, mais elle est bien en retard, la pauvre chérie. Quant à Marguerite, elle est plus robuste, plus grande, plus vive qu'aucun des trois autres ne l'a été. Elle n'est pas bien jolie, mais elle a de gentils yeux bleus, et une physionomie vive, très Franqueville. Leur père va bien, mais est fort triste de ne pas être à Versailles, d'où les lettres nous arrivent tardivement et bien tristes. Toute cette jeune verdure que je vois pousser, chaque jour, me donne des envies folles de voir la Garenne et les Agotins. Enfin, comme me l'écrivait ma pauvre cousine, l'autre jour, les sacrifices de goûts, de projets, de désirs, ne comptent plus, par le temps qui court. Pauvre Marie, elle en a un cruel à faire, en restant allemande! Ils se sont décidés à rester en Alsace, car leur industrie et leurs énormes propriétés ne pouvaient vraiment être abandonnées. C'était la ruine pour les enfants, et un éternel mal de pays pour Henri, qui ne peut vivre loin de ses montagnes. Nous les avons approuvés; il faut garder la terre, garder les droits, y conserver des cœurs français, une race française, pour l'avenir.

Trieste, 2 mai 1871 *(à ses parents).* — Pour notre dernier jour à Vienne, nous avons flâné, visité les Capucins et le tombeau de l'archiduchesse Christine. Ces tombeaux des Capucins sont tout ce qu'il y a de plus étrange. On ne comprend pas une pareille indifférence. Toute la grandeur de la maison d'Autriche est enfouie dans ces caveaux, au beau milieu de la ville, avec des lucarnes, par lesquelles on voit les passants et où l'on peut jeter tous les bouts de cigares. Le tombeau de Maximilien, couvert de fleurs et de deux couronnes d'épines et de roseaux, m'a vivement impressionnée. Le soir, nous avons été dîner chez Khalil-Bey. L'ambassade est très belle, d'un luxe inouï, l'ambassadeur est très spirituel et très parisien pour un Turc. Il n'y avait là que trois petits secrétaires très comme il faut et très gentils.

Après dîner, il nous fit venir sa petite fille, poussée je ne sais où; une belle grosse fille de trois ans, en robe rose, très drôle et qui doit avoir une origine parisienne, pour ne pas dire plus. J'avais été forcée de refuser une très aimable invitation de la princesse Clémentine, qui voulait venir me chercher, dans sa calèche, pour me promener au Prater et me conduire ensuite à l'Opéra. On ne peut rien imaginer de plus aimable et de meilleur que cette princesse et son mari. Elle a un bonheur touchant à voir des Français.

Venise, 31 mai 1871 *(à sa mère)*. — Je t'ai quittée, partant pour Miramar. Je ne puis te dire combien cela m'a plu. Le château est fort beau, baigné par la mer, et le jardin en terrasse est idéal. Cette profusion de roses, de chèvrefeuilles et d'une plante dont je ne retrouve pas le nom et dont le parfum ressemble à celui du citronnier, est tout ce qu'on peut rêver de plus ravissant. Et partout la mer bleue, admirable, étincelante. Ah! comment ont-ils pu quitter cela pour un empire?... Le soir, nous avons été à Nabresina, d'où nous devions partir pour les fameuses grottes d'Adelsberg éclairées à giorno, pour le lundi de la Pentecôte. Ces grottes sont la chose la plus merveilleuse, la plus étrange, la plus infernale qu'on puisse voir. On ne peut pas s'imaginer une pareille immensité, et quelle grandeur dans les lignes de cette architecture diabolique. Nous avons fait là-dedans une lieue et demie, allant de merveilles en merveilles, le tout nous laissant bien quelques petits frissons d'horreur. Détail caractéristique qu'il ne faut pas que j'oublie : il y a une salle de danse, où l'on a valsé avec rage, pendant deux heures et demie, dans un endroit digne de Proserpine et de Pluton.

Bourbilly, 22 juin 1871. -- Chère maman, je suis

heureuse de te dire que les enfants vont très bien. Franz a accompli tous ses *devoirs* et Chantal a mangé, ce matin, une grande assiette de soupe. Maggie est diable et fait mentir un peu la nourrice, dans le récit de ses perfections. Cécile est bien gentille et ne fait pas parler d'elle, comme une brave petite fille. Le temps semble plus beau; hier, c'était affreux. Ils ont cependant couru sur la terrasse, pendant une éclaircie, puis ils ont fait retentir les corridors sonores, de cris de joies, de sauts, de courses, le tout faisant un vacarme épouvantable, qui aurait fait sauver bon papa jusqu'au Grillon. Ah! qu'il fait bon ici, malgré la pluie et le ciel gris; ce repos vous fait oublier toutes les ruines et toutes les tristesses entrevues, la semaine dernière.

Bourbilly, 5 juin 1871 *(à son Beau-Père).* — L'été est un beau temps pour moi, mon petit père chéri, je jouis plus de vous qu'en hiver; vous êtes un correspondant aimable et fidèle et je puis me donner plus souvent la joie de causer avec vous. Ceci n'est pas un reproche, c'est simplement un regret que je sens profondément et amèrement, mais j'espère que, avec le temps, tout cela changera et que vous apprendrez à m'aimer un peu. Charles va très bien, il est dans son élément, il va et vient d'un homme à l'autre et fait marcher, tambour battant, tout notre bouquet d'entrepreneurs. Nos chers petits se portent à merveille, Cécile est déjà hâlée, elle a l'air d'une vraie petite gipsy. Chantal raisonne, bavarde, discute et fait de l'ordre, tout le long du jour : c'est son père tout craché. Quant à mon gros Franz, il engraisse encore; il éclatera un beau matin, mais c'est une bonne pâte au fond, un peu rageuse, mais ardente et tout ce que je crains pour mon fils, c'est l'apathie. Le temps, la vie et le frottement des hommes se chargent

bien assez de rogner les aspérités : Dieu merci, il y aura
de quoi rogner. Notre temps est charmant et notre joli
pays plus joli que jamais. Cher père, j'ai retrouvé, bien
vivant, le souvenir des heures très douces que vous
nous avez données, l'été passé. Oh! mon père, vous
nous en rendrez de pareilles. Nous en serons si heureux,
si heureux, je vous assure. Charles est plongé, en ce moment, dans ses journaux ; sans eux, nous oublierions bien
facilement et Paris et ses agitations, et sa vilaine politique. Je commence à regretter un peu moins que Charles ne se soit pas présenté. Les caractères comme le sien
ont besoin de luttes plus ouvertes et plus loyales.

4 Août 1871 *(à sa mère)*. — La petite bande
va toujours très bien, mais est aujourd'hui d'une sagesse douteuse ; c'est la longue journée de pluie d'hier
qui en est la cause. Marguerite est la plus sage ; elle est
bien gentille pour moi et trotte toujours sur mes talons,
en appelant *mère* si gentiment et en embrassant mes
mains et ma robe. Quand Charles est là, elle n'appelle et
ne regarde que lui. Les deux grands se chamaillent et Cécile se fâche de ce qu'on lui prend ses joujoux. Je pense
qu'avec le soleil qui paraît, la sagesse des jours passés
va revenir.

7 Août 1871 *(à Mme Erard)*. — Maggie n'embellit pas, mais c'est un petit amour de gentillesse. Tout à
l'heure, elle entendait passer son père, elle a été l'appeler et embrasser la porte qui les séparait. Elle est très
intelligente vraiment et comprend tout en anglais et
en français. Quand les autres disent leurs prières, au
signe de la croix, elle se gratte le front, en disant : *Jésus,
Amen*, et elle baise sa médaille.

11 Août 1871 *(à sa mère)*. — Bien chère maman,
ta lettre était triste ce matin ; cela m'a causé tant de

chagrin. Oh! que je voudrais vous avoir ici! Je suis sûre
que ce calme, cet air pur, feraient du bien à mon cher,
cher papa et à vous tous. Pauvre Mme Spontini, ce que
tu nous en dis me navre! Mon Dieu, je me réjouissais de
la bonne vie de famille que nous allions mener et voici
que ce beau rêve se gâte. J'en ai bien pleuré de chagrin,
ce matin. Chantal va mieux, elle a fort bonne mine et
est très gaie, comme ses frères et sœurs : ces trois-là
mangent et engraissent, d'une façon effrayante. Chantal
a le même appétit, mais il n'a pas de résultats pareils.
Son petit visage est potelé, mais elle garde sa longue
petite personne maigrichonne. La statue a été posée,
hier et elle est fort jolie, cette vierge, avec son air antique un peu raide et naïf. La chapelle devient ravissante... Je t'écris de la bibliothèque, où je me tiens toujours maintenant, depuis l'heure de la soupe des enfants
jusqu'au soir. Elle est bien agréable à habiter : c'est une
pièce indispensable à la campagne. Oh! qu'il fait bon et
calme ici et que cela vous fera du bien; j'y suis bien
solitairement, mais bien paisiblement. Mon cher mari
est très gentil pour moi. Oh! que n'y suis-je restée, tout
ce cruel hiver!

14 Septembre 1871 (*à son beau-père*). — Charles,
depuis mardi, suit notre illustre hôte, d'étape en étape,
et même aujourd'hui il doit rejoindre le Prince, aux
Laumes et l'accompagner à Dijon. Tout s'est fort bien
passé, mardi, malgré une journée et une nuit d'angoisses, car les provisions que maman m'avait fait venir de
Paris, n'arrivaient pas et j'allais me trouver seule, avec
deux dindons truffés et un plat d'écrevisses, en face
du duc d'Aumale et de nos vingt convives. C'était
horrible, n'est-ce pas? J'ai ressenti, pendant cette terrible nuit, toutes les angoisses de Vatel; enfin Bizot me

rapporta ma bourriche, au milieu de la nuit .Je l'ai presque embrassé, le brave garçon.... Je pus me mettre à table, l'esprit en repos. Le temps était charmant, et Bourbilly tout radieux, sous ce clair soleil ; la cloche sonnait à toute volée, le drapeau tricolore était hissé sur le pigeonnier, tandis que les voitures descendaient la route du moulin .Je vous assure que c'était un joli spectacle. Le grand vestibule cachait ses murs à moitié peints, sous le houx et la bruyère et le peintre avait fait, pour les panneaux, des écussons aux armes d'Orléans et aux initiales du prince.

22 Octobre 1871 *(à sa mère)*. — Chantal travaille, avec toute tes belles laines. Cécile grossit énormément : elle est assez gentille, sauf qu'elle taquine Marguerite, toute la journée ; celle-ci continue à faire des progrès comme intelligence et force, mais non en beauté. Seulement, elle fait des petites mines expressives et farceuses, qui sont gentilles et embellissent son petit visage. Le gros est assez diable, sauf quand il sert la messe : il est alors exemplaire.

14 Novembre 1871 *(à Mme Erard)*. — Je t'écris avec Maggie, qui bavarde et qui trotte autour de moi. Je l'ai prise pour débarrasser un peu la chambre d'enfants. Elle est drôle et si amusante que son père est forcé de le reconnaître, mais pas jolie, par exemple, sauf ses gentils yeux bleus. Cécile embellit beaucoup. Chantal, à cause de ses dents, a pris des tics ridicules, qui me désolent. François grandit sans maigrir. Le moral est assez bon, sans excès ! Les jeunes Ségur sont bien gentils pour eux. Marie-Thérèse est une charmante fille, étonnante pour ses douze ans, tout en étant très enfant. Hier, elle nous chantait des cantiques de Gounod, avec sa voix si pure et si jeune et avec une expression que de plus vieux n'auraient pas. Elle et Henri sont bien doués pour la musique. Pierre est moins enfant, plus jeune homme et très gentil aussi. Il fait des vers charmants et est amusant avec son enthousiasme libéral, que son séjour chez les Cochin n'a fait qu'enflammer. C'est trop drôle d'entendre les enfants parler de Veuillot, qu'ils ne peuvent pas souffrir, quoique les parents l'aiment tant.

4 Juin 1872. *(à son mari)*. — Voici ma première journée de retraite passée, et je viens te donner mes impressions. Que je te remercie d'abord de cette grande consolation que tu m'as donnée, en me demandant de te confier mes pensées et mes impressions. Ce soir, je suis calmée et pleine d'espoir, mais j'ai eu de rudes et terribles moments. Je ne puis te dire quelle terrible aridité, j'ai trouvée dans les méditations, quelle sécheresse dans mon âme, même devant l'autel, quelle désolation profonde dans ma solitude, mais, au salut, tout cela s'est calmé. Oui, je suis pleine d'espoir et je sens que je suis de bonne volonté. Prie pour moi, afin que la peur et le découragement ne me reprennent pas. Je voudrais bien te prouver que je sens toute ma misère. Je t'en écrirais bien long, si je me laissais aller, mais j'ai si peur d'être mal comprise! Si seulement tu pouvais lire dans mon cœur!

6 Juin 1872. — Je sens, par moments, des forces, une volonté de bien faire, que je ne me connaissais pas, mais par d'autres aussi, j'ai de terribles luttes. Tout à l'heure, par exemple, à la chapelle, en méditant, ma tête et mon cœur étaient comme vides et j'en pleurais presque, mais je ne trouvais rien, absolument rien à dire à mon Dieu. Alors je désespère presque et je me dis : comment pourrai-je me vaincre, si je ne puis pas même prier? J'ai fait un effort et l'amour de Dieu m'est revenu, mais tout cela est douloureux et me fait peur. Je voudrais te faire

lire dans mon cœur. Tu reprendrais confiance et tu
m'aimerais un peu, en voyant combien je t'aime...

Bourbilly, 24 juin 1872 *(à ses parents)*. — Les enfants vont très bien. Nous avons été nous installer, hier,
avec les quatre aînés, au bois Thomas ; Charles condui-
sait Maggie, dans sa petite voiture. Nous étions tous heureux et contents d'avoir père avec nous et lui l'était aussi.
Il faisait si bon, sous ces sapins ! Les enfants se roulaient
sur l'herbe fraîche, avec délices, après la chaleur de la
route. Le temps est un peu rafraîchi, ce matin, par un
violent orage, que nous avons eu, cette nuit. Pour clôre
les nouvelles des enfants, je t'annonce que Madeleine a
percé sa première dent. Elle était un peu brûlante et
agitée, depuis deux jours, mais, du reste, elle n'a pas été
indisposée. Elle est assez mauvaise, mais comme tous
les autres l'ont été un peu, chacun à leur tour, ces jours-
ci, je crois que c'est plutôt un esprit de famille.

28 Juin 1872 *(à son Beau-père)*. — Charles vous
avait annoncé une lettre de Chantal, mais cette petite
personne est souvent difficile à saisir et ses lettres sont
tellement laborieuses que je prévois que, ce matin, je
n'aurai pas le temps de la trouver et de la laisser écrire.
Elle est, en ce moment, dans une veine d'indépendance,
qui nous donne un peu de mal. Il me semble que cela
vous rappellerait quelques souvenirs d'autrefos, si vous
assistiez à ces luttes. J'espère que cette ténacité, qui
n'est encore que de l'entêtement, deviendra de la volonté,
comme chez le père. Tout ce petit monde va bien. Tout
ça est diable et turbulent ! Ils ont, au moins, deux ou
trois anges gardiens chacun, pour ne s'être pas encore
cassé bras et jambes, depuis qu'ils sont ici. Cécile, à elle
seule, a déjà fait cinq ou six chutes effroyables. Je
me blase sur les émotions. A part cela, quelle paix, quel

calme délicieux. Cher père, j'espère que vous vous lais-
serez tenter, j'espère surtout que la politique vous en
laissera le temps.

30 Juin 1872 (*à Mme Erard.*) — Je suis tourmentée
de mes chers voisins de Guitaut. Ils sont très inquiets
de leur fille, Mme de Larochetulon. Hier, nous avons
passé la soirée avec eux. Mme Athanase n'était pas descendue, commençant à souffrir. Malgré cela, elle m'a priée
de monter chez elle, après le dîner. Je ne puis assez te
dire combien elles sont toutes bonnes et charmantes pour
moi. Nous avons quitté, à dix heures et, cette nuit, est
née une petite fille. La soirée était douce, délicieuse, nous
nous sommes longuement promenés sur les terrasses, qui
donnent sur la vallée toute fleurie de lys et de roses. A
neuf heures, nous sommes rentrés au salon, j'avais mon
ouvrage et nous avons gentiment travaillé sous les yeux
de la gentille Mme de Chamillard et du commandant de
Guitaut. M. de Guitaut, qui est très spirituel, nous a
beaucoup amusés! Athanase s'est animé et la douce An-
toinette était bonne et gentille comme un ange. Je te parle longuement d'eux, c'est qu'ils sont si bons. Mme de Guitaut me disait, hier : Je voudrais que votre mère soit tranquille, en pensant que je suis près de vous. C'est bon, n'est-
ce pas ?... Madelon a sa seconde dent, mais elle est mauvaise, cette enfant! quand elle ferme ses petits poings et
que son nez se retrousse, c'est un démon. Elle change
de figure, en souriant : c'est un drôle de petit visage
assez original et gracieux. Les autres ont repris leur air
paysan de l'année passée. Cécile a un front orné des
plus belles couleurs : il y a du bleu, du vert, du jaune,
c'est charmant. Elle devient maigre, tout en mangeant
plus que les autres et est gaie comme un pinson, toujours sur un pied et les bras en l'air. Maggie embellit,

elle a un teint superbe et sa grosse face s'arrange. Frank est toujours le même, si ce n'est peut-être qu'il est un peu plus susceptible qu'à Passy. Un sourire le met en larmes. Chantal a sa tête, oh! mais, quelle tête; quand elle ne l'a pas, il faut avouer qu'elle est bien gentille.

Bourbilly, 11 juillet 1872 (*à sa mère*).— Nous allons tous bien, les chers petits enfants surtout. Chantal a une mine charmante. J'ai été avec eux, hier, à Villars, sur un communal sauvage d'où l'on a une vue ravissante dominant tous ces vallons boisés, où se promène le Serain, avec mille détours. Charles est d'avis de faire promener les enfants souvent et cela nous arrange tous. Pour moi, cela m'amuse beaucoup de mener tout mon troupeau. Chantal et Cécile grimpaient comme des chèvres, Franz suit, plus résigné; quant à la grosse Maggie. elle n'est heureuse qu'en voiture, où elle se prélasse avec bonheur. Nous laissons Madeleine à Bourbilly, avec sa nourrice, le plus souvent; ce sont deux personnes fort indépendantes, pas du tout commodes à saisir.

12 Juillet 1872 (*à son mari*) — Nous avons bien besoin de toi. Tout se relâche, il me semble, quand tu n'y es pas. Chantal surtout aurait besoin de toi : je n'en suis plus maîtresse. Je l'ai baignée hier, dans la rivière, pour rafraîchir ses idées. L'eau était délicieuse. Nous allons nous y mettre, tous les cinq, ce soir : baignade générale, comme disaient les enfants. Je passe assez bien mon temps de solitude. Je me plonge dans mes livres, dans mes ourlets, je m'occupe le plus que je puis, et le temps passe. Je me figure être au couvent : un ordre bien doux, mais silencieux, et je m'y plais, toute femme que je suis... Le temps est toujours beau, un peu chaud, mais tout est si joli autour de nous que nous ne nous plaignons pas. Il n'y a que Chantal qui meurt, qui étouffe, qui n'en peut plus de chaleur... quand il faut faire ce qu'elle ne veut pas. Oh! la drôle de petite fille, mais quel mal elle donne! Elle va être joliment fâchée, tout à l'heure, de ne pas trouver de lettre pour elle.

24 Juillet 1872 (*à sa mère*). — Je n'ai jamais tant pensé à toi; les enfants sont d'une désobéissance et d'un entêtement impossibles. Cela excite mes remords, car je songe à ce que j'étais, au mal que je t'ai donné et je pense à ta bonté, avec plus de tendresse que de coutume. Hier, nous avons eu ici, un orage, qui s'annonçait épouvantable. Le ciel était noir, le vent violent, j'étais en train de faire fermer toutes les fenêtres, lorsqu'un vieux du village est accouru, député par tous les moissonneurs, pour me prier de faire sonner la cloche, comme autrefois, pour faire passer la nuée sans grêle. Je n'ai pas pu refuser, d'autant plus qu'il me parlait avec une foi naïve, qui me touchait. Nous nous sommes mis en prière et lui à carillonner. La grêle s'est changée en pluie et le vieux est parti, enchanté. Cela ne manque jamais, Madame, m'a-t-il dit, nos grands-pères l'ont toujours fait. Chantal lit bien maintenant et cela l'amuse beaucoup plus que d'écrire, sa passion pour écrire diminuant régulièrement aux secondes pages. Tout ce petit monde anime la maison. Les petites sont gentilles, Marguerite devient très amusante.

2 Septembre 1872. — Les enfants vont bien, ils sont superbes de santé, en ce moment. Ils font des courses énormes sans fatigue, vont dans tous les villages voisins, goûter chez les paysans, avec du lait, du pain et du beurre, et sont fêtés partout. Partout, ils sont si bien reçus et on est si content de les voir! Marguerite

plaît surtout, parce qu'elle est la plus aimable et qu'elle
questionne toujours.

12 Septembre 1872. — La maison est dans le coup
de feu. L'honneur est grand et la peine bien un peu aussi, mais à l'honneur et à la peine se joint un vrai plaisir. Tous ces jeunes princes sont simples, bons, charmants,
s'intéressant à tous et à toutes choses... Le Comte et la
Comtesse de Paris nous ont quittés, pour aller dîner à
Souhey ; Mme de Bresson a emmené mon mari, ne sachant pas trop quelle serait l'attitude de la radicaille,
qui fleurit dans notre belle petite ville de Semur. Heureusement, tout s'est bien passé. Charles nous a conté
cela, en rentrant, hier au soir ; il nous a annoncé sa nomination de maître des requêtes. Je serai contente si
mon mari l'est, ce dont je ne suis pas persuadée. Cependant le Prince lui a conseillé d'accepter.

16 Septembre 1872 (*à sa mère*). — Je suis heureuse, pour toi, que tante Camille soit retournée près de
vous et ceci est un sentiment excessivement désintéressé
qu'il faut que vous admiriez. Oh ! que je voudrais donc
pouvoir vous transporter tous ici. Je m'attache, chaque
jour davantage, à mon cher Bourbilly, il ne m'y manque
que la grande table de La Muette bien entourée. Chantal
n'a rien perdu, ni de sa diablerie, ni de sa volonté ; elle a
été aussi taquine et tracassante qu'à l'ordinaire. Oh !
quelle terrible petite tête, seulement je crois que, si on
dirige bien cette volonté-là, nous en ferons quelque
chose. Marguerite éclate de santé, elle amuse tout le
monde, cette drôle de petite fille.

25 Septembre 1872 (*à Mme Morisseau*). — Charles
a été très médiocrement satisfait de sa nomination au
Conseil d'Etat, qu'il ne souhaitait guère, et moi encore
moins. Enfin c'est fait, on l'en félicite de toute part,

sauf quelques amis véritables. qui auraient préféré le voir se faire une position ici. Mon beau-père est très heureux de cette nomination, qu'il désirait beaucoup. Depuis que je vous ai écrit, nous avons eu une visite auguste : le Comte et la Comtesse de Paris, sont venus à Bourbilly.

Bourbilly, 6 octobre 1872 (*à sa mère*). — Moi aussi, je serai heureuse quand je me retrouverai au milieu de vous, malgré la peine que j'aurai à quitter notre chère solitude. Tu trouveras dans le même état prospère, toute cette petite bande d'enfants, dont tu attends le retour. Ils vont parfaitement, tous les cinq sont noirs de hâle, éclatants de santé, gais et fous comme des petits diables.. J'ai été hier, à Semur, avec Charles, faire quelques courses et ce pauvre garçon a été pris par l'affaire des Frères, qui allait tout de travers et qui lui a coûté je ne sais combien de visites, de courses, d'adresse et de diplomatie Enfin, c'est à peu près arrangé et je crois que les Frères devront un fameux cierge à mon mari.

27 Octobre 1872. — J'ai été enchantée de mon voyage à Chastellux, fait avec notre aimable voisin de Guitaut. La jeune Mme de Chastellux est une jolie personne. gracieuse et spirituelle, et ne paraît pas du tout malheureuse de son sort. Il est vrai que son mari est excessivement intelligent et instruit. Elle a un beau rôle à jouer, près de ce jeune homme et de cette pauvre mère si éprouvée. Quel beau pays, chère maman, que cette partie du Morvan! Mme de Chastellux a, des fenêtres de sa chambre, une ravissante vue de montagne, avec le bruit charmant de la Cure, qui coule, claire et rapide, au pied de la route qui monte en rampes au château. Quant au château, il est superbe. avec ses tours crénelées, campé si fièrement sur les rochers et il a une belle teinte grise, que j'ai enviée pour Bourbilly.

26 Octobre 1872 *(à Mme Erard).* — Que j'aurais voulu vous avoir avec moi, à Chastellux. On est transporté en pleine féodalité, lorsqu'on descend du village et qu'on a, en face de soi, à pic sur les rochers au bas desquels coule la Cure, ces hautes murailles grises crénelées et cette masse imposante se détachant sur le vert sombre des sapins et les feuillages jaunis. Nous avons été reçus le plus aimablement du monde, par Mme de Chastellux, entourée de ses trois grands fils, de sa pauvre fille et de sa belle-fille... La grand'mère est touchante, avec ses petits enfants. Pauvre femme, on voit à ses cheveux blancs et à son visage maigre et creux qu'elle a bien pleuré et souffert. L'intérieur est curieux. Tout n'est pas complet, mais c'est intéressant. Il y a une foule de corridors, d'escaliers en colimaçon, de coins et recoins. Le parc en pente, paraît très beau. De l'autre côté de la route, il y a de grandes allées à la française, qui ont de la grandeur et de la majesté ! En somme, j'ai été enchantée de ma journée.

1er Novembre 1872 *(à M. Hardouin).* — Je m'occupe beaucoup de mes enfants, j'assiste à leurs leçons et tout va beaucoup mieux, depuis. J'aurais dû faire cela depuis longtemps, seulement cela me prend tout mon temps. Je m'aperçois que j'ai l'air de me vanter, ce qui n'est pas dans mes habitudes : c'est plutôt une confession que j'aurais dû faire, en gémissant sur tout le temps que j'ai déjà perdu dans ma vie.

VII

PREMIERS CHAGRINS

(1873-1875)

Une grande douleur vint affliger Marie, au commencement de l'année 1873. Son excellent père, dont la santé était, depuis deux ans, gravement altérée, mourut subitement, le 27 janvier. Notre hiver fut naturellement très triste. Au mois d'avril, nous allâmes passer quelques jours sur les côtes de la Méditerranée, entre Marseille et Gênes. En juin, Marie conduisit Chantal aux eaux d'Uriage et, comme les années précédentes, nous passâmes l'été à Bourbilly.

Dès cette époque, la santé de Marie commençait à s'altérer, mais il était très difficile, sinon impossible, d'obtenir qu'elle se soignât sérieusement et tous ceux qui l'aimaient se préoccupaient de la voir aussi insouciante sur ces questions essentielles. (1)

Pendant l'hiver de 1874, Cécile eut la fièvre typhoïde,

---

(1) Je trouve, dans les lettres que Mme Muller adressait alors à Mme Schaeffer, les passages suivants :

Mullerhof, 8 août 1873 — Je te parlerai d'un sujet qui nous tient au cœur, toutes deux, de ma chère Marie. Je trouve qu'elle ne sait pas se soigner, qu'elle est trop insouciante, au point de vue de sa santé, et que tu devrais ne pas lui permettre de se négliger ainsi. J'ai assisté à plusieurs visites de son médecin et il lui a dit, plusieurs fois, que, si elle n'avait recours à un re-

mais la maladie fut, en réalité, bénigne et ne nous causa pas de vives inquiétudes. Pour consolider la guérison, le médecin conseilla une saison d'Uriage et j'y conduisis Marie, dès le milieu de juin. Le séjour habituel à Bourbilly fut coupé, pour Marie, par une cure, qu'elle dut faire, à la fin d'août, aux eaux de Salins.

L'année suivante fut marquée par la mort de notre excellent ami M. Possoz, qui s'éteignit doucement, le 5 mai. A la fin de juin, Marie dut aller s'installer au Rigi Kaltbad, pour y faire une cure d'air : c'était la première fois que nous allions sur cette montagne, où souvent, depuis lors, nous avons dû retourner. L'été se passa, comme d'habitude, à Bourbilly.

Uriage, 9 juillet 1873. — J'ai bien pensé à toi, chère mère, car j'ai vu deux choses qui t'auraient fait plaisir. Je me suis fait conduire à Grenoble, au musée. J'y ai vu un très beau Rubens, puis un admirable portrait d'Hébert par lui-même : c'est sa belle tête pensive et douce, avec quelques nuances grises en plus, dans la barbe. De là, j'ai atteint la petite église de la Tronche, où, dans un coin, resplendit la belle Madone que tout le monde

---

mède énergique, elle aurait une maladie, dont elle aurait toutes les peines imaginables à se débarrasser. Je t'assure que je l'ai grondée, à plusieurs reprises, de ces négligences, comme aussi de la manière dont elle traite son rhume... Henry m'a engagée à t'en parler, car nous n'avons été contents, ni l'un ni l'autre, de notre sœur bien aimée. Je crois qu'il faut absolument pousser Marie à se soigner plus énergiquement.

Mullerhof, 20 août 1873. — Je pense que Marie est de retour à Bourbilly. Je la supplie de soigner sa santé et d'être moins insouciante ; avec quelques petits soins donnés à temps, on remédie à tant de misères, mais il ne faut pas les laisser s'enraciner

va voir. C'est idéalement beau, chère maman; il n'a
rien fait de pareil. La Vierge et l'enfant ont deux nim-
bes d'or, qui encadrent, d'une façon splendide, leur
tête si idéale. La Mère, tête jeune, fière et calme, type
mélangé d'italien et de juif, un peu triste mais sans angoisse, l'enfant tout différent, blond, délicat, avec de
grands yeux bleus, qui regardent au fond de l'âme.
Oh! c'est bien beau et j'ai prié, dans cette simple église,
avec une ferveur rare, pour cette belle âme de poète,
qui me semble se rapprocher toujours plus de l'art religieux et divin. En voici bien long, j'ai voulu te faire
partager mon admiration et mon plaisir. Je n'ai pas fait,
du reste, de connaissance et j'ai à me garer, pour cela, de
Chantal, qui en fait, à tout instant, et devient d'une
sociabilité étonnante ...

Uriage, 9 août 1873. — Bien chère maman, Charles
m'annonce ton arrivée prochaine à Bourbilly et tu penses comme je me réjouis à la pensée de t'y retrouver.
Chantal va très bien, elle est toujours un peu insupportable et profite largement de la sotte fausse honte, qui
me prend de ne pas lutter, devant ses voisins de table
et de chambre, mais, à Bourbilly, je prendrai ma revanche. Tout le monde la gâte trop, elle se croit une perfection et j'allais presque dire : Dieu merci, elle en est
loin. Mme Morelot prétend qu'elle intrigue tout le monde; on nous appelle : la dame en noir avec la petite fille
en blanc. Elle est bien jolie, quoique un peu hâlée. Pour
moi, je suis noire comme une bohémienne. J'ai maigri
un peu, ce qui te fera plaisir, j'espère.

Bourbilly, 14 août 1873 (*à Mme Erard*). -- Je suis restée beaucoup près de ma chère maman, qu'il m'a été doux
et douloureux à la fois de retrouver ici. Hélas! que ce
serait bon d'y avoir mon cher, cher papa! J'ai trouvé

toute la bande en très bon état : ils m'ont fait un joli accueil, tout fleuri de bruyères, empressé et tendre, qui
m'a fait un plaisir infini. Seulement, il me venait un
drôle d'étonnement d'avoir tant d'enfants ; je ne me rap-
pelais plus qu'il y en avait tant que cela. Pauvres chéris,
ils sont bien gentils !

13 Octobre 1873 (*à sa mère*). — Nous avons été
très contents de notre promenade d'aujourd'hui. Nous
avons été à Saulieu, par la Roche-en-Brénil. La route
est ravissante, presque tout le temps dans les bois, des
bois sauvages et charmants, une route délicieuse, sur laquelle nous allions bon train, recevant en plein visage la
brise matinale, fraîche et parfumée. C'était le vrai Mor-
vand, avec sa nature un peu âpre et agreste, où Pierre
aurait trouvé, à chaque pas, des tableaux ravissants
pour le prochain salon. Saulieu est fort joliment situé :
c'est une petite ville très commerçante et fort plaisante,
comme disent les paysans. Ses deux églises ont beaucoup de caractère ; l'une pleine de style, l'autre de poésie, nichée dans les grands arbres du plus verdoyant des
cimetières.

27 Octobre 1873 (*à Mme Erard*). — Le temps est
splendide, mais très froid. Bourbilly est dans toute sa
beauté, avec les bois jaunissants, et les prés couverts
d'une gelée blanche, que le soleil rend éblouissante. Oh !
la belle saison que l'automne, pour la campagne. Hier,
beau dimanche, calme et doux, nous entendions le
bruit lointain de la meute de M. de Laferrière, qui chassait
le loup et cela interrompait seul, avec le bruit du Peucrot, le grand silence de la vallée. Je crois que je deviens
contemplative et je m'éprends, chaque jour davantage,
de la campagne et des bois. J'y attends, avec plus de calme, les événements. Cependant, par moments, l'impa-

tience me reprend, en lisant les incertitudes, les lâchetés, les indécisions qui se réveillent plus que jamais.

4 novembre 1873. — Le temps est beau, la campagne encore belle, mon petit monde heureux et bien portant; comme on jouirait de tout cela, si l'on n'était dans la fièvre et l'angoisse, partagé entre l'admiration que cause un langage antique et la crainte de voir les peuples trop petits, trop mesquins, trop fous pour en comprendre la noblesse et la grandeur...

5 Novembre 1873 (*à sa mère*). — Les enfants viennent de se coucher, et je viens charmer ma veillée solitaire par quelques chères correspondances. Quel calme, quel silence, quelle paix. La lune est splendide, toute la vallée en est éclairée. Grand Dieu! est-ce possible que les hommes se haïssent, se désunissent, fassent la guerre, aiment les révolutions, au lieu de vivre tout doucement, dans la crainte du Seigneur, l'amour de la justice et la paix de son coin du feu; voilà ce que la lune et la solitude me suggèrent. Peut-être le soleil me dira-t-il autre chose?... Je t'embrasse pour les enfants. François voulait écrire à tante Camille, pour la remercier des bienfaisants pruneaux, mais il est si lent, si long dans tout ce qu'il fait (sans calembour, maman) que je ne suis parvenue qu'à lui faire faire, ce matin, un bout de devoir, en prévision du congé de l'après-midi. Chantal a aussi des projets de correspondance, que sa distraction rend tout aussi difficiles à exécuter que ceux de son frère.

6 Novembre 1873 (*à Mme Érard*). — Les journaux ne m'ont rien appris du tout, ce matin, et j'en suis dans une vraie fièvre d'impatience. Quelle émotion, quelle angoisse: se dire que tout est décidé et ne pas savoir s'il faut se réjouir ou désespérer! Ne pense pas que j'aie peur! Je t'assure que non. Avec le bon Dieu sous notre toit

nous sommes ici, mieux que partout ailleurs. Que penser,
que croire? Vraiment, je suis partagée entre l'admiration
que me cause la beauté, la noblesse d'un langage qui
n'est plus de notre temps, et la crainte d'être forcée de
penser que le patriotisme moderne voudrait moins de
grandeur. Mais non, nous redeviendrons la France d'autrefois! j'en ai l'espoir et la foi. On prie beaucoup partout. Oh! mon Dieu, que je voudrais donc être à demain.
On n'entend que le vent, qui fait rage ce soir, ce qui ôte
de la beauté et de la sérénité à la lune que j'admirais
tant, ces derniers soirs. La vallée est ravissante, depuis
que les bois ont pris leur couleur d'automne. Je vous
regrette, dans mes promenades, pensant au plaisir que
vous donnerait cette jolie nature, charmante sous tous
ses aspects. Les petits sont dans le ravissement de la
Garenne. Ils en reviennent avec des joues roses et des
yeux ravis et tout parfumés d'une saine odeur de résine.

12 Novembre 1873. — Bien chère maman, combien
nous étions heureux tous, il y a neuf ans, avec mon cher
papa. Son absence assombrit tous les beaux souvenirs
de ce jour. Que de vides depuis, à commencer par Mgr
Darboy! Je reviens de la messe, à laquelle toute la maison assistait, y compris les cinq enfants, dont il n'était
pas question, il y a neuf ans! Le temps est charmant, un
soleil radieux, un ciel aussi pur que nous pourrions le
rêver pour notre horizon politique, tout cela donne un
air gai et heureux à ce bout du monde, un peu mélancolique, par les ciels gris.

13 Novembre 1873 (*à Mme Morisseau*). — Notre
retour approche et, si je me réjouis de retrouver ma famille et mes amis, je vous avoue que je quitte, avec
grand regret, notre cher Bourbilly. Hier, neuf ans que j'y
suis venue pour la première fois et que sa grâce agreste,

sa paix, sa solitude ont charmé mon cœur. Oui, ma tante, nous avons fait arranger votre chère Garenne, les
vieux chemins dans les rochers et les bruyères ont été
retracés, les arbres morts remplacés par des nouveaux
et un peu d'ordre mis dans ce fouillis charmant. C'est
devenu ma promenade de tous les jours, les enfants y
passent leur vie. J'y ai promené Mmes Laureau et Morelot. Ces deux bonnes amies sont venues, hier, fêter avec
nous, le neuvième anniversaire d'un jour heureux. Le
temps était ravissant et nous avons passé notre journée à errer dans les bois.

14 Novembre 1873 *(à Mme Erard)*. — Le souvenir
de ma veillée de ce soir, il y a neuf ans, me rappelle encore plus vivement toute ta tendresse et ta bonté. Déjà
neuf ans! voilà ce que je dis, quand je pense à ma jeunesse; mais, quand je regarde cette bande d'enfants et moi-
même, je me dis parfois: seulement neuf ans! Nous voici
seuls, pour la première fois, mon mari et moi, pour cet
anniversaire... Le temps gris, le matin, s'éclaircit chaque
jour après-midi; il est doux et charmant, et les bois sont
d'une merveilleuse beauté. Je jouis bien de cette belle
saison et je voudrais vous avoir près de moi. Charles
admire comme moi, ce calme, cette beauté douce, cette
paix de nos paysages et il les apprécie encore plus, après
la fièvre de Paris. Les enfants font leurs devoirs, près
de moi, mais qu'ils sont distraits et bavards! Chantal
est une vraie petite folle de gaieté et de diablerie, mais
j'en remercie Dieu, car elle est fraîche comme une rose,
et son petit visage s'arrondit. Elle perd de sa grâce et
de son idéalité, mais tant mieux puisque c'est la santé...
Mon beau-père me semble moins noir que ces jours derniers. Mon Dieu, il faudra bien se contenter de ce que
l'on a, mais vraiment, l'on se croyait si près de ses rêves

que la chute a été rude! Je n'ai jamais eu peur ici. Cependant, les affaires d'Autun inquiétaient un peu mes voisins, pendant ma solitude. Nous avions nos revolvers chargés et nous étions sans crainte. Dans cette maison bénie, je n'aurai jamais peur.

12 Juin 1874 (*à M*me *Erard*). — Je t'écris d'ici, de crainte d'être encore interrompue, comme ces jours-ci. Tu as pu croire que j'oubliais ce cher et doux et facile devoir, lorsque j'avais, au contraire, le cœur plein de tristesse et de regrets et tout rempli de ta pensée... Chère, chère tante, quelle place tu as dans ma vie, et combien je le sens, quand tu es partie. Je ne veux pas faire trop de sentiment, car je ne pourrais plus m'arrêter et, comme j'ai le cœur gros, cela finirait mal. Les enfants sont en fort bon état. Cécile est un amour, mais je ne puis la faire tenir tranquille, devant son peintre, qu'en lui murmurant tout bas, à l'oreille, un tas de choses sur tante Camille. Le portrait devient idéal, adorable. C'est chaud et lumineux, rempli de poésie. Cette tête blonde ressort si bien, sur ce coin de ciel bleu, ces petites épaules frêles sont d'une élégance et d'une grâce exquises. La chemise est encore descendue, c'est ravissant. Petite tante marraine, c'est à toi que je devrai de conserver le souvenir de cet âge adorable, double, triple souvenir de mon enfance, de ma chère petite enfant et de mes enthousiasmes de jeunesse.

Uriage, 18 juin 1874. — Nous voici comme si nous n'avions habité qu'Uriage, toute notre vie. Les enfants sont ravis, gais, enchantés, indépendants déjà, cela va sans dire : je me promène avec mon troupeau, le matin, et tout le monde me regarde, comme si j'étais la mère Gigogne. Tout cela a été baigné et douché, ce matin, avec un plein succès. Cécile a été un véritable amour

pour sa première douche, j'ai promis de l'écrire à tante
Camille, comme récompense de ce beau courage. Je l'ai
tondue, hier, sur l'avis du médecin et ce n'est pas sans
chagrin que j'ai vu tomber ses mèches dorées. Du reste,
cela ne lui va pas mal et cela était bien nécessaire. La
coquine est déjà en flirtation avec M. Doyon, qui a du
goût pour ses beaux yeux. Charles m'a quittée hier,
pleuré surtout, l'ingrat, par Madeleine. Je suis forcée de
dire que, sauf Chantal, nous avions tous les yeux secs.
Il a été cependant *fort gentil*, pendant cette dernière
journée, la plus complète que nous ayons passée avec
lui, depuis longtemps. Mais ce que c'est cependant de
prendre l'habitude des adieux! Nous entourions la dili-
gence, cela faisait un attroupement. Lui, grave, nous
jetait un regard, de temps à autre, puis se mit à lire son
journal, en attendant le fameux cri : les voyageurs pour
Grenoble en voiture! Grenoble chère patrie des Février.

Uriage, 22 juin 1874. — Ma bien chère maman,
voici le temps rafraîchi par un gros orage : de la pluie,
un ciel gris; heureusement que nous avons de la compagnie, des livres, de l'ouvrage et le plaisir de sentir la
terre mouillée, ce qui est assez doux, quand on a trans-
piré, trois jours de suite. Nos filles vont très bien...
Mme Flahaut est arrivée, hier. Elle veut absolument que
je garde les enfants à table, avec nous et elle m'aide
gentiment à les servir et à les soigner. Cécile ne voulait plus la quitter et Chantal s'était prise aussi d'affection pour elle, si bien que, tout à l'heure, je racontais un
conte de fée, pour les tenir tranquilles et je leur disais :
il y avait une fois une belle fée, qui avait des cheveux
d'or. Oh! je la connais cette fée, dit Chantal, elle donne
des bonbons avec une pincette d'or et elle a un chapeau
comme Mme de Franqueville! Chaque filleule parle

de sa marraine : Maggie et Cécile sont les plus sages. Madeleine est impossible à table, à cause des désespoirs de la fin, qui me mettent dans des états nerveux. François a eu aussi, hier, une mauvaise tenue : Ottilie prétend que l'orage et l'indisposition en sont seuls la cause. Quant à Chantal, bonne par moments, elle a, par d'autres, des velléités d'indépendance, comme l'année dernière, et une lambinerie désolante, en toute chose.

Uriage, 2 juillet 1874 (*à sa mère*). — Madame des Michels a été malade, cette nuit ; mais cela ne sera rien. Elle est délicate et son mari l'est encore plus : nerveux, impressionnable et fiévreux. C'est un homme charmant, plein d'esprit, un peu mordant et satirique, mais très amusant, quand il est d'humeur gaie. Nous avons eu vraiment du bonheur de trouver ce gentil ménage. Tous les jours, nous allons nous installer dans la montagne, nous suffisant parfaitement, ce qui blesse un peu une société qui désirerait beaucoup se joindre à nous. Nous avons nos ouvrages, nous trois femmes ; M. des Michels prend un livre, qu'il ne lit guère, ou qu'il lit à sa façon, ajoutant ou retranchant. On bavarde, on dit un peu de bêtises, on rit, ou on cause parfois de *sujets élevés*, on paradoxe, on discute, on se chamaille, notre cavalier *flirte* un peu avec ma belle amie, et la jeune femme et moi en rions gaiement. On m'attaque, mais je me défends et, comme cela, le temps passe, sous les beaux ombrages et le ciel bleu. Les enfants sont assez sages, depuis deux jours, Dieu merci ! Ils passent, comme nous, leur vie dehors.

Uriage, 17 juillet 1874 (*à son beau-père*). — Chantal a une mine superbe. Les quatre filles sont vraiment très bien et sont assez sages et faciles, mais François nous a donné bien du mal, il est orgueilleux comme personne au monde. Ce que je suis obligée de lui passer ici est terrible, pour n'avoir pas l'humiliation de le voir me faire une scène en public. Il faudrait une main de fer, pour ce garçon-là; j'avais proposé à mon mari de prendre un abbé, mais il ne m'a rien répondu, ce qui me fait supposer qu'il trouve le système contraire préférable. Cela me tourmente et me désole, car il serait temps de dompter cette nature-là. N'êtes-vous pas de cet avis, cher Père? Il est trop petit, d'un autre côté, pour être mis en pension entière. Que je vous serais reconnaissante de causer de tout ceci avec mon mari. Je suis vraiment fatiguée et énervée des luttes que j'ai avec cet enfant.

Uriage, 22 juillet 1874. (*à sa mère*). — Je vais mieux, mais je garde encore la chambre, par précaution. Il ne me reste que de la faiblesse et de la fatigue. Les enfants vont parfaitement; c'est là l'essentiel... Je n'ai vu personne, hier. Je ne parle pas du docteur, qui entre comme un coup de vent et qui me trouve une nature singulièrement contrariante car, quand il veut me faire descendre le sang aux pieds, il n'en remonte qu'avec plus de force; quand il veut me faire avoir une douce moiteur, je reste sèche comme une planche; quand il y renonce, je deviens comme un des beaux danseurs des dimanches d'autrefois. Avec tout cela, je vais guérir et partir, avec pas mal de contentement...

Bourbilly, 25 juillet 1874 (*à sa mère*). — Je ne te dis qu'un mot, pour t'annoncer notre heureuse arrivée. Chantal est dans un état de santé et de gaîté qui fait ma joie. Elle danse, elle saute, elle chante, elle oublie son ombrelle, elle oublie ses gants, elle parle de la gorge ou du nez ou de n'importe quoi. mais pas du bout des lèvres. Elle est vraiment enfant! Frank est sage. le père étant près. Les petites Fellah sont brunes, fortes, grandies et cette partie-là ne me donne pas de mal.

25 Juillet 1874 *(à Mme Erard).* — Je viens causer avec toi auprès de mon mari qui, malgré les belles promesses qu'il vous a faites, s'est mis au travail de plus belle. Tu m'annonces de la toile, elle sera la très bien venue. Nous voici exactement comme les lys des champs, les petites et moi; nous ne filons pas, mais vraiment nous sommes vêtues sans la moindre peine, comme Salomon dans sa gloire... Tous les enfants ont mangé, ce soir, comme des loups, et ont couru sur la terrasse, avec des cris de joie qui me ravissaient. Madeleine surtout est d'un gai et d'un réveillé qui m'étonne. Ce n'est plus la petite personne engourdie, qui disait, d'un ton lent, à Madame des Michels : *Oh! pas s'embrasser, il fait trop chaud!* Elle trotte, elle rit aux éclats, elle se jette sur son père ou sur moi, avec des élans de tendresse.

29 juillet 1874 *(à sa mère).* — Les enfants vont bien, très bien. Ils jouent tous, dans le corridor et Chantal mène la bande, avec autant de feu et d'énergie qu'un garçon. Oh! quel bonheur de ne rien faire! sa figure exprime cette jouissance-là, tout le long du jour...

4 Août 1874 *(à Mme Erard).* — Je viens de faire mon tour de terrasse, dans le silence de ma solitude et à la clarté des cieux étoilés. N'aie pas peur, je ne sais pas faire des vers, quoique ce soit bien l'occasion ou jamais! Mais, heureusement pour toi, je n'ai jamais su trouver deux rimes et, aussi bien, j'aime mieux venir faire de la prose tendre et familière avec toi, en dépit de ma solitude, du ciel, des étoiles et des parfums des prés et des bois. Il faut d'abord que je te donne le bulletin de la *Nursery* : Santé excellente, moral assez bon, sauf ta filleule qui, depuis quelques jours, est possédée du désir de régenter la maison C'est la plus mauvaise et la plus difficile, en ce moment : petit être tout pétri de caprices, de volonté, d'absolutisme. Que fera-t-elle de tout cela, mon Dieu, en ménage, si je ne suis pas parvenue à mettre un peu de souplesse dans tous ces ressorts ! Je te vois d'ici me regarder, de façon à me faire rentrer en moi-même. Eh bien, non, chère tante, ce ne sont pas mes défauts qu'elle a... J'ai été avec Chantal, à Précy, le temps était délicieux, une bonne petite brise morvandiote, qui mit, selon l'expression de Cécile, beaucoup de rose sur les joues de Chantal. Cela t'aurait fait plaisir à voir, mais ce qui t'amuserait encore bien plus, c'est l'appétit de toute cette marmaille. Cela dévore, cela engloutit : de vrais loups affamés !

7 Août 1874 (*à sa mère*). — Le bulletin de la santé des enfants est excellent. Ça mange, dort et joue, le mieux du monde et je laisse mes deux grands jouir de leurs derniers jours de liberté. Ils sont assez sages aujourd'hui, ce qui est une vraie bénédiction, car quand ils se mêlent d'être mauvais, une tête plus forte que la mienne n'y tiendrait pas, surtout Frank et Cécile. Cette dernière prend des figures féroces, auprès desquelles les yeux de tigresse, dont parlait le bon Thalberg, sont angéliques de douceur. Mais elle va bien, a une mine de santé et un petit corps souple et nerveux, qui lui donnent un air très drôle, avec sa tête rasée. C'est une singulière petite personne. Mais la consolation de mon existence est Maggie, ma grosse bonne Maggie, qui, avec ses yeux aimants et sa voix tendre, est trop gentille.

9 Août 1874 (*à M*^me^ *Érard*). — Charles, arrivé hier soir, a trouvé tout le troupeau en bonne santé, les agneaux un peu bêlant et la vieille brebis un peu détraquée, comme toujours, mais mieux cependant, depuis qu'elle est dans ces vertes prairies. Ne t'étonne pas du ton Deshoulières de ma lettre; je vis tellement au milieu d'êtres broutants que je finirai par brouter moi-même, un de ces matins.

12 Août 1874 (*à sa mère*). — Je ne puis te dire encore si on m'enverra décidément à une fontaine de Jouvence quelconque. Aujourd'hui que j'inaugure un chiffre fatal, je trouve que j'en aurais bien besoin. J'ai passé, hier, ma dernière soirée de jeunesse à Epoisse, où je me suis fait le plaisir de me faire demander mon âge, par M. de Guitaut, pour avoir la jouissance de dire encore vingt-neuf! Athanase et Bertrand étaient venus nous voir, avant le dîner, et me demandèrent de venir passer cette dernière soirée avec Louise, qui part aujourd'hui. J'y ai été seule, Charles ayant à travailler, et j'ai passé là, autour de cette table hospitalière, dans ce milieu bon, pur, charmant, une délicieuse petite soirée intime. Le retour, par une nuit noire et un vent frais, fut un peu fantastique, mais très agréable.

23 Octobre 1874 (*à sa mère*). — Toute la nursery a été dans la joie de revoir, hier au soir, Ottilie. Le premier revoir, pour parler comme Maggie, a été timide mais, pendant le dîner, cela se réchauffa. Tous les yeux étaient fixés sur Ottilie; après le dîner, cela devint de l'enthousiasme. Elle s'assit sur un tabouret et fut entourée, accablée, embrassée, que je ne savais plus comment la débarrasser. Je ne connais personne, sauf Mimille, pour se laisser bousculer par les enfants, comme elle. Cécile la caressait continuellement, en lui chantonnant à l'oreille: *ma chérie, ma chérie*. Elle est très heureusement arrivée, cette aimable amie, mais pour peu de temps, hélas.

27 Octobre 1874. *(à M*^{me}* Erard)*. — Cécile, qui écrit près de moi, les yeux aux poutrelles plus que sur son cahier, me charge de bien embrasser sa chère marraine. Elle a un bel appétit maintenant, et on n'est plus obligé de mendier une bouchée, au nom de chacun de ses amis. Chantal engraisse, Maman est ravie de sa mine rose. Frank maigrit et devient bon et sage, Maggie est toujours le même cher gros pâté, aimant et jaloux. Madeleine tourne ses pouces à table, avec un air revenu des vanités de ce monde. Oh! la drôle de petite personne!

29 Octobre 1874. — Nous avons été déjeuner, hier, à Semur et, nous avons fait la plus charmante promenade possible. Nous avons parcouru les quartiers pittoresques, qui entourent et surplombent l'Armençon, toujours avec ce fond charmant de la vieille église, des grosses tours grises, des rochers, des vieux murs, des maisons étagées, des terrasses, avec un fouillis charmant de végétation folle. Ensuite, nous avons passé le viaduc et nous avons été aux Foulons, vallée sauvage au pied de Montille, dans le genre de Montzeron et de l'Argentalée. Puis, retour par le chaume aux Aulnes, quartier pauvre, où l'on pourrait prendre plus d'une charmante aquarelle. Nous sommes revenus un peu tard à Bourbilly, mais mes trois petits enfants, si gais et si fous dans la voiture, chantaient à tue-tête, comme à un retour de noce. Comme les passants ne sont pas nombreux, de Semur à Bourbilly, j'ai laissé brailler ma bande joyeuse : Cécile est une vraie Mimi-Pinson.

30 Octobre 1874. — A une heure, je partis pour Bard. Mes arrivées, en voiture découverte, sont toujours cause d'un petit remue-ménage hospitalier, qui m'amuse. On me croit gelée, je ne le suis pas du tout, aimant la bise, le grand air et le froid, mais je laisse faire. On remet du bois dans le feu. Mme de Lanneau y ajoute des pommes de pins, on me met une chaufferette sous les pieds et on m'apporte du thé assaisonné de la douce et tendre bonté de la maîtresse de maison. . Toute ma smala est dans un état de santé qui fait plaisir à voir. Les maigres engraissent, les gros s'allongent, les cinq mangent pour dix, bavardent, dansent, s'agitent et se remuent, pour tout un pensionnat, aux heures de récréation et de jeu ; quand j'arrive près d'eux, je suis surmenée. J'en ai sur le dos, j'en ai sur les genoux, on me fait danser, on m'étend par terre, et ma dignité s'en arrange comme elle peut.

31 Octobre 1874. — La journée a été ravissante, chère maman. Comme j'aurais aimé me promener, avec vous toutes, par ce temps divin, plus doux et charmant qu'une journée d'été. J'ai été, avec mes aînés, sur le plateau de Thostes, avec retour par la Sapinière et le bois. Mes enfants vont très bien et ont été très sages, le soir. Cécile, toute pétrie d'histoire sainte, en fait un amalgame charmant avec la vie actuelle ; tantôt elle me dit que j'agis comme les Philistins, tantôt c'est comme Samson : ce soir, elle a raconté à son frère, Ruth et Noémi, avec sa petite grâce originale. Ce n'est pas parce que c'est mon petit hibou, mais il y a des moments où il est bien gentil ; les autres aussi : Dieu les bénisse et me les garde !

3 Novembre 1874 (*à Mme Erard*). — Mon mari est mieux portant, mais impossible de le faire marcher ; il reste toujours penché sur ses paperasses, et il n'a pas trop bonne mine. Il absorbe trop d'anglais pour cela. Oh ! ces enfants ! Impossibles d'écrire avec suite. Les voilà qui arrosent, avec l'eau de la fontaine. Mon Dieu !

comme l'amour du fruit défendu se fait sentir de bonne heure. Et il s'en va le dernier! C'est d'abord l'eau, le feu, les chemins escarpés, les vieux pommiers, les ornières remplies de boue, où on veut s'asseoir, puis les choses plus sérieuses, et je crois que l'amour maternel n'est qu'une longue lutte contre le fruit défendu!

6 Novembre 1874 (*à sa mère*). — Nous nous réjouissons tous de nous retrouver au milieu de vous tous, malgré la beauté et la douceur d'un temps extraordinaire et le charme d'une saison, que je préfère à toutes les autres, à la campagne. Mes enfants continuent à se porter parfaitement. Hier, nos deux grands sont venus déjeuner avec nous, chez le curé de Courcelles. J'aime ce petit presbytère, qui a son cachet à lui. Après déjeuner, on s'est promené sous les arbres du verger, en causant comme de bons curés que nous étions tous... Chantal et Cécile ont été ravies de leurs lettres : Maggie était triste, parce qu'elle n'en avait pas et cependant elle avait écrit à sa marraine. Quant à Madeleine, je suppose que cette vénérable petite personne va bientôt écrire une raisonnable petite lettre à la sienne. Elle est de plus en plus la chère fille de la vieillesse de mon cœur. Maggie dit « Madeleine parle comme une dame! » Elle a récité des vers à son père, pour la St Charles; ce sera la docte de la famille. Frank est assez sage, en ce moment. Il me prouve que, s'il voulait se donner de la peine, il pourrait très bien travailler. Il a une grande mémoire.

13 Novembre 1874. — Mon 12 Novembre s'est fort bien passé, seulement la neige a retenu à Souhey M. de Guitaut, mais M. et Mme de Wendel sont venus, avec M. de Vaulxerre un très aimable homme, encore jeune, et son fils, très bel officier. Madame de Wendel a eu, pour sa famille d'Epoisse qu'elle voyait pour la première fois, le même charme séduisant, qui avait fait, à la Muette, notre conquête à toutes. On ne peut avoir plus de grâce aimable que cette jeune femme et Charles, assez difficile, est tombé sous le charme aussi. Mon déjeuner a été fort beau, grâce à toi, ma mère chérie. Malgré la neige, qui rendait notre paysage encore plus mélancolique, notre matinée s'est très gentiment passée, avec toute cette aimable famille, si bonne et si parfaite pour moi... J'oubliais un beau bouquet des serres de Souhey et un toast de M. de Guitaut, dont je lui ai fait retrancher la moitié, car il me souhaitait plus de prospérité que je n'en ambitionnais.

1er Juillet 1875 *(à Mme Erard)*. — Nous voici arrivés à Lucerne, un peu fatigués du voyage, mais en bonne santé. Le lac n'a pas changé; il est toujours idéalement beau; le temps est un peu chaud, avec de l'air cependant, par moments. J'ai le cœur plein de tout ce que j'ai laissé derrière moi. Et quand j'y réfléchis, je trouve un peu stupide, de ma part, de m'en être laissée séparer si facilement, pour la sotte raison de ma santé.

Rigi Kaltbad, 3 juillet 1875. — Le pays est idéal, notre installation très bonne. Charles est dans un enthousiasme indescriptible. Je crois, Dieu me pardonne, que sa passion pour l'Angleterre va se transformer en passion pour le Rigi. Quant à moi, je suis trop ahurie encore, pour me prononcer. J'admire le site, je suis ravie d'être dans la montagne, ma passion depuis mon âge le plus tendre, mais je vous voudrais tous près de moi. Les enfants sont très bien partagés ici, il y a de grandes terrasses, sans l'ombre de danger et le pays environnant consiste en des pentes gazonnées, ombragées de distance en distance, par des sapins : c'est la seule

végétation de ces hauteurs. C'est charmant, c'est la vie
pastorale, dit Charles, qui, je le vois bien, s'il quitte un
jour le Conseil d'Etat, viendra se faire pasteur : le vois-
tu conduisant les troupeaux ? Cela m'arrangerait assez ;
j'aime tant la vie simple et pas compliquée. Non, mais
sérieusement, il y a de la grandeur et une poésie qui
vous frappent, dans cette belle nature du bon Dieu, pas
gâtée par la main des hommes. J'oublie, en disant cela,
cette espèce de petit samovar, qui vous hisse, par petits
soubresauts, jusqu'à ces hauteurs ; mais je suis de l'avis
de mon mari, il est très gentil, ce petit chemin de
fer. Il a enchanté ma mère, qui a passé en riant sur
l'abîme.

4 Juillet 1875 (*à M*^me *Erard*). — Nous avons été,
ce matin, à la messe, dans une chapelle cachée dans les
rochers, où l'on arrive par un petit sentier si étroit qu'un
parapluie ouvert n'y passe pas. Elle est tout ce qu'il y
a de plus romantique, avec son porche, ses quatre rochers
qui lui font une cour et deux sources, qui jasent dans
un coin. Par derrière cette chapelle, s'étend bien loin,
une espèce de parc, créé par le bon Dieu, où il n'y a que
des sapins et des gazons, avec une vue splendide, qui
change à chaque pas. Les hommes y ont tracé des chemins et placé des bancs, civilisation que j'apprécie. Chantal courait sur ces pentes, comme un chamois ; cela faisait un peu frémir maman. Charles est toujours dans
l'enthousiasme, il promène sa fille chérie. Chantal disait,
hier au soir, après trois ou quatre promenades, grimpa-
des et ascensions : Oh ! comme cela me fatigue de rester assise ! Le seul défaut est l'abus d'allemand qu'il
faut entendre et voir : c'est pénible et agaçant. Les Juifs
surtout sont terribles : ça fait des embarras, ça bavarde,
ça crie, ça a des nez impossibles et ça mange avec le

couteau. Pouah! J'ai un voisin distingué et silencieux : je veux espérer qu'il est Autrichien.

8 Juillet 1875 *(à Mme Erard)*. — Je ne puis te dire assez combien je pense à toi, en face de cette belle nature, que tu aimes tant. Ce qu'il y de plus beau, c'est cette variété d'aspect, à toute heure du jour. Hier, nous avons eu de tout, dans notre journée : matinée admirable de pureté, après-midi plus voilée, puis orage, nuages blancs et noirs, montant comme un décor, arc-en-ciel, nouvel orage, grêle, puis des coins de paysage apparaissant de nouveau, des coins de ciel bleu, des lumières étranges, tout cela se succédant et chaque aspect nouveau ayant sa beauté nouvelle.

13 Juillet 1875. — J'ai fait, ce matin, la promenade du Kaenzeli. Il faisait divin, l'air était frais et parfumé de bonnes et saines senteurs de la montagne. C'est la bonne heure pour marcher, on est ravivé. Cette belle lumière, qui éclaire le paysage, semble vous pénétrer dans le cœur et l'esprit : on voit la vie sous son beau côté, on croit à la bonté à la sincérité de tous, on marche légèrement, on est content de Dieu et des hommes et on trouve, en rentrant, le café au lait, avec du pain et du beurre et du miel, le plus délicieux des repas.

Rigi, 20 juillet 1875 — Après souper, nous sommes restés dehors. La lune se levait derrière les montagnes, l'air était délicieux, la terrasse était animée, si bien que le prince Doria, le prince Gortschakof et deux allemands organisèrent un quadrille en plein air. Le temps était si beau que nous sommes allés faire une promenade au Kaenzeli. Ce paysage grandiose, ainsi éclairé était d'une beauté admirable et cet air, et ce calme divin, ce silence seulement interrompu par les clochettes des vaches! En revenant, nous avons été dire notre prière dans la petite chapelle, dont la lampe du sanctuaire éclairait les rochers tout autour.

Rigi, 22 juillet 1875 (*à Mme Erard*). — Que te dire ? Le ciel est gris, maman n'a de goût que pour son salon. Elle tricote, Chantal apprend l'histoire sainte, avec une robe à queue. Mon époux est parti, avec de belles dames. Nous avons regardé passer une certaine banquière de Francfort, qui a des succès fous, avec ses yeux ardents, son teint enluminé et des dandinements de hanches qui me donnent des nausées. Puis des allemands de tout genre, un petit Oppenheim, rond comme un œuf, dessiné comme les bonshommes de Toppfer et qui avance comme les personnages de la lanterne magique : il doit avoir une planche sous les deux pieds. Puis une vieille fille, que nous appelons la Bavaria, grande, blonde et rouge. Maman, au bout d'un quart d'heure, trouve que plus longtemps assister à ce défilé, compromettrait notre dignité. Nous remontons et je viens t'écrire, mais sans le moindre mouvement dans l'esprit, sans la moindre idée au bout de la plume, sauf ce grand désir de vous voir tous.

Rigi, 30 juillet 1875. — Tout le monde va au Kaenzeli, surtout les personnes qui n'aiment pas gravir. J'y rencontre, tous les jours, le vieux chancelier de Russie, que ses enfants viennent rejoindre. C'est une intéressante physionomie, d'une finesse extrême dans l'expression. As-tu lu les articles de Klaczko, dans la *revue*, sur les deux chanceliers ? Nous en avons fait la lecture, à haute voix, avec no voisins polonais. C'est parfaitement fait, plein d'esprit et d'un style si clair et si élégant. Cela nous amusait de le lire, avec un modèle sous les yeux. Et vraiment, à juger par sa parole spirituelle, son fin sourire et sa politesse exquise, le portrait de Gor-

stchakoff n'est pas flatté... Hier, nous avons eu un con-
cert de tyroliens, qui nous ont fait bien rire, les figures
des spectateurs surtout ; lord Edmund Fitz-Maurice, un
parfait original, était assis comme une victime, près des
dames russes qui l'attirent beaucoup, mais malgré leurs
charmes, il n'y tint pas, prit son chapeau et s'enfuit.
C'est un drôle de garçon très nerveux et souffrant, poli
quand il a bien dormi et un vrai ours, quand il a des in-
somnies, un radical comme son ami Dilke ; nous avons
eu déjà des discussions ensemble. Il attaque mes idées,
je les défends vigoureusement, quoique j'aie peur de lui.
Avec cela, nous avons des échanges de bons procédés.
Veux-tu dire à Charles que le Chancelier est venu me
parler d'un article sur son livre, qu'il a vu dans la revue.

Rigi, 4 août 1875. — Ma tante chérie, j'ai bien peur
que les enfants n'abusent de ce que Wagner appelait
ton impraticable bonté. Je crois que Chantal manque,
pour t'achever et compléter la tyrannie. Elle a été si
agacée, ces jours-ci, par les départs successifs, qui lui ont
coûté des larmes, que je l'ai envoyée se confesser, pour
la remettre dans la voie. Missy Gortschakoff, qui parle
trois langues, à quatre ans, vint hier vers Charles et vers
moi, nous disant d'un air ému si gentil : *Chantal a pleu-
té*! C'est un amour que cette enfant, une vraie *Gipsy*, avec
sa tête noire, ses yeux si foncés, un joli sourire et ce teint
doré si charmant. Elle a les petites jambes les plus fines,
les plus nerveuses, les plus brunes qu'on puisse voir. Je
suis folle de cette petite. Sa sœur est jolie aussi, et mi-
gnonne, mais elle ressemble à la mère et n'a pas le caractère oriental de l'autre, qui tient de son père, un vrai
circassien. Toute cette famille, à commencer par le
Chancelier, est d'une simplicité parfaite, qui tranche
avec les falbalas et les airs de tête des allemands.

Bourbilly, 22 septembre 1875 *(à sa mère)*. — Les petites vont admirablement. Ils sont tous les cinq très gais, très gentils avec moi et l'abbé, un peu bruyants peut-être, mais sans méchanceté. Tu me demandes si Frank est beau : ni beau, ni laid, plutôt gentil, quand il ne fait pas de grimaces ; toujours une vraie figure de garçon. Les toutes petites sont trop gentilles de tendresse avec moi. Tous parlent bien de bonne maman et voudraient la revoir, comme moi.

5 Octobre 1875 *(à M*^me^ *Morisseau)*. — Je vous donne les détails que vous réclamez sur les enfants. Commençons par l'aînée, notre grande fille de dix ans. Elle va très bien, a très bonne mine et très bon appétit, toujours maigre, mais n'en courant que mieux et aimant un peu beaucoup son indépendance et sa liberté. Maintenant venons à votre filleul, un grand et gros paresseux, bien gentil quand il le veut, bien terrible par d'autres moments, cependant plus sage que l'hiver dernier : il embellit et devient assez beau garçon. Cécile est toujours la *beauty* de la famille, non pas régulièrement, mais par ses beaux yeux, sa grâce un peu sauvage et ses succès auprès de la partie laide du genre humain : un peu têtue quelquefois, mais tendre et aimante souvent. Le gros pâté, Marguerite est une assez belle fille, bien gentille pour sa mère, une bonne créature que l'on aime bien. Madeleine n'est plus si laide, elle a assez d'esprit pour ses trois ans et demi, elle nous amuse beaucoup. Voilà le bulletin de la famille, j'espère que vous serez satisfaite. J'ajoute que tout ce petit monde est en parfaite santé, et le plus possible à l'air, ce qui vous fera plaisir.

23 Octobre 1875 *(à M*^me^ *Spontini)*. — Je n'ai que de bonnes nouvelles à vous donner de votre filleule ; elle a une mine superbe, elle mange comme quatre, ce qui est peu délicat pour une cinquième, est assez drôle de figure, avec ses yeux mélancoliques et son rire gai, enfin elle a trois ans et pas quarante. J'avais un peu peur pour son avenir, je la voyais une pédante ennuyeuse : cela passe heureusement. Les autres vont très bien aussi. Mon garçon devient très gentil, si bon depuis quelques jours, si gentil avec nous. Hier soir, pendant que je lisais, à ma mère, des vers patriotiques très beaux, il se mit à rougir, en se serrant près de nous et ses yeux se remplirent de larmes. Cela me fit plaisir, comme vous pensez, de lui voir cette corde-là ! Mon Dieu, comme je m'étends sur ce sujet. Vous ne me reconnaissez plus, n'est-ce pas ? Je m'aveugle, à mon tour, sur mes petits hiboux. Hier, nous avons fait, avec les enfants, et l'aventureuse maman, une grande expédition aux ruines de Thil, d'où l'on domine tout le Morvan. Le temps était ravissant, doux, léger, avec des vapeurs dans l'air. Les ruines sont admirables, pleines de poésie, d'un fouillis de verdure que j'adore, avec tout un passé guerrier, féodal, qu'on heurte à chaque pas. Et cette vue immense, étendue, avec les beaux tons de l'automne jaunissant les coteaux boisés !

28 Octobre 1875. — Aujourd'hui, le soleil reparaît et le temps me semble adouci. Les enfants vont parfaitement, Frank est sage et gentil, il gagne, ce *boy*. Les petites sont toujours la paresse incarnée et les cahiers de Cécile sont souvent baignés de larmes, que l'ennui seul fait couler. Elle prend alors ces airs mendiants, qui te faisaient rire. Pâté est la bonne, la candide, la tendre de la famille. La vieille petite dame est toujours drôle, avec des éclairs de jeunesse par ci par là, à la vue des compotes, surtout.

3 Novembre 1875 *(à sa mère).* — Ma vie s'écoule, telle que tu l'as vue, tranquillement et doucement. Je me sens meilleure ici, c'est ce qui fait que j'aime y rester. Les enfants se portent parfaitement. La vallée, par exemple, prend un air d'hiver, et les bois ont achevé de jaunir, mais c'est mélancolique, mais c'est beau, et je regrette plus que jamais de ne pas pouvoir peindre. Tiens, ce petit fond de vallée, que je vois de ma fenêtre sur la cour, il est charmant, en ce moment, et ferait le plus joli petit tableau qu'on puisse voir.

5 Novembre 1875 *(à sa mère).* — Hier, nous avons fait une grande expédition à pieds, jusqu'à Courcelles. Nous sommes arrivés, crottés comme des barbets, à la cure, où Mlle Caroline a nettoyé les enfants et où ils ont vigoureusement goûté, la grande affaire dans ce bon pays d'Auxois. Le retour fut très gai. A Sauvigny, la Roblin attela un cheval de charrue à une carriole et elle nous ramena, tous les quatre, juchés là-dedans, cahotés, Dieu sait comme, discourant le long du chemin, piquant sa jument pour la faire trotter et, aux descentes : Allons Pommette, modère ton allure! Le nom parut délicieux aux enfants, qui s'amusèrent royalement de ce retour campagnard... A Sauvigny, une vieille, que j'ai secourue l'an passé, vint me dire : Hé! Mme de Franqueville, vous ne voulez donc plus de vos pauvres! — Mais qui vous a dit cela : pourquoi n'êtes-vous pas venue au château? — Ah! on dit comme cela que vous ne voulez plus rien donner, que vous êtes *retirée*, quoi! — Je m'indignai bien fort, comme tu penses, et j'ai fait dire au village que je donnerais bien quelque chose pour savoir qui fait courir ces méchants propos et empêche les pauvres de venir comme d'habitude, car je remarquais en effet, qu'ils viennent moins. Mais, que dis-tu de l'ex-

pression *retirée?* Ma première indignation passée, je fus
obligée de rire de ce petit fonds de commerce de charité,
que j'ai l'air d'avoir vendu. Chantal me charge de t'embrasser; elle corrige son devoir, près de moi; Cécile écrit
sagement à côté d'elle: elle a des manières de s'arranger, le matin à la messe, avec son petit chapelet, son
châle sur la tête, perdue dans ce grand banc, et des yeux
qui ressemblent tant à ceux du portrait, qu'on lui donnerait un sou, avec la plus tendre pitié pour sa pittores-
que petite infortune.

6 Novembre 1875 (*à Mme Erard*). — Je vous envoie à toutes deux, les remerciements de la petite troupe,
dont je me suis chargée, préférant cela à la surveillance
du pénible enfantement de leurs lettres. Ouf! pour Cécile, c'est quelque chose d'effrayant; elle passe régulièrement les voyelles, pour aller plus vite, je suppose; il
faut recommencer, à chaque mot. Je voudrais te conter
quelque chose sur cette marmaille, parce que je sais que
cela t'amuse, mais je ne trouve qu'un mot de Madeleine,
assez drôle, surtout par l'accent qu'elle y met. Charles
raconta quelque chose qu'elle voulait savoir, une de ces
histoires qui nous indignent toi et moi, et j'eus la mala-
dresse de lui dire : Non, Madeleine, c'est une histoire
pas propre que père raconte là : Oh! non mère, elle n'est
pas amusante, mais elle est propre! Et cela avec un petit air si poli pour père, que j'eus honte de ma réflexion.
C'est gentil, entre nous soit dit, pour un petit hibou de
cet âge. C'est vraiment, quand ils ne sont pas trop bruyants, et qu'ils laissent leur mère un peu tranquille, une
gentille société, que toute cette petite bande joyeuse et
gaie. Ce matin, à la fin du déjeuner, j'étais, en pensée,
absente, sortie comme dit Ottilie, et j'entendis Maggie
dire à Cécile : Mais qu'a donc mère? Il paraît que j'avais

un air absorbé, car Cécile répondit : Elle a une pensée!
Voilà tout mon bagage pour aujourd'hui.

8 Novembre 1875 *(à sa mère)*. — Frank, qui passe
en ce moment, vous embrasse et me charge de vous remercier. Il est toujours bon, le *boy*, avec de gentils élans,
qui me font plaisir. Son père l'aime beaucoup. Nous con-
tinuons nos lectures du soir, sauf hier où j'ai été me coucher ridiculement, en même temps que les enfants et les
poules. Charles me soigne, comme si j'étais un être frêle
et délicat, en sorte qu'ici où mes glaces sont extraordinairement mal placées, je puis me faire illusion sur mon
idéalité; c'est très agréable et, quoique venu tard, c'est
gentil.

10 Novembre 1875 *(à Mme Érard)*. — Je reviens
du village, toute grisée par le vent, contre lequel il nous
a fallu lutter, tout le temps, Frank et moi. Le *boy* était
enchanté et, pour moi, il me reste, de ma jeunesse, un
grand plaisir à me sentir souffler au visage ces fortes brises, qui ressemblent à un vent de montagne. Cela donne
des forces, cela ravive, vous fait pousser des ailes et
vous donne une vaillance pour la marche, qui vous ferait aller au bout du monde... Voilà la nuit et Cécile qui
me revient. Tu ne t'imagines pas la paresse de ce petit
être, qui croit être venu au monde pour jouer, sauter en
l'air et faire des yeux tendres autour d'elle. Bourbilly
a cependant une salutaire influence, qui calmera, j'espère,
ces goûts légers, comme il en a calmé d'autres. Comme
le temps passe! Voici, après demain, le onzième anniver-
versaire de mon mariage. Comme ces onze années ont
passé vite! Je te fais grâce des réflexions un peu graves
et sévères pour moi, que provoque la pensée et le souvenir de tout ce que Dieu m'a donné et que j'ai si peu
mérité. Parlons plutôt, pour ne pas être entraînée trop

loin, de la pluie (beaucoup) et du beau temps (très peu).
Nous avons une vraie tempête, qui dure depuis plusieurs
jours et ce vent diabolique tord nos pauvres sapins et
se brise contre nos murs, avec un bruit que j'aimerais
bien, si le souvenir des pauvres marins en mer ne venait
nous attrister. Charles et moi ne dormons plus. Je ne sais
comment font les enfants et l'abbé, qui dorment leur
bonne nuit parfaitement. Serait-ce le sommeil de l'innocence qui nous aurait fui ? Tu vois que je suis toujours
attirée par cette envie de m'examiner et de me sermon-
ner, qui m'a prise, ce matin, en pensant à mon 12 Novembre. Je ne puis m'en débarrasser. Revenons au temps, qui
est notre grand souci, car le pauvre Serain se mêle de
nouveau de faire des embarras. Au bas de la sapinière,
les prés sont inondés et la rivière est à fleur de terre.

13 Novembre 1875 *(à Mme Erard)*. — Je suis sûre
que tu as pensé à nous, hier. Nous avons passé un tranquille 12 Novembre, sans amis, ni voisins, ni aucun des
nôtres, pour le fêter ; seuls, les cinq petits enfants, qui
n'ont aucun souvenir de ce jour, mais dont la présence,
la gaieté, la bonne mine sont une perpétuelle fête, dont
je remercie Dieu... Le temps est gris et noir, triste à l'œil,
aux nerfs et à l'âme. J'ai fait le bonheur des enfants, ce
matin, en ayant une petite lanterne à bougie, pour lire
ma messe, à la chapelle. Madeleine a pris l'habitude de
dire toujours le contraire de ce que les autres disent :
elle est en pleine jeunesse et a dépouillé son petit air
vieillot : c'est un vrai diable. Charles même est forcé de
rire de son exubérance. Je suis touchée du souvenir de
mon bon compagnon d'Uriage, cette fidélité flatte mon
amour-propre. Cependant je t'annonce tout bas qu'en
l'honneur du douzième anniversaire de mon mariage, qui
fait de moi une matrone, j'ai vaincu, dans un combat

singulier, le démon de trente ans. J'espère qu'il ne se relèvera plus.

14 Novembre 1875 (*à sa mère*). — Saint Martin nous apporte, je crois, le beau temps : voilà le soleil, le ciel bleu et un murmure de brise dans les bois, qui nous semble un zéphir de mai, après la tempête des jours passés. Je vais aller passer l'après-midi à Vic-de-Chassenay, pour donner les récompenses et je tombe juste sur les processions du jubilé. Tout le monde est en fête aujourd'hui, pour la Saint-Martin, patron de la paroisse. Que de galettes vont sortir des fours du village ces jours-ci ! Je suis invitée à aller en manger, demain ou après-demain et, pour ne pas désobliger ces braves gens, je serai obligée d'aller m'en mettre un peu sur l'estomac, avec du vin nouveau !! Tu vois l'état de mon cœur, après cette petite fête ! Rien de nouveau à te conter, les petites sont assez sages, le *boy* un peu moins, depuis deux jours : tu sais que c'est tournant, comme la maladie des moutons et de certaines dames que nous connaissons. Pauvre *boy*, il peut être si gentil par moments ! Mon Dieu, voilà la brise de mer qui s'accentue ; j'espère cependant que cela ne tournera plus en tempête. On répare les désastres de notre toiture, mais les pauvres arbres déracinés et découronnés sont abîmés, sans que nous puissions rien y faire.

15 Novembre 1875 (*à Mme Erard*). — J'aurais bien voulu que tu me visses dans ma gloire, chez les sœurs, recevant les révérences des enfants, en échange des récompenses, écoutant le compliment de Justine, récité de sa voix la plus haute, le tout terminé par un chant en mon honneur : dame chérie, amour, reconnaissance, vie éternelle et patati et patata ! Quelle tête je faisais ! heureusement j'avais la jolie petite Marie Voisenet, sur

mes genoux et ses cheveux cuivrés à caresser, pour
m'empêcher de rire. Nous nous sommes séparées, cette
aimable jeunesse et moi, enchantées l'une de l'autre. Si
je ne suis pas sortie bouffie d'orgueil, c'est que j'ai, hélas!
le sentiment intérieur de ce que valent mes vertus!...
Cécile apprend tellement mal, que j'en suis honteuse.
Autant elle est charmante dans le jeu, autant elle est
insupportable aux leçons. Chantal, quoique heureuse
de tout ce qui vient la distraire et mendiant toujours
quelques quarts d'heure de grâce, est cependant plus sage et plus gentille. Les petites sont des amours : elles
commencent, toutes les deux, à épeler et à écrire leurs
lettres. Frank est moins gentil depuis trois jours, je pense que cela passera comme un accès. Nouvelle interrup-
tion : c'est Cassien qui m'amène sa fille mariée à un
homme de Chevigny. Ce brave homme me raconte les
prouesses de Charles quand il était petit, lorsqu'il grim-
pait sur son dos et qu'il faisait galoper les chevaux à
la charrue « Seigneur, était-il vif! » Eh! bien, mes amis,
il aime encore bien à remuer! Il est vrai que voilà bien
deux mois qu'il est en France!

18 Novembre 1875 (*à sa mère*). — Voici le temps
qui se gâte. Cela désole les enfants, qui devaient aller
au bois avec Charles, et même y faire un déjeuner rus-
tique, champêtre ou sylvestre, comme tu voudras. J'ai
été avec Cécile, au village, faire quelques visites et manger de la galette de Saint-Martin. Quand cette enfant
n'est pas aux leçons, quelle gentille petite compagnie
est la sienne, et lorsqu'on l'a seule avec soi, comme elle
est douce et tranquillement heureuse! Mais, quand il
faut travailler, ah, mon Dieu, quel labeur et comme elle
est parfois franchement désagréable! C'est une enfant
de la nature, qui parfois même l'est tellement qu'elle

prête une âme aux bêtes et aux oiseaux. Hier, en revenant du village, à la nuit tombante, un corbeau perché
dans un sapin, jetait de temps à autre, ses cris saccadés
et brefs : « Mais mère, me dit Cécile, il me dit oui et ce n'est
pas à lui que je parle. » Tu vois que c'est toujours la
petite *Simplicité*. Madeleine est toute autre, elle continue
à reprendre les fautes de grammaire de Maggie et est
un petit être bien positif. Elle ne goûtera pas les *Fioretti* de saint François. Cher *pâté* est bien bon et tendre
toujours et je la trouve assez en beauté, en ce moment.
Madeleine est trop grasse.

VIII

LES GRANDES ÉPREUVES

(1876-1878)

Avec l'année 1876, commence une série de dures épreuves. Le 26 janvier, Cécile fut brusquement frappée de paralysie: c'était le début de la longue et mystérieuse maladie, dont tous nos soins, toutes nos prières, n'ont pu la guérir. Le 11 mai, Chantal fit sa première communion et elle fut confirmée, le lendemain, par le vénérable cardinal Guibert. Pendant l'été, Marie avait dû retourner au Rigi et nous y étions tous réunis, lorsque, le 27 août, une dépêche m'appela auprès de mon père, malade à Aix-les-Bains. Je partis aussitôt et je pus arriver à temps pour lui faire administrer les derniers sacrements et lui fermer les yeux. Marie me rejoignit à Paris, pour assister aux obsèques et nous partîmes ensuite pour Bourbilly, où nous restâmes jusqu'à la fin de novembre.

Non moins triste fut l'année 1877. Le 13 juin, Marie eut la douleur de perdre sa mère, emportée, en quelques jours, par une congestion pulmonaire: le mois suivant, elle conduisit la pauvre Cécile aux bains de mer de Berck; elle ne put pas m'accompagner à Lourdes, où je conduisis la chère malade, espérant que la Sainte Vierge la guérirait, le jour de l'Assomption. Il n'en fut rien, hélas! mais, ce même jour, naissait notre dernier *enfant, Marie Sabine, que j'eus la joie de trouver, le lendemain, en arrivant à Paris et qui fut baptisée, deux jours après, le 18 août.*

La série des malheurs n'était cependant pas épuisée. Après la première communion de François, qui avait eu lieu le 20 mai 1878, Marie était partie pour Berck-sur-Mer. Un jour qu'elle était longtemps restée sur la plage, par un brûlant soleil, elle eut une congestion cérébrale : c'était le 16 juillet. Pendant deux jours, je fus très inquiet, mais, grâce à Dieu, la guérison fut prompte et complète : elle s'achèvera, pendant notre séjour à Bourbilly.

Les médecins ayant désiré que Cécile pût faire une double saison de bains de mer, nous résolûmes d'aller nous installer sur les bords de la Méditerranée et, dès le 23 septembre, nous quittâmes la Bourgogne, pour prendre possession de la maison que j'avais louée à Cannes et qui portait le nom assez bizarre de villa du Pin de la Danse. *Ce fut là que nous apprîmes, le 1er octobre, la mort de Mme Spontini. Quelques jours plus tard, Marie recevait les plus tristes nouvelles, au sujet de son malheureux frère, qui mourait à Paris, le 12 décembre.*

15 Juin 1876 *(à Mme Érard).* — Nous avons mené les enfants à la revue. J'ai trouvé les troupes magnifiques ; cet ordre, cette démarche légère et ferme, tout cet ensemble français me remua comme à l'ordinaire, mais Frank et moi, de notre côté, nous fûmes seuls à applaudir ; Charles prétend que j'ai apostrophé la foule derrière moi ; le fait est que j'étais indignée. Comment avoir un cœur français et ne pas se sentir remué, jusqu'au fond

de l'âme, par la vue de nos soldats, notre espoir, et de
ces drapeaux trop neufs, qui vous déchirent le cœur, en
faisant penser aux beaux lambeaux d'autrefois; je m'arrête, car je m'emporte encore. « Comme vous écrivez
vite, me dit Cécile, qui me regarde écrire, moi je ne
peux pas avoir tant d'idées. Maintenant, pliez mes
jambes, avant d'avoir une autre pensée, j'ai vu que vous
alliez en avoir une et je ne veux pas vous déranger...»
Je rabâche, excuse-moi, ma pauvre tête est bien fatiguée
et bien affaiblie. J'ai eu plus de chagrin que je n'ai voulu me l'avouer à moi-même et je paie cela maintenant,
par un vide dans la tête, un engourdissement général,
une sorte de somnolence, qui me tourmente.

21 Juin 1876. — Cécile, dort dans la chambre voisine. Ah! que ce bienheureux premier pas est lent à venir! Je n'en ai jamais senti l'impatience comme à présent. Quelle singulière chose : cela tient-il à mon esprit
mal fait, à mes nerfs fatigués, mais c'est maintenant seulement que j'ai toutes les assurances possibles de la
guérison de cette enfant que je mesure toute la gravité
de son mal, que je sens l'angoisse, comprimée cet hiver,
me saisir le cœur, et les larmes, à tout moment, me
montent aux yeux. C'est stupide, puisqu'elle va mieux
et que je n'ai plus qu'à bénir Dieu de sa bonté pour ma
chère petite adorée. Mais je n'y puis rien et je passe
ainsi de vilains moments.

Kaltbad, 16 juillet 1876. — Notre Kaltbad est aussi
beau que l'an dernier, notre lac aussi romantique, les lointains aussi azurés, et toute cette grande nature toujours
calme, apaisante, maternelle, posant un baume divin sur
les angoisses et les peines passées. Je suis déjà mieux
et, en voyant ma chérie si rose et si contente, sous les
sapins, je sentais se fondre ce lourd poids, que j'ai depuis

longtemps, sur le cœur. Tante chérie, il me tarde de
vous voir tous sous cette douce influence. Merci de votre tendresse, je ne saurai jamais assez vous dire avec
quel déchirement je vous ai quittées l'autre jour. Et mon
boy, mon cher *boy*, j'ai pleuré comme une enfant,
quand le convoi s'est mis en marche... Que te dire encore sur ma petite : elle prend si bien en patience son
état qu'elle touche tout le monde. On est charmant
pour elle. Les petites Spinelli n'avaient pas déjeuné
d'émotion, le jour de notre arrivée : elles sont trop gentilles, ces enfants. Nos petites ont fait des conquêtes,
Maggie entre autres, celle de son voisin de table, un très
gentil pasteur protestant : elle était enchantée de ce succès inaccoutumé et ouvrait une bouche qui me déses-
pérait, car elle était en face des trois tables et on voyait
jusqu'aux amygdales. Tu devines mon agitation. Je me
rattrape avec ses mollets et ses yeux gris. Madeleine
est folle, par moments. Chantal erre au milieu de ces
enfants, comme une sous-maîtresse d'une pension Sim-
boiselle ou Mar : elle prend des airs sérieux comiques.

22 Juillet 1786 *(à sa mère).* — Vous avez dû recevoir le bulletin de la santé de notre chérie ; elle continue à être très bonne, très satisfaisante. Sa mine fraîche
et si reposée surtout frappe tout le monde. Puis, elle est
si gentille et patiente que tous l'adorent. Plus d'agace-
ments, de larmes, d'excitation ; un calme doux avec sa
gaieté d'autrefois. Les autres vont très bien, mais laissent plus à désirer, comme calme et patience. Madeleine, à table, fait, devant ses légumes, des mines qui font
rire tous nos voisins, Marguerite y va plus bravement,
à cause de Pierre des Vallières qui, ayant les mêmes
dégoûts, fait un *steeple chase* à qui aura fini le plus tôt...
Entre cinq et six, c'est un air divin, une heure délicieuse,

fraîche, calme, recueillie. Le temps est splendide, les
sommets si nettement découpés. En ce moment, ils ont
déjà perdu la teinte rosée qu'ils avaient encore il y a
une heure, mais leur blancheur est d'un éclat pur et radieux, qui éblouit.

22 Juillet 1876 (*à son beau-père*). — Nous n'a-
vons que de bonnes nouvelles à vous donner de notre
enfant chérie. Elle va si bien que cela me remplit le
cœur d'espoir; elle a une jolie mine fraîche et reposée,
mange et dort bien. J'ai bien confiance dans cet air pur
et j'espère vous la ramener ,cet automne, s'il plait à Dieu,
en meilleur état qu'au départ. Le reste de la bande va
bien aussi; tout cela s'ébat sous les sapins, dans l'air pur,
dans les foins embaumés, sans étonnement de l'admirable nature qui les entoure, comme s'ils étaient nés sur
ces hauts sommets. Mon mari est un peu fatigué. Il a
changé si totalement ses heures de lever et de coucher
qu'il s'en ressent; mais le moyen de faire faire les choses à demi à ce garçon-là! Vous devez en savoir quelque chose. Je suis très heureuse de l'avoir près de moi:
j'espère qu'il va bien se reposer, mais il a une si étrange
manière parfois de comprendre le repos que vous devriez
bien le guider là-dessus. Il a le nez fourré dans un livre,
du matin au soir. Il vient de dévorer, sans s'arrêter, quatre volumes en anglais. Un peu plus de contemplation
ne serait pas de trop, qu'en dites vous?

Rigi, 1er août 1876 (*à sa mère*). — Nous sommes dans
les nuages, depuis hier matin. Pour moi, j'aime cela, on
se croit plus que jamais sur un navire : cet isolement
complet a du charme pour moi : cela ne veut pas dire
que je ne serais pas contente de revoir la terre ferme.
Les enfants n'en souffrent nullement, c'est tout ce qu'il
faut. Hier, il y a eu bal d'enfants, puis une loterie. Cécile

a gagné deux lots; elle était ravie. Pauvre chérie, cela me fait mal, quand je la vois ainsi assise, lorsque tous les autres dansent et sautent autour d'elle. Les larmes m'étouffent, à chaque instant. Elle n'a pas l'air d'en souffrir, du reste, et elle a le sourire aux lèvres, tout le temps. Il est vrai que tout le monde est charmant pour elle. Chantal va tout à fait bien. Les petites vont parfaitement, mais sont horriblement gâtées par tout Kaltbad, à commencer par les Spinelli. Mon mari va bien mieux, Dieu merci, il a repris sa gaieté. Il refait des calembours, il parle de rester, Dieu merci! Mais j'ai passé de vilains moments. Mon Dieu, comme les hommes ne savent pas supporter la souffrance. Ils devraient accoucher, au moins une fois. Il est vrai que s'ils prenaient notre part de souffrances, que nous resterait-il?

3 Août 1876 (*à son beau-père*). — J'ai de meilleures nouvelles à vous donner de votre fils, mon cher père. Il est mieux, bien mieux, depuis deux jours, j'en suis bien heureuse, car je commençais à me tourmenter de son état nerveux et triste; Dieu merci, il a repris sa gaîté, refait des calembours, fredonne *la Vie parisienne* ou autres mélodies de ce genre et reprend goût à la vie, sans fuir l'humanité davantage. Et cependant nous sommes dans les nuages, depuis hier matin. Pour moi, cet isolement complet de tout, comme sur un vaisseau en pleine mer, a assez de charme. Les petites vont parfaitement; elles sont horriblement gâtées par tout le monde, surtout Madeleine dont l'originalité a beaucoup de succès; les deux petites têtes brunes se suivant de près, loin d'être jolies cependant, attirent toujours l'attention. Je passe ma vie à les chercher et je les trouve toujours fourrées dans les jupes ou sur les genoux de quelqu'un. J'attends mon fils, qui va venir avec ma mère.

Il est sage, m'écrit-on, mais quinze jours de sagesse me semblent bien longs pour lui... Charles avait été découragé pendant quelques jours, avec la mobilité d'impression qui le caractérise, mais depuis il est forcé d'avouer que Cécile a plus de vie, de force, de gaîté, de calme et d'appétit. Je dis que Charles se décourage; mais moi aussi, j'ai le cœur souvent bien gros. Hier, par exemple, elle assistait à un petit bal d'enfants, elle autrefois la plus légère et la plus gracieuse de toutes, et, quand je la vis ainsi immobile, au milieu de cette troupe d'enfants, cela me fit mal. Enfin, je n'ai pas le droit de me plaindre puisque la guérison nous est assurée. Je n'ai qu'à bénir Dieu et attendre.

7 Août 1876 (*à sa mère*). — Cécile continue à se porter parfaitement et à avoir une mine grasse et fraîche, qui étonne tous ceux qui la voient. Hier, elle avait sa robe de toile rose, qui lui allait parfaitement, tout en la faisant paraître plus dorée que jamais. Je n'ai jamais vu des enfants hâlés comme les nôtres. Maggie et Madeleine ont une raie blanche, à la place de l'élastique du chapeau, qui fait rire tout le monde. Chantal va parfaitement : elle ne travaille guère et en a moins envie que jamais. Maggie ne fait que son calcul et un peu d'écriture. Madeleine est la gâtée de tous, elle est la passion de Marcello, qui est son voisin de table. Elle dit quelquefois de drôles de choses très amusantes, et vraiment a une petite fleur d'originalité, qui est cocasse, mais, mon Dieu, qu'elle sait être méchante! J'ai toujours mes deux petites bonnes femmes à mes trousses; elles ne me quittent guère de la journée. Cependant, dans l'après-midi, je les laisse souvent près de Cécile, qui a ses places dans le parc et ses petites cours; elle est d'une gaîté qui fait plaisir à voir; toujours le sourire aux lèvres, un peu impérieuse parfois, mais tout le monde lui obéit, et nécessairement on prend ce pli-là, comme d'autres.

1er Septembre 1876 (*à M*me *Morisseau*). — C'est mardi qu'aura lieu la triste cérémonie, à Saint-Louis, où nous l'avons transporté ce matin. J'ai retrouvé mon pauvre Charles, à la gare de Lyon : avec quelle émotion, vous le pouvez imaginer ? Le cercueil était dans un wagon-salon, dans lequel nous avons pu entrer, et j'ai fait ainsi, auprès de lui, ce dernier trajet de Paris à Versailles. Charles va bien, il est courageux, fort, soutenu par sa grande foi et le souvenir plein de douceur d'une fin si chrétienne et si calme. Mon pauvre père ne s'est pas vu mourir, mais il a rempli admirablement ses devoirs. Charles a été entouré là-bas des plus grands témoignages de sympathie. Beaucoup d'amis de son cher père se trouvaient près de lui, au service, qui a eu lieu, hier matin. Je suis brisée des émotions de cette matinée et cependant cela m'a été doux de pouvoir encore pleurer et prier près de lui, pendant ces deux heures. J'ai peur de la réaction qui suit les grandes douleurs. Tant qu'il est là, on est soutenu par une force intérieure, mais quand il aura disparu et que la vie reprendra son cours : Pauvre Charles, quel vide ! Et pour moi aussi ; je le voyais trop peu, mais de quelle tendresse il m'entourait, quand il venait !

5 Septembre 1876 (*à sa mère*). — Les bonnes nouvelles de notre chérie me donnent un peu de courage, pour cette triste journée. Mon pauvre mari me fait pitié. J'ai été hier, à Saint-Louis : il est là, ce pauvre père, dans une petite chapelle, où chacun entre dire une prière, en passant. Je suis restée, plus d'une heure, priant et pleurant et ne pouvant quitter ces chers restes. Je l'ai

tant aimé, plus qu'il ne l'a jamais su, plus que je n'ai
pu le lui prouver et tout ce qu'il y avait de tendre et
de séduisant dans sa nature me revenait plus vivement
à la mémoire.

La Muette, 7 septembre 1876. — Je te remercie de
ta sympathie. Pierre aura pu te dire combien la triste
cérémonie a été touchante et de combien de témoignages d'estime, de regrets, de sympathie, cette chère
tombe a été entourée. Pour moi, je suis doublement
affligée et de la douleur de mon pauvre mari et de la
mienne. Car je l'aimais si tendrement, cet homme si
bon et si charmant, et j'ai seulement compris, en les
sentant se briser, combien étaient forts les liens qui
m'unissaient à lui! Hier, a été encore une cruelle journée pour nous. Charles veut vider le plus vite possible
l'appartement de son père, ne pouvant plus penser à y
mettre les pieds, au retour de Bourbilly. Mais que cela
fait mal de toucher à tout cela : cette jolie chambre si
gaie, où nous déjeunions tous trois, la table près de la
cheminée, ce coin du feu où chaque fois en arrivant, je
le vois encore, il me faisait bien vite me chauffer les
pieds, avec cette manière tendre et vive qui avait tant
de charme.

Bourbilly, 30 septembre 1876. — Ma bien chère
maman, bonnes nouvelles toujours de notre chérie. Elle
dort maintenant toute la nuit, sans se réveiller. La
bonne humeur est toujours la même, c'est une heureuse
petite nature. Hier, nous l'avons emmenée à La Roche,
avec Philippe, Marthe, Chantal et le boy. Les deux
petites et moi sommes montées par la grande route,
pendant que les autres montaient par les bois, mais
nous sommes tous descendus par la Croix et l'Étang.
Les bois étaient charmants, pleins de senteurs agrestes.

qui venaient des bruyères, des mousses et des chênes. La journée avait un air d'automne doux et voilé. Les enfants étaient très contents et rapportaient des provisions de marrons. Aujourd'hui, le temps est de même, avec un peu de vent, mais un vent caressant, qui n'a rien de rude.

16 Novembre 1876. — Bien chère maman, toujours même temps doux et beau, même bon état de santé et de gaîté chez les enfants. J'ai encore pu faire faire une jolie promenade, en voiture, à Cécile. Elle a vraiment une nature poétique, cette enfant. Elle est trop gentille et fait notre joie. Les trois autres sont aussi sages et bonnes et gentilles avec moi.

La Muette, 24 septembre 1877 (*à son mari*). — Je ne puis te dire quel regret profond j'ai éprouvé de n'être point partie avec toi. J'aurais été si heureuse de passer quelques bons jours avec toi, de bons jours rappelant le passé. J'aurais été si bonne et cela m'aurait été si doux, que tu ne te serais pas ennuyé. Quelle prétention! Mais, vrai, si quelqu'un pouvait te dire, d'une façon qui te plaise, tout ce que j'ai dans le cœur, tu serais touché et, la solitude aidant, nous serions très heureux d'être un peu ensemble. Pas de sourire gouailleur, je t'en prie! Pour ne pas t'ennuyer, je m'arrête : je veux seulement que tu reçoives demain, quelques mots tendres et que tu entendes parler des enfants chéris. Ils n'ont pu sortir, le temps est froid, il pleut à tout moment, cela me désole pour toi. La petite vallée sera triste, sous la brume. Chère petite vallée que j'aime, je voudrais m'y enfermer, avec tout mon monde et y passer ma vie.

Bourbilly, 18 septembre 1878. — Dieu est bon pour moi. Il m'a rendu le désir, la force d'avancer, le senti-

ment de son amour. Depuis la Sainte-Chantal, je sens
en moi quelque chose de fort et de doux, qui me soutient, me console et m'amène plus souvent vers Dieu.
Ce jour-là, j'ai pu pleurer et prier. J'ai eu un grand
chagrin, une amère déception pour ma pauvre Cécile,
mais j'ai pu me soumettre, grâce à l'abbé d'Hulst, dont
Dieu s'est servi pour me ramener à Lui. Depuis,
j'ai essayé de changer ma vie, je veux la remplir, je
veux l'élever. Mon mari est plus content de moi. J'ai
des rechutes, des défaillances, mais je sais où chercher
la force. Je veux transcrire quelques fragments de deux
lettres, que j'ai reçues de l'abbé d'Hulst, et que je veux
pouvoir lire. La première est écrite le lendemain de son
départ de Bourbilly : « N'écoutez pas les reproches vagues, qui vous feraient redouter en vous-mêmes des torts
impossibles à préciser et dont vos épreuves actuelles seraient le châtiment. Il n'est pas besoin de cette explication, pour justifier la conduite de Dieu, quand Il nous
visite par la douleur. Il vous a donné tout ce que le
monde envie : la fortune, un mari digne à la fois d'affection et de respect, des enfants tels que peut les rêver
une mère chrétienne. Mais, au milieu de tout cela, Il
veut que vous compreniez l'austère loi du détachement,
et, de peur que vous ne reculiez devant cette loi, Il vous
l'applique lui-même. Il n'est pas possible que, du premier coup, vous disiez *l'Amen parfait, presque joyeux,*
que savaient dire les saints. Il suffit que, murmurant à
travers vos larmes, la parole de résignation filiale, vous
attendiez de Dieu, avec confiance, ou la fin de l'épreuve
ou l'accroissement de force pour la mieux porter. Quant
à la guérison miraculeuse, je vous renouvelle le conseil
de ne pas vous forcer pour la demander. Attendez l'attrait intérieur, l'appel secret, qui vous donnera, au de-

dans, la confiance anticipée du succès de votre prière. En attendant, que la soumission à Dieu et la paix vous suffisent. »

Dans une autre lettre, en réponse à une demande de conseil, que je lui avais faite : « ... Pour le reste, ayez confiance en Dieu : croyez très fermement qu'Il ménage tout en votre vie, même et surtout les épreuves, pour votre sanctification, par conséquent pour votre vrai bonheur et celui des vôtres. Sachez aussi que, quand Il permet que vous vous sentiez abandonnée et toute languissante devant le devoir et la peine, c'est pour vous obliger à crier vers lui, à vous jeter dans ses bras, à persévérer humblement dans la prière, comme le pauvre qui attend à la porte. La prière est le seul moyen de salut et nous répugnons toujours à l'employer. Alors, Dieu nous y contraint, en nous ôtant, en apparence, tout secours, afin de nous réduire à lui en demander. Je prie Notre Seigneur de vous faire comprendre cette vérité et de vous initier à cette pratique.... »

22 Septembre 1878. — Nous partons, demain matin, pour Cannes. Ma pauvre chère maison est toute attristée et refroidie par les préparatifs de départ ; les fenêtres sans rideaux, les housses, les caisses, tout cela assombrit moralement. Seul, mon doux paysage garde sa grâce et son charme et cet air d'intimité qui le rend si attachant. Je le quitte à regret et avec tristesse, un mélange d'inquiétude et d'espoir. Que sainte Chantal bénisse mes enfants, dans ce long voyage et que sa protection s'étende sur notre nouvelle demeure, comme elle a béni celle-ci...

Cannes, 8 octobre 1878. — Je n'ai pu continuer mon journal. J'ai eu un chagrin si cruel qu'il m'a ôté tout courage... Nous sommes parfaitement installés, quoique

un peu les uns sur les autres. La maison est propre,
meublée avec goût, très riante. Le jardin ouvre sur la
mer. A deux pas, une petite grotte, des anfractuosités de
rochers, où nous installons les enfants, et où nous sommes seuls, loin des élégances de la Croisette; la mer est
bien à nous, avec sa beauté radieuse, sa douceur, son
charme, si loin des tristesses de l'Océan. En face, l'île
Sainte-Marguerite: nous y sommes allés deux fois: c'est
une promenade divine... Cette dernière semaine a été
profondément triste et comptera parmi les plus doulou-
reuses de notre vie. Ouverte d'abord par la mort de
Mme Spontini, elle nous apporta une épreuve plus cruelle que la mort d'êtres aimés. Nous n'avons appris
cette horrible nouvelle que par Georges Plantier : les
tantes n'ont pas osé nous la dire. Mon pauvre Pierre,
comme je le plains, comme je souffre pour lui, pour ma
tante, dont la vie pure devait toujours être heureuse et
bénie, qui ne connaît, depuis quelque temps, que la tristesse et la douleur. Je ne puis dire tout ce que j'ai souffert, depuis huit jours. Hélas! j'avais déjà tant souffert
par cette femme, qui n'est entrée dans notre famille que
pour y apporter des douleurs et des hontes.

Cannes, 10 octobre 1878 *(à son mari)*. — Tu me
manques tellement et je souffre tant des circonstances
qui motivent ton départ et de cette triste mission qui
t'est donnée! J'ai reçu ce matin, une lettre du bon Georges, commencée pour toi et finie pour moi. Il me donne
les détails que tu as dû apprendre, de vive voix, et je
suis navrée! Il faut absolument délivrer ce malheureux
Pierre, fût-ce malgré lui. Au nom de mes parents, je
vous demande de faire tout ce qui est possible pour en
arriver là. Je ne parle pas de nous, je me mets même
en dehors de cette question, résolue de quitter la Muette,

si *elle* y revient. Mes chères bonnes tantes, trop faibles, trop généreuses, trop tendres, entoure-les de nos tendresses, mon bien cher ami !

Cannes, 11 octobre 1878. — J'ai reçu un petit mot de tante Camille, ce matin, bien court, hélas ! Cette pénurie de lettres et de détails, dans ces circonstances, est angoissante. Tu sais déjà ce qu'elle me dit, sa ferme décision de ne pas permettre à H... de passer le seuil de la Muette, les démarches pour provoquer une séparation. Il faut donc maintenant ne se préoccuper que de ce malheureux garçon ; cher ami, je t'en prie, pour l'amour de mon pauvre père, que tu aimais. Le souvenir de ta bonté, ces jours derniers, me console et me soutient dans ma faiblesse. Aime-moi bien et crois que je suis à toi, de toute mon âme. Que Dieu te bénisse et vous inspire.

Cannes, 15 octobre 1878. — Mon bien cher ami, ce que tu me dis du malheureux Pierre me désespère ! Je n'ose envisager l'avenir, je suis navrée. Merci de tes efforts, mon cher mari, que Dieu te récompense. Je ne sais que te dire, ma vie est, par moments, intolérable, avec cette séparation, cet éloignement et cette présence continue des enfants, qui se tourmentent de mon silence et me forcent à prendre sur moi... Adieu, mon bien cher, que je voudrais être près de toi ! C'est trop affreux.

Cannes, 15 octobre 1878 (*à Mme Dessolliers*). — Quoique tout ce que j'apprends augmente ma tristesse, mon écœurement, mon dégoût, j'aime mille fois mieux savoir ce que vous savez et souffrir ce que vous souffrez que de rester dans l'ignorance et le silence. Je suis très satisfaite qu'Alfred soit venu, j'ai un peu d'espoir que sa vieille intimité avec Pierre pourra influencer ce malheureux garçon. Ah ! si mes parents avaient vécu, quelle douleur ! Je suis à peu près seule maintenant, ce qui ne m'arrive guère et me soulage l'âme un peu, cette contrainte et cette gaîté forcée qu'il faut avoir avec les enfants devenant quelquefois une fatigue et une angoisse insupportable. Cela distrait, dans les purs regrets que laisse la mort, mais dans l'anxiété d'une douleur telle que la nôtre, on aime mieux la solitude, et le cœur est trop lourd pour avoir d'autres pensées.

16 Octobre 1878. — Je n'ai pas continué, l'autre jour et je n'ai guère le courage d'écrire ma douleur, mon angoisse, ma terreur de voir Pierre rester avec cette femme, mon chagrin amer d'être séparée de mon mari, dans de telles circonstances, m'absorbe complètement... Mon Dieu, que la vie est triste et qu'on a besoin de ne penser qu'au ciel!... Le temps est changeant. Ce matin, il est radieux. Sans chagrin, sans tristesse, avec tous ceux que l'on aime autour de soi, dans la paix d'une vie pure, quel paradis ce serait que ce pays lumineux, qui fait rêver à l'Orient. Quel éclat et quelle harmonie, quelle sérénité! les premiers jours m'ont été si doux : promenades ou stations au bord de la mer, avec mon cher mari, affectueux comme par le passé! Quel rêve, mais qu'il a été court! Maintenant, tout est sombre; sans les enfants, quel désespoir!

Cannes, 16 octobre 1878 (*à son mari*). — Ce matin, les enfants vont très bien, le temps est radieux; quel rêve ce serait de vivre ici réunis, loin du monde, honorés, purs, tout aux devoirs de la famille. Hélas! ces tranquilles joies ne nous sont plus permises, et la douleur se mêle maintenant à toutes mes pensées. Je suis avec toi de cœur, je souffre de ne pouvoir t'aider, dans cette pénible tâche que tu t'es donnée. J'écris à Pierre : l'idée de ce malheureux garçon, me hante et me poursuit. Et toi, très cher, comment es-tu? Tous ces écœurements, tous

ces dégoûts doivent te faire mal et redoubler l'amère
tristesse que j'ai pu lire dans ton âme et qui me brise
le cœur...

Cannes, 16 octobre 1878 *(à son frère).* — Mon pauvre cher Pierre, on me dit que tu es encore à Vaugrigneuse ; je ne puis le croire, après tout ce que j'ai appris.
Toi, si honnête, cela n'est pas possible. Je t'en conjure,
je t'en supplie, viens près des tantes, qui t'aiment. Charles est tout prêt à être un frère pour toi. On te dira ce
que tu ignores encore, et ce que le monde sait déjà.
Hélas ! je ne puis supporter de te voir la risée de ce
monde méchant et qu'une séparation fera seule taire !
D'Alsace même, où notre père a laissé un nom si pur et
honoré, l'horrible histoire nous est venue et *toute la
famille* attend de toi que tu brises ces liens qui te dé-
shonorent. On t'évitera toute la peine. *Quitte-la* : le reste,
on s'en charge. Songe à ce que tu dois à notre honneur
et crois que je te serai dévouée et fidèle pour la vie, si
tu te rends au désir de tous les tiens. Ton bonheur, le
repos, la dignité de ta vie y sont engagés : je t'embrasse,
le cœur brisé, mais avec l'espoir que tu nous écouteras.

17 Octobre 1878 *(à son mari).* — J'attends, avec fièvre, la lettre d'aujourd'hui. Ah ! si Dieu voulait inspirer
ce malheureux et le délivrer de cette créature ! Je ne
puis en distraire ma pensée. Ah ! que ne reviens-tu !
Jamais la séparation ne m'a semblé plus dure ! Je te
remercie tendrement de ce que tu fais pour sauver
Pierre : je n'oublierai jamais ta bonté, dans ces premiers jours si cruels. Je souffre d'être si loin, si inutile...
Que ce pays est adorable et qu'il ferait bon d'y vivre
avec ceux que l'on aime, et de s'y perfectionner, dans
l'oubli du mal et en vue du ciel. Cette cruelle épreuve
m'a été utile, dans un sens, elle m'a détachée de la

terre et donné un désir du ciel, que je n'avais jamais encore ressenti...

Cannes, 18 octobre 1878. — Je prie Dieu de te bénir, mon bien cher ami, pour tout ce que tu viens de faire pour sauver mon pauvre Pierre. Je comprends ton indignation et je t'assure que tu n'avais pas besoin de m'en dire les motifs, pour me faire comprendre et ressentir ce qu'il y a de douloureux à voir une âme qui vous est chère, descendre ainsi. J'en souffre cruellement, car mes idées sur l'honneur sont les mêmes que les tiennes. Je sais dans quelle atmosphère cette créature faisait vivre cette âme, que Dieu avait fait honnête. Une femme droite et résolue à bien faire aurait pu réveiller en lui tous les bons germes, que la nature et la famille y avaient mis. Mais hélas! je ne sais que trop ce qu'on pouvait espérer d'elle, et de quelles larmes n'ai-je pas payé cette triste perspicacité! Tu ne sauras jamais ce qu'elle m'a fait souffrir. Tout cela est passé, n'en parlons plus. Ce que je voudrais, c'est pouvoir relever le pauvre garçon! Ah! si maman vivait! Ce que je désire aussi, c'est que tu saches que je suis à toi, de toute mon âme, que je te bénis, que je te remercie, mais que j'ai le cœur brisé et que je me sens maintenant bien seule en ce monde!

Cannes, 20 octobre 1878 (*à son mari*). — Mon bien cher ami, je t'ai béni et remercié dans mon âme, en apprenant que mon cher Alfred et toi aviez réussi dans votre mission. C'est un soulagement profond, mais qui me laisse hélas! l'amère tristesse de sentir que le pauvre garçon n'est pas, pour cela, rapproché moralement de nous. C'est un grand chagrin, pour moi, ajouté aux autres. Je suis aussi bien ennuyée de te sentir ce procès sur les bras : moi qui rêvais d'être, pour

mon mari, tout ce que la femme peut être, je n'arrive
à lui apporter que des chagrins et des ennuis, sans que
ma tendresse ait le don d'en compenser, au moins, une
partie. Tout cela ne quitte pas le fond de mon cœur et
m'est une angoisse bien amère. Je ne veux pas te dire
inutilement toutes ces choses. Je veux encore te dire
ma reconnaissance pour les efforts entrepris... Je te reviens un instant, pour te dire une chose qui me préoccupe. Après le procès ou avant, faut-il s'occuper de
cette malheureuse? Il me semble que notre devoir, à
nous femmes, est de veiller à ce qu'elle puisse mener
une vie honnête. Le moyen m'échappe, mais il doit y
en avoir un et cela *me* regarde encore plus que les pauvres tantes, trop accablées et qui lui tiennent de moins
près. Dis-moi ta pensée là-dessus. Il me semble que, si
elle retourne au vice, nous y serons pour quelque chose,
si je n'ai pas essayé de l'en tirer? Je lisais l'Evangile,
hier soir et plusieurs passages m'ont poursuivie, avec
cette pensée.

Cannes, 22 octobre 1878 (*à Mme Morisseau*). — Je
vois que nous n'êtes pas au courant de nos tristesses.
Je veux donc vous dire la terrible épreuve qu'il a plu
au bon Dieu de nous envoyer encore. Mon frère vient de
se séparer de sa femme et par des motifs trop réelle-
ment douloureux pour pouvoir permettre aucune indulgence à nos cœurs. Nous avons horriblement souffert,
tous ces temps derniers. Mon mari est parti pour Paris,
pour venir en aide aux pauvres tantes si affligées, au
pauvre Pierre trop aveugle, et pour sauver l'honneur de
tous. Il vous contera nos douleurs. Plaignez-moi, car
cette épreuve-là est plus cruelle que toutes les autres !
Mon cher mari a été bien bon pour nous, et mes tantes
qui viennent d'arriver, ont été bien touchées de son af-

fection pour elles. Le voilà bien seul, à Paris. Il aurait
sans doute été vous voir, dimanche, s'il n'avait pas été
voir mon pauvre frère, qui est retourné à Vaugrigneuse
et qui a bien besoin d'être guidé et soutenu par mon
mari... Je ne vois personne et vous pensez que je n'ai
pas le cœur aux visites. Nous sommes profondément
affligés et, quand je pense à mon cher père et à cette
mémoire respectée qu'il a laissée, je bénis Dieu, qui lui
a épargné, ainsi qu'à ma mère, les chagrins que nous
ressentons.

Cannes, 26 octobre 1878 *(à son mari)*. — Comme il
me tarde de voir ce procès fini et toi délivré de ces
soucis, Pierre et nous, de cette malheureuse. Les tantes
ont été attérées, comme moi, de ce que chaque lettre
nous apprend. Merci encore et toujours de ce que tu
fais pour le pauvre Pierre, de tes soins, de tes peines;
rien n'est perdu à mes yeux et je t'en remercie, de toute
mon âme. Je suis si désolée de la vie pénible et isolée
que cela te fait!

Cannes, 29 octobre 1878 *(à son mari)*. — Le temps
est si beau aujourd'hui que je me mets à désirer ton arrivée et que je pense qu'un ciel pareil vaut la peine d'un
voyage. Je dis que je désire, mais la vérité est que je ne
sais plus ce que je veux, que je suis navrée que tu sois
embarrassé de nous, et que je me prends à regretter
amèrement pour toi, que la volonté de mon oncle Erard
nous ait appelés à Paris. C'est ta pensée, au fond de l'â-
me, mais tu es trop généreux pour me le dire. Enfin, Dieu
nous a conduits, il a ses desseins. Il faut s'incliner et se
soumettre, mais de sentir qu'on a gâté involontairement
la vie des autres, est un sentiment très pénible. La douleur commune s'augmente, pour moi, de tous ces détails
et de ma profonde pitié pour mon pauvre unique frère,

que je voudrais relever aux yeux de tous. Je t'ai quitté
pour aller au bord de la mer, avec les enfants. Nous
entendons le canon d'un bâtiment de l'escadre qui s'annonce. La matinée est divine ; jamais je n'ai vu la mer
si belle, le ciel si pur. Ces quelques instants ont suffi
pour adoucir un peu l'amertume de ma tristesse et m'aider à me soumettre. Je craignais l'influence amollissante
de ce pays, avant d'y venir ; je trouve, au contraire,
qu'il m'amène plus à Dieu. Il est vrai que toutes les hor-
reurs dont nous entendons parler, donnent une soif de
sainteté, de pureté et d'honneur, que Dieu seul peut
satisfaire.

Cannes, 6 novembre 1878 (*à son frère*). — Mon bon
cher Pierre, je te remercie de ton affectueuse lettre, qui
m'a bien touchée. Si tu savais comme je suis préoccupée
de toi et combien je suis affligée d'être si éloignée et de
ne pouvoir t'entourer de mon affection, dans ta solitude
et ta tristesse. Si tu pouvais te décider à venir à Cannes,
je suis sûre que tu t'en trouverais bien. Le froid est venu, mais toujours tempéré par un soleil très doux, dans
le milieu du jour. L'air de la mer n'a pas ici cet excitant,
si mauvais dans le Nord, pour les organisations nerveuses.
Charles m'a dit que tu avais meilleure mine : je comprends tout ce que tu dois ressentir, mais il me semble
que, pour les premiers temps, cette vie de campagne, qui
t'a toujours convenue, ne peut te faire que du bien. La
Muette est si vide que tu y ressentirais encore plus ta
solitude et ces douloureux souvenirs du passé. Mon pauvre ami, je savais qu'elle ne t'aimait pas, mais j'espérais
toujours et je lui cachais même que j'avais lu dans son
cœur, pour ne pas troubler ton repos ; je ne croyais pas
alors ton honneur compromis comme il l'était, hélas ! Enfin, n'en parlons plus et ne ravivons pas ces blessures

cruelles. Cette petite Alice va être ta consolation ; c'est un bonheur pour elle qu'elle n'ait point les dix années de plus que tu voudrais ; elle ne serait point tendre, dévouée et pure comme elle le sera Il faut en remercier Dieu, qui te la garde telle.

Cannes, 8 novembre 1878 (*à son mari*). — Ta chère lettre d'hier m'a fait un bien infini, mon ami. Je ne puis assez t'en remercier. Elle m'a apaisée, calmée, remontée, par ce ton tendre et confiant qui, dans ta bouche, fait de moi tout ce que tu veux. Je vais tâcher, mon ami, de faire ce que tu demandes.

Cannes, 11 novembre 1878 — J'irai, ce matin, me confesser, pour demain, le 12! Mon chéri, que Dieu te bénisse pour tout ce que ce jour me rappelle. Moi, mon ami, je ne peux penser qu'aux bonnes heures que je t'ai dues et je voudrais pouvoir, par un peu de bonheur présent, effacer le souvenir de celles qui te restent, dans la mémoire, au détriment des autres plus douces. Si je n'y arrive pas, ce sera encore mon plus grand sacrifice à offrir à Dieu ; mon cœur ne sera pour rien dans mon insuccès. En attendant : sois béni, pour tout ce que tu as été : bon, tendre, un soutien, un guide, un ami, surtout ces temps derniers, je ne l'oublierai jamais.

Cannes, 12 novembre 1878 (*à son frère*). — On nous écrit que tu vas revenir à la Muette : nous te supplions d'attendre que le jugement soit prononcé. Nous sommes si préoccupés de toi, mon pauvre garçon! Quand cette femme aura quitté le quartier, que nous serons tous réunis, nous passerons encore des jours tranquilles, car nous t'entourerons de notre affection et ceux de nos amis qui ne peuvent s'exposer à rencontrer cette malheureuse, elle une fois éloignée, seront heureux de te témoigner leur estime. Je n'ose penser à toi, mon pauvre ami, te trouvant en face de cette femme si indigne de toi, et que tout le monde fuit. Je prie pour elle, de toute mon âme, car son abjection me fait peur et pitié pour elle, mais tout mon désir est que tu ne la revoies plus jamais. Aie confiance en mon affection, en celle de Charles, de mes tantes. Si tu pouvais venir ici, passer quelque temps, je crois que cela te ferait du bien. Il fait froid, mais le milieu du jour est doux et le pays est admirable. Les enfants t'embrassent et pensent bien à leur cher oncle Pierre.

12 Novembre 1878 (*journal*). — Je bénis Dieu, aujourd'hui quatorzième anniversaire de notre mariage, des grâces dont il m'a comblée, je le bénis surtout d'avoir maintenu mon âme dans l'amour du devoir et de m'avoir, à l'heure de la douleur, conservé l'amour de mon mari et le désir de me rapprocher de mon Dieu, le plus étroitement possible.

Cannes. 13 novembre 1878 (*à son mari*). — Ta lettre d'hier m'a profondément touchée et émue. Que Dieu soit béni des grâces dont il me comble, dans mes épreuves, et dont le sentiment de ton affection et de ta confiance n'est pas la moins précieuse. Cher, cher ami, je ne sais comment t'exprimer les affections tendres, émues, reconnaissantes et tristes aussi, que ta lettre a fait éprouver à mon âme! Il y domine un amour profond pour toi et d'amers regrets pour un passé qui ne peut revenir. Si tu savais comme maman t'a tendrement aimé, comme elle était fière de toi, tu n'accuserais que le changement survenu dans son caractère, à la suite de tristesses trop cruelles pour un cœur de mère. Je t'assure que souvent, j'avais peur pour ses pauvres nerfs. Hélas! toute douleur nous est venue de ce fatal 12 novembre, si doux et cher, et béni pour moi cependant, mais qui a fait entrer cette femme dans notre famille! Elle a abrégé, j'en suis sûre, la vie de mes parents, par l'angoisse et la douleur! Pour moi, elle m'avait bien fait souffrir. Pardonne à la chère mémoire de ma pauvre maman, comme tu m'as pardonné moi-même, ces ombres qui ont laissé, dans mon âme, un sentiment inaltéré et profond de tendresse, de dévouement, et de confiance en toi....

Cannes, 16 novembre 1878. — Mon bien cher ami, nous avons été bien émues, ce matin, en apprenant que tout était fini, que mon pauvre Pierre était délivré de cette malheureuse créature, que cette œuvre de justice était faite, que notre honneur était sauf, grâce à Dieu et à ton dévouement, mon ami. Mais, en même temps, j'ai senti, dans mon âme, une pitié immense pour cette femme et je frissonne, en pensant aux tortures que lui donnera un jour, s'il plaît à Dieu, la claire vue du mal qu'elle a commis. On ne peut pas penser à ce que cela sera et cependant il faut désirer, souhaiter, prier pour que cette heure vienne et le plus tôt possible!... Que Dieu te bénisse pour tout ce que tu as fait! Dis-moi ce que tu sais sur cette malheureuse; toute colère s'est calmée, en ce moment, sous l'horreur que m'inspire son avenir misérable. Son âme me fait une pitié profonde. Que Dieu l'éclaire!

16 Novembre 1878 (*à son frère*). — Charles nous apprend, mon pauvre Pierre, que tout est fini : je bénis Dieu, qui te garde tout entier à notre affection et à notre dévouement. Je tiens à te dire tout ce que j'éprouve et ressens pour toi de pitié et de tendre sympathie.

23 Novembre 1878 (*journal*). — Désillusions sur quelques amies : c'est très dur. Oh! quel désir d'avancer dans la vraie voie du sacrifice, de l'amour de Dieu me saisit! Que Dieu soit béni, pour se faire ainsi sentir à mon âme, comme son seul véritable ami!

Cannes, 23 novembre 1878 (*à son mari*). — Les enfants m'ont été d'un grand secours, depuis deux jours, tout en remplissant ma vie de fatigues et de soucis; mais ils m'ont empêchée de m'appesantir trop sur la douleur que m'a causée ta lettre, douleur mêlée de déception, de regrets amers, d'indignation contre de soi-disant amis, d'angoisse pour le lendemain. Oh! dans mon chagrin des tristes semaines passées, j'avais eu une consolation trop grande dans ta tendresse et ta bonté! Dieu n'a pas voulu me laisser une telle douceur : tu riais de ma phrase passée : *je t'aime trop pour mon repos et pour mon bonheur*. C'était vrai au fond de mon cœur, je te parle dans la sincérité de mon âme, te demandant pardon du mal que j'ai pu te causer, mais te jurant que je suis aussi fière et jalouse de ton honneur de chrétien que toi. Que de choses je pourrais te dire, qui pourraient amollir ton cœur, mais je crois qu'il vaut mieux les taire et me soumettre à cette dure épreuve, sans crier...

Cannes, 4 décembre 1878 (*à son frère*). — Charles est venu passer quatre jours avec nous et nous aurions été bien heureuses, s'il avait pu t'amener. Le temps, il est vrai, a été souvent bien mauvais, mais avec des alternatives de doux et radieux soleil, qui réconforte l'âme et le corps. Ce beau pays séduirait ton imagination d'artiste, il me fait souvent penser à cette facilité si grande que tu avais pour le dessin et que tu as été si coupable de négliger. Je suis sûre qu'en la cultivant, tu arriverais à un vrai talent; tu as le coup d'œil, le goût, le culte de la nature, du beau et du vrai! Les bois ne réveillent-ils pas les goûts de ta jeunesse? Ici, la nature est idéale et si variée d'aspect, quoique pleine d'harmonie, dans sa lumière et ses teintes. La végétation va jusqu'à la mer, ce qui ajoute encore à la douceur de cette mer azurée, si différente des grèves souvent arides de l'Océan. Les bois de sapins qui nous dominent, sont remplis d'arbousiers aux fruits rouges, et de bruyères encore roses, il y a quinze jours. Tout cela t'intéresserait, comme naturaliste et te charmerait, comme peintre. Mon mari, dans ses petites visites qui nous font du bien, me montre que je puis compter sur lui pour toi : il a bien le désir d'aplanir les choses pour toi et son dévouement et son intelligence me sont de sûrs garants que, si tu te fies à lui, ton avenir de tranquillité et d'honneur sera assuré. Et nous, mon ami, tu sais que nous t'aimons et n'avons qu'un désir, c'est de resserrer nos liens de famille si amoindris et de t'entourer d'une vraie affection. Ne la nommons plus entre nous, la malheureuse, tâchons non pas d'oublier mais d'élever nos cœurs et de n'y point laisser entrer un sentiment indigne. Je prie Dieu pour elle, mais en voyant le mal qu'elle t'a fait, je ne sais si j'aurai la force de ne pas haïr, par moments. Enfin, elle est rejetée de la famille et nous pourrons dire que notre honneur n'est point atteint !

Cannes, 11 décembre 1878 (*à son frère*). — Je suis bien occupée de toi. Et, dans ton intérêt, ton honneur, ton repos, qui nous tiennent tant à cœur, il faut que je te dise une chose qui nous préoccupe beaucoup. Comme tu es confiant et que tu te sens la conscience nette, tu racontes les trahisons qui ont brisé ta vie, à des gens qui en font un mauvais usage. Je t'en conjure, ne parle de tout cela à personne. Le monde est cruel et impitoyable, quant aux amis, j'en connais bien peu de sûrs ! Le silence vaudra donc mieux et l'absence, jusqu'à ce que cette triste histoire soit oubliée. Viens, viens près de nous, fuis Paris, pendant quelques mois. Je te le demande, au nom de notre affection à tous. Adieu, mon bon Pierre, si tu savais quelle bonne petite vie nous te ferions ainsi, douce et tranquille, loin de ce vilain monde que je déteste et crains. Serrons-nous bien, dans la tourmente, et rejetons jusqu'au souvenir de la malheureuse, qui a souillé notre maison.

Cannes, 11 décembre 1878 (*à M*^me *Muller*). — Ma pauvre bien-aimée Marie, je ne puis te redire combien je suis malheureuse d'être trop tenue ici pour pouvoir courir à toi. Je voudrais mêler mes larmes aux vôtres et bien te prouver que je suis vraiment ta sœur, par la communauté de la douleur. Cher, cher parrain, que de souvenirs me reviennent en foule, de sa bonté, de son affection et de ce sentiment de confiance et de sécurité que mon enfance ressentait pour lui, à la fois si énergique et si doux.. Je suis très, très inquiète de Pierre. Sa pauvre tête ne peut supporter la triste vie qu'il mène, dans cette grande maison isolée et solitaire. Nous ne voulons pas qu'il rentre à Paris. Tout lui manque à la fois et, pour une tête faible, mélancolique et minée, c'est affreux! Oh! la triste vie et que ceux qui partent sont heureux! Ma pauvre bien-aimée, je suis avec toi, je voudrais te serrer dans mes bras et, je ne puis que prier pour toi.

Cannes, 15 décembre 1878 (*à M*^me *Muller*). — Charles t'a peut-être annoncé le nouveau coup, dont Dieu vient de frapper nos cœurs meurtris. Mon pauvre Pierre n'a pu supporter les émotions cruelles que lui causait la vue de cette maison solitaire et désolée et Dieu, dans sa miséricorde, l'a retiré de ce monde de douleurs où, trop faible pour les luttes de la vie, il avait été brisé par elle. Mais, mon amie, quelle désolation, pour moi de n'avoir pu l'entourer, le soutenir, et de penser qu'il est mort, tout seul, dans le désespoir, sans qu'aucun de nous ait pu lui dire un dernier adieu, ce pauvre malheureux, que ma chère mère me semblait m'avoir légué à soutenir et à entourer. Prie pour moi, comme je prie pour toi! Toutes deux nous avons besoin de secours et d'aide et nous traversons les mêmes épreuves. Je sens, dans mon cœur, l'écho des souffrances du tien. Quand notre pauvre Léon est mort foudroyé, en plein bonheur, je croyais que rien ne pouvait être plus cruel, mais à côté de la mort isolée de mon malheureux Pierre, je me prends à envier ces derniers moments de ton frère, assisté par une femme pieuse et fidèle. Mon pauvre Charles, tout seul avec les tristesses sans nombre et le fardeau accablant de toutes ces affaires, me donne encore un chagrin de plus. J'ai peur qu'il ne soit trop fatigué par tant d'émotions. Ah! mon amie, qu'il nous faut crier vers Dieu pour avoir du courage! Que de vides en six mois! mais ceux qui partent sont heureux! Nous ne pouvons regretter, pour ces compagnons de notre jeunesse, une vie si remplie d'amertume.

Cannes, 20 décembre 1878 *(à Mme de Bellaigue.)* — Je suis profondément émue de la part que tu prends à ma grande douleur. Dans le désastre affreux, où vient de disparaître une vie si pure, un cœur si honnête, une affection si chère et si liée, pour moi, aux meilleurs souvenirs de ma vie, il m'est doux de sentir, près de mon cœur, une amitié chaude et dévouée, comme la tienne. Hélas! je les compte, ceux qui ont connu ces jours heureux et bénis, où nous étions au complet, jouissant de notre cher cercle de famille et d'amis, à l'abri du double nom d'Erard et de Schaeffer, ces noms si chers, placés si haut dans les cœurs honnêtes! Je comprends le senti-

ment de ceux que frappe cette miséricordieuse bonté de
Dieu, qui a ravi à mon pauvre Pierre, une vie qui n'était
plus qu'un lourd fardeau. Ma chérie, c'est bien Dieu qui
l'a retiré de ce monde et non, comme on le prétend, sa
raison perdue dans ce grand naufrage, où sombraient toutes ses espérances de bonheur en ce monde. Non, cette
grande amertume m'a été épargnée ; il s'est couché tranquillement, quoique profondément émotionné par le retour dans cette maison désolée, il a dit sa prière et, le
lendemain, quand on l'a trouvé sans vie, cette horrible
pensée n'est restée dans l'esprit d'aucun de ceux qui
l'ont vu, calme, endormi de son dernier sommeil. Je ne
puis me consoler de n'avoir pu l'entourer, à cette heure
suprême, mais je puis espérer en la bonté infinie de Dieu.
Mon mari est encore près de moi, puis il va retourner à
Paris, pour s'occuper de mes pauvres petits neveux, que
je voudrais bien avoir tout à moi, mais là encore nous
attendent des dificultés, contre lesquelles mon pauvre
mari aura à lutter.

IX

ACCALMIE

(1879-1882)

Le séjour à Cannes se prolongea jusqu'au mois de juin 1879. Marie avait, auprès d'elle, ses deux tantes, et je venais assez fréquemment la voir pendant quelques jours. Au moment des vacances de Pâques, je la conduisis à Rome, où elle eut la joie de recevoir la bénédiction du Souverain Pontife.

Le 4 juin, nous quittâmes le Midi, pour nous réinstaller à Bourbilly. Le mois suivant, à la grande joie de ma chère femme, je donnai ma démission et je quittai à jamais le Conseil d'Etat, où j'avais si longtemps siégé. Le 15 août, notre très cher ami, Mgr* d'Hulst, donna la première communion à Cécile, dans notre chapelle et, le 22 août suivant, la chère enfant recevait la confirmation, des mains du cardinal Caverot, archevêque de Lyon, venu pour célébrer, à Bourbilly, la fête de sainte Chantal. Au printemps de 1880, Marie vint avec moi, jusqu'à Florence et à Rome; nous avions emmené Chantal et nous eûmes, tous trois, le bonheur d'être bénis par le pape Léon XIII. Au mois de juin, les médecins envoyèrent ma chère femme aux eaux de Brides, en Savoie; au retour, elle s'arrêta à Bourbilly. Lorsque le gouvernement expulsa les religieux de leurs couvents, nous eûmes l'honneur et le bonheur de don-*

ner l'hospitalité à plusieurs fils de saint Dominique, que je ramenai de Flavigny, le 5 octobre. Notre maison devint une sorte de couvent, jusqu'au moment où ces excellents hôtes durent nous quitter, pour gagner le monastère de Volders, en Tyrol. Nous ne rentrâmes à Paris qu'au milieu de décembre.

Cannes, 7 janvier 1879 *(à son mari).* — Il faut que je te dise toute ma tendre reconnaissance, pour ces trois semaines que tu viens de me donner, et qui m'ont aidée à supporter toutes mes douleurs. J'avais le cœur bien lourd, quand j'ai vu le train partir : je croyais que je ne pourrais pas supporter une séparation nouvelle! Mais Dieu est bon, Il me donne des forces inconnues, que je sens bien venir de Lui, car j'ai, en moi, par-dessus toute chose, l'unique désir de faire mon devoir, en tout et pour tout. Tiens-moi au courant de ce que fait et dit cette famille, qui a causé nos malheurs. Je ne puis faire taire mes révoltes qu'à force de prier. Tu ne me cacheras rien, n'est-ce pas? Je n'aime pas que tu gardes ainsi toute chose pénible pour toi. J'ai bien pris sur moi, tu l'as vu, et tu n'as plus de scènes à craindre, je te le promets. Je sais être forte et, en tous cas, je sais où chercher ma force! Partage donc avec moi tous tes ennuis; ton intérêt, ton honneur, tout toi-même passe avant moi, dans mes pensées et dans mon âme.

Cannes, 12 janvier 1879. — Il faut se soumettre à cette volonté de Dieu, qui a arrangé ainsi la vie, pour que nous ne nous y attachions pas. Et vraiment, je suis étonnée du chemin que mon âme a fait, dans ces idées de renoncement et de détachement. Je ne dis pas que je n'ai pas des réveils d'autrefois, mais une fatigue ou un souci se charge vite de me mettre à la raison...

Cannes, 23 janvier 1879 (*à son mari*). — Mon bien
cher ami, la dépêche de ma tante t'aura fixé aujour-
d'hui, et sur les hésitations qu'elle partage avec toi, et
sur sa confiance en toi. Moi aussi, mon ami bien cher,
j'ai confiance pleine et entière dans ton dévouement.
Je ne me méfiais que de ta bonté et de ta facilité à croire
aux bonnes intentions. Je ne veux pas revenir mainte-
ant sur ma manière de voir pour les enfants. Ma dernière
lettre te disait que je faisais taire tous mes scrupules et
mes opinions personnelles, pour me soumettre à ton désir. Je juge que tu dois avoir de bonnes raisons pour
conclure ainsi et je pense aussi que, si l'occasion s'offrait
de prendre les enfants, tu t'en saisirais sûrement! Quant
à ce que le monde dit, je suis très sûre qu'il blâmera
n'importe comment. Ceci ne doit être que de peu d'im-
portance, vis-à-vis du devoir. « Fais ce que dois, advienne
que pourra. » Dieu nous montrera la voie, si nous la lui
demandons avec ferveur...

Cannes, 26 janvier 1879. — Demain, sixième anniversaire de mon pauvre cher père. Comme ils se pres-
sent, les anniversaires et se rencontrent d'une étrange
façon! Hélas! cher père, que de douleurs lui ont été
épargnées! Mais le vide que me laisse sa tendresse est
toujours là, saignant, dans le cœur! Je ne puis regretter
la vie pour lui, mais pour toi, pauvre ami, comme sa
présence t'aurait évité des peines et que de malheurs
peut-être auraient été epargnés! La volonté de Dieu est
là, il faut s'incliner et je sens vraiment que le courage
me vient de bien accepter la vie, quelque rude qu'elle
soit, puisque je ne me révolte pas contre de si amers
regrets.

28 Janvier 1879 (*journal*). — J'ai eu trop de cha-

grins, depuis six semaines, pour pouvoir écrire mon journal. Mon pauvre malheureux Pierre est mort, brisé par
la douleur. Je ne puis en parler. Mon mari a été bien
bon. Il est venu passer trois semaines près de nous, puis
il est retourné à Paris, où, vendredi dernier, il a été
nommé tuteur d'Etienne et d'Alice. Je ne puis marquer
toutes les angoisses, les agitations, les scrupules de mon
âme, à cause de ces malheureux enfants. La scarlatine
de François est venue compliquer toute chose, par la
peur de la contagion. J'ai passé, à cause de ma pauvre
petite nièce, par des moments cruels, ne sachant, entre
des avis opposés, où était la voie et, cependant, ayant
une idée fixe, au fond de l'âme. Je viens de traverser
l'époque la plus cruelle de ma vie et, malgré tout, je
ne devrais que bénir Dieu, car il m'a donné une force,
un courage et des consolations infinies... Les enfants
sont un peu difficiles, par moments, surtout Chantal et
Maggie. Je me sens bien seule, ces dames ne dînant
avec moi que le dimanche, mais j'éprouve une douceur
infinie à me sentir ainsi plus rapprochée de Dieu et
ayant plus besoin que jamais de savoir m'appuyer sur
Lui seul.

2 Mars 1879. — Hier, j'ai voulu me confesser à l'abbé Bailly. Ses instructions ont été profondément dans
mon âme. Elles peuvent ne pas plaire à tous, car il
fait marcher dans la vie intérieure et ne parle guère qu'à
des âmes plus avancées que la mienne dans cette voie,
mais il me donne l'amour et le désir de cette vie intime.
Je voudrais tant en ressentir les joies, les délices, les
tourments même, et sortir de cette religion sèche et
aride, qui a été la mienne jusqu'à présent et qui ne suffit
pas à mon âme fatiguée, désillusionnée, lasse de la vie.
Mais toujours le même écueil est là : j'ai besoin d'un

guide, d'un soutien, qui aime mon âme en apôtre, avec indulgence et sévérité en même temps. Je ne veux pas un père qui m'excuse; non, non, c'est l'élan, c'est la volonté, c'est la main ferme qui me montre le chemin, le vrai, le plus rude. Trouverai-je cela? Hélas, non! Je crois que Dieu veut que je monte, seule, la voie étroite : j'avais cru trouver cet appui, mais il est trop au-dessus de moi, j'ai senti que je devais renoncer à cette douceur et cela a été un déchirement pour moi... Mes enfants sont difficiles, en ce moment, Chantal et Marguerite me déroutent, je ne sais comment soumettre et adoucir ces deux petites âmes, l'une si raide, l'autre si révoltée.

Bourbilly, 17 juillet 1879 *(à Mme Erard).* — Tu sais sans doute, maintenant, la démission de Charles. J'espérais, de toute mon âme, qu'il aurait l'honneur d'être révoqué comme ses amis, mais comme il ne l'a pas été, je suis heureuse de la démission. Seulement j'aurais préféré la révocation, à présent. Cette humiliation de servir un tel pouvoir me pesait, mais tant que l'on espérait que les honnêtes gens y pouvaient faire du bien, je patientais pour mon mari. Mais trêve à ces réflexions qui t'ennuient!

Bourbilly, 25 juillet 1879 *(à Mme Morisseau).* Vous avez su le parti qu'à pris mon cher mari, parti qui l'honore, qui était tout mon désir et qui est approuvé de tous nos amis, avec des témoignages d'estime très flatteurs...

Bourbilly, 26 juillet 1879 *(à Mme Erard).* — Je suis bienheureuse de voir la détermination de Charles, lui attirer l'approbation des cœurs honnêtes. Il a reçu des témoignages d'estime très flatteurs... Le temps est charmant, depuis deux jours, clair, ensoleillé, joyeux ou, du moins, les affreux temps passés nous le font paraître tel. Que dis-tu de cet enterrement solennellement civil du fils d'Hérold? N'est-ce pas lamentable et peut-on se figurer une mère qui, devant son enfant mort, n'a pas le sentiment de l'immortali é? Que Dieu ne les en punisse pas!

3 Août 1879. — Notre journée de Bussy a été chaude, mais charmante. M. et Mme de Meaux, leur fils Charles (grand garçon, avec la flamme de la famille, dans les yeux), Henri Cochin et M. de Grunne sont venus déjeuner avec nous. Nous avons été émerveillés des grands et mystérieux ombrages, qui entourent, d'une ombre profonde, les abords du petit château renaissance plein de mélancolie, en dépit de l'esprit gaulois des malices par trop lestes qu'y a laissées ce vieux coquin égoïste de Bussy. Mme de Montalembert nous y a bien amusés, et ses filles aussi : l'esprit des Mérode s'en est donné! Henri Cochin est très fin, très spirituel, malgré son enveloppe un peu bien robuste. On s'est partagé, pour le retour : les uns par Semur, les autres par Epoisse et, le soir, nous étions autour de la grande table des bons Guitaut, avec Mme de La Rochethulon et Mme Craven. La deuxième réconciliation avec Epoisse, comme disait Mme de Grunne, s'est très bien faite. Le temps était splendide, la lune admirable.

19 Août 1879 *(à Mme Hardouin)*. — Ma petite Cécile a fait, vendredi, comme vous le savez, sa première communion. Cette journée a été pleine de pures émotions, qui laissent dans nos cœurs un souvenir infiniment doux d'innocence, de paix, de foi, de résignation à la volonté sainte de Dieu. Nous étions en famille. Mgr d'Hulst avait eu la bonté de venir de Paris, pour la cérémonie, qui a été tout intime et rendue plus touchante encore par sa belle et noble parole.

25 Décembre 1879 *(journal)*. — Messe de minuit, dans notre salon d'été, transformé en chapelle, pour Cécile. Nuit idéale, qu'on voudrait prolonger indéfiniment. Mgr d'Hulst, qui a eu la bonté de venir dire cette messe, a parlé, à l'évangile... Ma Cécile était radieuse et si touchante, dans son costume blanc, étendue comme elle l'est toujours, à présent. Elle avait repris son visage d'enfant et son expression tendre et gracieuse. Dieu soit béni des grâces qu'il nous donne! Je sens mon âme se détacher de tout... Chantal se confesse, depuis novembre, à Mgr d'Hulst. J'en suis bien heureuse. Il m'a permis de m'adresser à lui aussi. Oh! que mon âme a besoin d'aide et de courage! J'ai un ardent désir de perfection, mais quelle faiblesse en moi!

13 Janvier 1880 *(journal)*. — La grippe, qui me retient dans ma chambre, en quarantaine, à cause des enfants, m'a fait faire un peu, sans y songer, une sorte de retraite. J'ai lu, prié, souffert et j'ai reçu, de Dieu, un sentiment d'amour pour Lui ou plutôt un désir violent de l'aimer, que je n'avais pas ressenti depuis longtemps. J'en bénis Dieu; ces deux jours, tout en étant mêlés d'un peu d'amertume et de tristesse, m'ont semblé bien doux. Ce matin, j'ai assisté à la messe, à la porte du salon rouge. J'ai eu un vif sentiment de peine de ne pas communier. J'ai tant toussé, cette nuit, que j'ai dû boire un peu d'eau, ce qui m'a privée de ce bonheur, que j'aurais peut-être ressenti plus vivement et plus sensiblement aujourd'hui. J'entendais tousser Cécile, sans la voir. Oh! cette enfant, comme chaque jour semble m'attacher plus à elle. Tout à l'heure, en lisant une lettre de l'abbé Perreyve, ma pensée s'est reportée sur elle et j'ai pleuré et prié, au pied de mon lit, comme je n'avais pas pu le faire depuis des mois. Cela m'a fait du bien... Quand

Dieu me fait la grâce de m'attendrir ainsi le cœur, il me
semble que j'ai des flots d'amour à lui offrir, il me semble que mes enfants sont plus à moi, et je voudrais pouvoir étendre sur eux, sur tous ceux qui me sont chers,
cette force d'aimer, qui maintenant s'épanouit si rarement en moi! Hélas, autrefois, la sentais-je plus souvent? Quand je reporte mes regards vers le passé, comme ma vie me paraît inutile, frivole, et mon cœur ingrat
envers Dieu, qui m'a tant donné! Je ne marque ici
que mes petites étapes, dans ce nouveau chemin que je
suis; aujourd'hui, j'ai fait quelques pas. Oh! que je voudrais avancer.... Le 17 janvier, mort de la pauvre tante
Fanny. Que de bons souvenirs son nom éveillait en
moi! Comme tous les liens avec le passé se brisent peu
à peu! Quelle tristesse, en pensant à ceux qui sont partis
et qu'on ne reverra jamais plus, en ce monde! Ce *jamais*
irrévocable me met au cœur une angoisse sans nom et
pourtant, je ne voudrais pour rien au monde, recommencer la vie, même avec les joies, les tendresses, tout
ce qui a charmé, égayé et animé ma jeunesse! Combien
je suis changée!

9 Février 1880. — Les tantes m'ont un peu grondée,
je les ai trouvées injustes, et me voici mécontente de
moi-même. Cependant, mon adorable Cécile m'a fait du
bien, par sa grâce, ses tendresses, cette pénétration du
cœur, qui lui fait deviner mon trouble ou ma tristesse.
Que Dieu soit béni de m'avoir donné cette pure tendresse de mon enfant; je ne mérite pas une telle douceur. Hier, il y avait du monde chez tante, je n'ai pas
été contente de moi, non plus. Oh! pauvre moi! Quelle
peine pour avancer, quels obstacles en moi-même, dans
l'étonnement de mon entourage, dans mille riens, qui se
mettent entre moi et mon désir d'être à Dieu. Je vou-

drais pouvoir passer ce temps de carême, en vraie chrétienne. Dieu veuille m'aider! J'ai été, plusieurs fois, rue
d'Ulm. J'y ai entendu M. d'Hulst. Que j'aime cette adoration du Saint Sacrement; combien je suis attirée vers
cet autel et cependant, que de sécheresse et d'indifférence, dans l'esprit et le cœur!

23 Février 1880. — Commencé ma retraite, M.
d'Hulst la prêchait. J'ai suivi fidèlement et sans être
arrêtée, Dieu merci, les deux instructions par jour... Ces
jours bénis se sont écoulés trop vite. Que de bons désirs
ont germé dans mon âme, que d'aspirations, quel amour
parfois, mais quelle tristesse souvent et quel amer sentiment de mon incapacité et de ma faiblesse. Le sujet
des instructions était : les stations du chemin de la Croix
méditées, comparées et appliquées à la vie humaine, à
ses difficultés, à ses douleurs, à ses luttes, au perfectionnement de l'âme dans l'amour, le devoir, le sacrifice, la
douleur. Combien cette parole me pénètre jusqu'au fond
de l'âme! Voilà le prêtre, dans son expression la plus
noble, la plus élevée, la plus chaste, la plus austère. Que
Dieu soit béni de m'avoir fait sentir, de loin en loin,
l'influence de cette âme d'élite!... La retraite s'est ter-
minée, samedi matin. Mais me voici retombée dans ma
tiédeur, ma faiblesse habituelle. Hélas, hélas! tant de
choses en moi viennent paralyser mes désirs ardents de
perfectionnement : faiblesse intérieure, obstacles du dehors! Les chagrins, les déceptions, un désir infini
d'amour pur, saint, éternel, m'ont amenée à l'attrait des
jouissances de la foi. Je suis au pied de l'autel, mais je
ne sais pas aller plus loin : c'est un tourment parfois cruel.
Je suis dégoûtée de tout ce qui passe et Dieu éternel et
infini, qui seul devrait m'attirer, ne fait sentir à mon
âme qu'un amour trop faible et trop imparfait. J'espé-

rais marquer ici mes progrès dans cet amour, qui était tout mon désir, et je me sens plus faible, plus froide presque que par le passé! Rien ne me satisfait plus maintenant : je suis lasse du monde à en mourir et, tout en ne me trouvant nulle part mieux qu'au pied de l'autel, je n'y trouve pas non plus la paix et l'amour... Nos pauvres amis Sanné ont perdu leur fille Marie : à seize ans, pure, bonne et si pieuse! Je l'ai vue, sur son lit de mort, comme un lys brisé. Sophie est héroïque. Mon Dieu, que mes douleurs m'ont paru mesquines! Je ne remercie pas assez Dieu de son infinie bonté!

Florence, 15 mars 1880 (*à Mme Dessolliers*). — Chantal va très bien. Elle a passé, hier, une journée charmante, qui lui restera, j'espère, dans le souvenir. Je voudrais tant voir le beau s'imprimer dans sa jeune âme, mais je crois que je demande trop à ses quatorze ans. Enfin, n'importe, il en restera toujours quelque chose et, plus tard, comme moi, elle perfectionnera les premières impressions trop vagues.. Nous avons été à San Minia-to, vieille église du XIe siècle admirablement conservée; à côté, est une église de Franciscains, d'où, entre les cyprès, on a la vue la plus idéale qu'on puisse voir. Un peu plus bas, dominant toute la ville et le cercle de montagnes qui l'entoure, est une immense place nou-velle aussi, place Michel-Ange, où l'on resterait des heures, à contempler ce paysage admirable. Chaque clo-cher, chaque campanile, chaque site, éveille un souve-nir d'art, de poésie ou d'histoire et nous avions, pour jouir de tout cela, le temps le plus idéalement beau qu'on puisse souhaiter La végétation est peu avancée encore, cependant çà et là quelques arbres roses ou blancs, annonçaient le printemps. Après un tour aux Cascines, à l'heure fashionable, nous sommes remontés

dîner à la vieille Torre, où nous avons été reçus avec
tendresse. Chantal a été choyée et gâtée, si bien qu'elle
était devenue bavarde comme une pie. Elle a parlé anglais avec la bonne Mme Mac Swiney, très bien, mais *tant*
que je ne la reconnaissais pas. Tout cela fait grand plaisir,
mais est peu flatteur pour le foyer paternel. Espérons
qu'elle ne perdra pas sa langue en route! Enfin, elle a
bonne mine et c'est l'essentiel!

Florence, 13 mars 1880 *(journal)*. — Aujourd'hui
huit jours que j'ai quitté Paris, avec mon mari et Chantal. Revu, avec le plus vif intérêt, tant de chefs-d'œuvres, tant de beautés... Je croyais ma force de sentir et
d'admirer bien affaiblie, mais, plusieurs fois, j'ai senti
mon âme émue et le besoin de remercier Dieu du génie
qu'il a donné à l'homme. Cependant, j'éprouve, avant
toute chose, un désir infini de calme et de paix auprès
de Dieu. Toujours ce désir de prier, sans pouvoir vraiment prier...

20 Mars 1880. — Reçu une dépêche de Mgr Stacpo-
ole, nous annonçant que nous avions, pour le lendemain,
une audience du Saint Père. Départ immédiat. Arrivée,
au lever du soleil, messe à San Pietro in Vincoli, revu
le Moïse et la chère place solitaire et poétique, avec son
grand palmier. Passé par le Colysée, le Forum, reçu
les Palmes à St-Jean de Latran. Oh! cette place,
qu'elle est belle, avec la vue divine des montagnes,
sous les grands pins! Le charme unique de Rome m'a
reprise aussitôt et j'aurais voulu faire pénétrer, dans la
jeune âme de Chantal, le sentiment passionné et atten-
dri que Rome m'inspire...

Brides, 9 juin 1880 *(à Mme Dessolliers)*. — Remercie le Ciel, car tu n'apprécies pas assez le bonheur et la
quiétude de ta vie, tu ne suis pas le *traitement!!* Tu ne

sais pas ce que c'est que cette horrible chose : boire de l'eau tiède sans soif, se promener à force et, n'en pouvant plus, entre deux chemins, l'un ombragé, l'autre ensoleillé, et choisir ce dernier, car c'est le *traitement*, manger de la viande et ne pas manger de fruits, enfin cet horrible mot vous sonne à l'oreille, tout le long du jour, et mon mari est si identifié au traitement, qu'il va me traiter ainsi jusqu'à la fin de mes jours. Le jour de ma mort, j'aurai atteint, il faut l'espérer, la ténuité qu'il rêve. Tante chérie, dis-moi, est-ce poli de dire aux gens qu'on est obèse? Oh! le vilain mot! Le médecin d'ici (un bon type celui-là) voit de l'obésité partout; je conviens qu'il peut en trouver chez moi, mais il pourrait ne pas faire remonter toutes mes misères à cet affreux mot et en choisir un autre! « Voyez, vous ne marchez pas. » Mais si, Docteur, je marche et beaucoup. « Allons donc, des petites courses. » Mais non, personne ne se remue plus que moi. Je dors peu. « Vous mangez trop de gâteaux. » Charles appuie. Et ceci, grand Dieu, est faux; mais je crois qu'il met en communauté tous ceux qu'il a pris dans sa vie. Les enfants suivent le traitement aussi. M. Philbert n'a pu trouver encore de l'obésité chez elles, mais il la prévoit, dans l'avenir. Elle sont assez gentilles et sages, sauf quelques petites claques, que nous mettons sur le compte des eaux excitantes et du traitement! Le pays est beau, et le temps splendide. Il n'y a *d'ours* ici que le docteur, fort mal léché, de l'endroit. Nous étouffons, mais cela aide au traitement!

Brides, 25 juin 1880. — Que se passera-t-il d'ici à vendredi! Consommera-t-on cette infamie de chasser les religieux, lorsqu'on rappelle les assassins? Je prie, de toute mon âme, pour qu'il n'y ait ni défection, ni faiblesse! Je suis désolée d'être éloignée, pendant ces jours-là. Les enfants sont choyés et gâtés ici, d'une façon qui fait frémir pour la maison paternelle! Aujourd'hui est foire à Moutiers; on ne rencontre que vaches et paysans. La race n'est guère belle; la quantité de crétins et de goîtreux est lamentable. Madeleine est stupéfaite devant eux. « Oh! mon Dieu, s'écriait-elle, l'autre jour, en voilà un qui a comme un petit pain dans sa cravate. » C'est affreux!

29 Juin 1880 (*journal*). — Aujourd'hui, plus que jamais, je souffre d'être loin. C'est qu'aujourd'hui sera exécuté ce décret inique et qui déshonore la France, qui me désespère et me révolte! Ce matin, avant six heures, communion, à neuf heures, grand'messe. J'ai communié, tous ces jours-ci, à cette heure charmante, où tout est frais, parfumé, vivifiant : le cœur s'ouvre de lui-même à la prière, mais que j'étais désolée d'être loin! Je suis entourée de gens bons et aimables pour moi, respectueux pour mes idées, mais protestants, étrangers et républicains. J'évite un sujet qui me tient trop au cœur. Je suis désolée d'un mot de Charles, dans sa lettre d'hier. Je lui avais dit tout mon désir de le voir utile, tous ces jours-ci, à cette sainte cause attaquée et je regrette son absence de Paris, le 29. Il me rassure, mais me dit aussi qu'il ne pouvait faire autrement, puisque je ne voulais pas reculer mon départ. D'abord, je lui ai dit que je pouvais revenir seule. Ensuite, s'il me connaît un peu, il doit savoir que je tiens avant toute chose à ne jamais me mettre entre un devoir, quelque vague qu'il soit, et lui. Dieu fasse qu'involontairement je n'aie pas fait ce que je redoute le plus au monde. J'aime son honneur et sa conscience avant toute chose au monde. Le temps était divin aujourd'hui, le couchant, sur les neiges, était idéalement beau. Que la nature est belle!

Cette jouissance se ravive parfois en moi, et me ramène
à Dieu. Rien ne me calme, ne m'élève, comme une halte
dans un coin de montagne, avec les mille détails charmants de cette flore idéale, le calme, les parfums, le sentiment de l'isolement, de l'éloignement, de la paix, de
la pureté, de la grandeur de Dieu et de sa bonté infinie :
tout cela m'enveloppe, me pénètre; ce qui gronde, ou
est irrité en moi, se détend et le cœur se dilate vers ce
qu'il peut dignement aimer! Ils sont rares, ces moments
et parfois cependant, comme l'autre jour, de simples fleurs
cueillies dans les glaciers et rapportées à Chantal, dans
leur terre humide et saine, m'ont donné la fraîche impression d'une matinée, dans les hauteurs. Puis, je retombe,
be, je grogne les petites, je m'impatiente, je soupire après
mon *home* et, mieux que cela encore, après la paix dans
la vraie demeure, la vraie patrie.

Bourbilly, 3 juillet 1880 (*à son mari*). — Nous
sommes arrivés ici fort heureusement. J'ai trouvé notre
chérie en très bonne santé. Tu penses avec quelle joie
j'ai repris possession de ce cher petit être, de sa grâce,
de sa tendresse, de ses yeux souriants, de tout ce qui
fait en elle ma joie et mon tourment. Dieu soit béni en
tout ce qu'il fait! Il donne des heures bien douces, dans
des temps bien tristes! Sabine m'a reçue avec infiniment d'affabilité : elle fait vraiment un joli petit garçon... Cela me semble tout drôle d'être arrivée ici sans
toi !

Bourbilly, 6 juillet 1880 (*à Mme Dessolliers*). —
Bine mémé est toujours le petit être capricieux, le plus
drôle, le plus *originel* et le plus impertinent qu'on puisse voir. Elle va bien, mais comme je la trouvais pâle,
je l'ai montrée à mon bon docteur Simon, qui lui fait
prendre des bains de sel. Je voulais lui faire dire son ha-

bituel « *maintenant, Nane, qu'est-ce que je vas faire* »
mais elle m'a répondu : Non, père n'est pas là ! Elle garde le plus beau de son répertoire pour lui, mais elle est
prodigue de ses grimaces pour tout le monde. Elle en a
salué hier, M. et Mme Servois, avec une profusion qui a
fait mon désespoir... Ma petite Cécile se passionne pour
toutes les infortunes. En ce moment, elle est à la chapelle où elle fait, chaque jour, son temps d'adoration. Elle
est gaie et animée et je suis très satisfaite de son état
d'esprit. Les autres vont parfaitement. Le temps est
d'une beauté divine, l'air est pur, les bois se remplissent
d'ombres et de lumières, la petite vallée est en beauté
aujourd'hui, elle vous espère et vous attend et je ne serai heureuse que quand j'aurai tout mon monde au complet.

11 Juillet 1880 *(journal).* — Je retrouve, à Bourbilly, ma bien aimée Cécile, ma petite Sabine, toute ma
chère maison. Dimanche, le bon Dieu revint habiter
sous notre toit. Jamais je n'avais ressenti ce contraste
saisissant entre le vide du matin, dans la chapelle inha-
bitée, et le sentiment profond de la présence divine, le
soir. Depuis, angoisses, tourments de santé pour Chantal, moments pénibles, sentiment d'isolement, mais Dieu
m'a donné bien des consolations. J'ai le ferme espoir que
les miens feront leur devoir, dans les jours à venir ! Le devoir, le devoir, comme j'en demande à Dieu, l'amour,
la force, le courage jusqu'à la mort ! Tout est noir, tout
est sombre pour l'Eglise, mais Dieu est là ! Nous espérons avoir deux Pères de Flavigny. C'est un honneur
dont je remercie Dieu. Mes aînés sentent comme moi.
Mon mari m'a écrit deux lettres excellentes. Dieu soit
béni !

12 Juillet 1880. — Depuis ce soir, la peur m'a prise

qu'on illumine, à La Muette, pour l'odieuse fête de mercredi. Charles est à Londres, les tantes à Bruxelles, mais j'ai peur, j'ai peur que cette infamie se fasse. Et quel déshonneur, quelle honte. Tout cela retombera sur mon mari. Mon Dieu, mon Dieu, quel tourment! Cécile et moi, nous avons cette crainte depuis plusieurs jours, mais ce soir, par suite de plusieurs circonstances, cette crainte s'est accentuée, et je ne peux presque pas supporter cette angoisse! J'ai été à la chapelle, je me suis prosternée devant l'autel et j'ai promis solennellement au Cœur de Jésus une pierre pour l'église de Montmartre et un pèlerinage à Paray, si ce déshonneur est évité à notre honneur de Catholiques et de Français. Mon Dieu, écoutez ma prière, je vous en conjure. Je mets solennellement, dans toute l'ardeur de mon âme, l'honneur, la conscience, le nom de mon cher mari et l'honneur de tous les miens sous l'égide du Cœur Sacré de Jésus, de Marie Immaculée, de sainte Chantal, de saint François et des saints patrons de cette maison. Ainsi soit-il!

13 Juillet 1880 *(à son mari).* — Cécile et moi nous ne pensons qu'à cette fête odieuse de demain. Sais-tu ce qui nous tourmente? C'est que, d'après plusieurs indices, j'ai une peur bleue qu'on illumine la Muette, en notre absence. Rien ne justifierait une telle lâcheté! J'aurais plus peur pour des biens ainsi conservés que de voir flamber la maison, cette maison, cependant visitée par Dieu, en hiver! Quelle honte pour notre nom, nous catholiques! Cécile prie, à chaque instant et voulait doubler son adoration, dans cette pensée. Elle a le sentiment très profond de l'honneur chrétien, plus même que Chantal : c'est une belle petite âme, vraiment. C'est toi que j'ai en vue, dans mon angoisse, car cela rejaillirait sur ton honneur et ton nom, que j'aime plus que ma vie. Que

Dieu est bon pour moi! Il me détache de toute autre chose, tous les jours davantage...

13 Juillet 1880 *(à Mme Erard)*. — Ma chère Cécile va bien, mais sa petite âme, qui a un haut sentiment de l'honneur chrétien est agitée, comme moi, de la peur qu'on illumine la Muette. Elle prie pour cela, à chaque instant, et moi aussi. Dieu ne pourrait bénir des biens conservés au prix d'une faiblesse! Que de beaux exemples partout de loyauté et de courage! Des protestants même donnent l'exemple. Mais aussi, quel dégoût profond d'un tel état de choses! Cela donne un coup de fouet à l'âme et cela l'élève bien haut! Frank subit cette influence et j'en remercie Dieu. C'est pour cela aussi que je prie qu'aucune influence étrangère ne vienne ternir, par des concessions, l'honneur de notre famille.

14 Juillet 1880 *(à Mme Erard)*. — Le temps est lourd et promet de l'orage Oh! s'il pouvait bien pleuvoir sur tous ces républicains et leurs lampions, lanternes et pétards! Oh! si je disposais des grands réservoirs de là haut! Mais le bon Dieu saura, encore mieux que moi, confondre la folie et la bêtise! Notre petite vallée est si calme et silencieuse, sous la chaleur qui l'écrase, qu'il me semble que le monde entier est endormi et qu'il n'est pas possible qu'on se démène dans les villes, en l'honneur du 14 Juillet.

17 Juillet 1880 *(à son mari)*. — Le silence est absolu, dans la vallée, quand le couvreur ne frappe pas trop fort. Silence, paix, calme des bois, j'adorais tout cela mais, en ce moment, il me semble être au bout du monde, tant je n'entends rien et je sais peu ce qui se passe. J'ai des rages et des démangeaisons de démonstrations catholiques, qui se perdent, avec le vent, dans les bois, ou se calment un peu, devant notre autel béni.

18 Juillet 1880 *(à son mari).* — Cécile a été ravie de ta lettre. Elle l'a reçue, à la chapelle, mais elle a voulu que la messe ait été dite, avant de la lire et c'était bien une heure avant l'arrivée de M. le curé. Je voudrais bien voir un peu de ce sentiment religieux si profond, chez notre grande fille : elle est redevenue un peu difficile et absolue. Je fais de mon mieux, mais je n'arrive à rien, avec cette petite nature si complètement convaincue de sa supériorité. Mon Dieu, que l'éducation est chose compliquée, difficile, délicate. Dieu m'aide, car je suis souvent à bout!

23 Juillet 1880 *(à son mari).* — Merci des conseils que tu me donnes pour Chantal. Je les suivrai, mais je t'assure qu'elle ne peut se plaindre ou s'aigrir des punitions, car jamais je ne la punis comme une enfant. Je passe bien des choses et je serais en droit d'attendre, sinon plus de respect, au moins plus de tendresse. Nous causerons de tout cela ensemble, mon chéri. Je ne désespère pas d'élever cette petite âme qui, par ses ressemblances avec la tienne, a tant de bon, mais qui, au fond, a moins de sérieux qu'on ne le croit et, en cela, la ressemblance s'arrête.

12 Août 1880 *(journal).* — J'ai aujourd'hui trente-six ans! Que cette vie me paraît longue, mais bien comblée de grâces de Dieu. Oui, dans mes chagrins surtout, qui m'ont montré le néant de toute chose, Dieu a été infiniment bon et miséricordieux pour moi : je le bénis de toute mon âme de tout ce qu'il m'a donné et j'ai mis, ce matin, sous sa protection, l'année nouvelle dans laquelle je suis entrée. S'achèvera-t elle pour moi? Je ne sais, Dieu le sait, mais que, chaque jour, elle me voie progresser dans l'amour de mon Dieu. Hélas! hélas! depuis un mois, que de mauvais jours, que de luttes, que de tristesses intérieures, une petite déception assez pénétrante, mais peut-être salutaire pour mon âme. Je conterai cela plus tard... J'ai eu ici, pendant dix jours, la pauvre Sophie Sanné et sa fille, j'ai les garçons depuis huit jours. La maison est pleine de vie, de bruits, de jeux, mais calme et paisible aussi parfois. Mon âme, un peu inquiète, ne sait pas jouir de la paix profonde de ce bout du monde. Pourquoi? elle n'aime pas assez, et cependant elle a soif d'aimer : rien de créé ne me suffit, j'aspire à l'immortalité dans l'amour et cependant Dieu me laisse froide et insensible devant Lui, avec Lui, en Lui!...

Du 6 au 13 septembre 1880 (Séjour en Alsace). — Ce séjour m'a fait un plaisir très grand, mélangé de bien des tristesses, que faisaient naître les vides, les changements, les souvenirs de ceux qui sont déjà partis. J'ai revu ce beau pays des Vosges, et Sainte-Odile, avec une admiration mêlée de douleur, la vieille Wantzenau est bien triste maintenant, mais que de souvenirs en foule me faisaient monter les larmes aux yeux!... J'ai vécu une autre vie, j'ai retrouvé mon jeune temps et cependant pas ma jeunesse. Chaque journée très intime ou douce me donnait envie de pleurer. Mon Dieu, mon Dieu, rien ne satisfait complètement, rien, rien, n'est sans tristesse, même le désir de vous aimer uniquement!...

Du 14 au 19 septembre 1880. — Je viens passer quatre jours, à la Muette. J'ai eu la douleur de voir partir, samedi, nos Carmes de Passy, et cela de loin, car je n'ai pu m'approcher, mais quelle émotion, quelle révolte, quel dégoût devant cette infamie! Mon Dieu, que j'ai souffert, ce jour-là, de mon inutilité, de mon impuissance. J'aurais voulu les recueillir tous, les protéger, les dé-

fendre. Hélas! rien ne m'était possible! Je sens en moi,
un désir, un besoin, une passion de confesser ma foi,
cette foi qui, cependant, me fait tant souffrir, en me
laissant, dans la prière, si sèche, si troublée. J'ai vu mon
bon abbé d'Hulst, il m'a fait grand bien... J'ai promis à
Dieu d'obéir à ce père, à ce guide de mon âme, pro-
messe que je renouvellerai, à mon retour à Paris : je
jure de lui obéir, je remets le soin, le perfectionnement
de mon âme entre ses mains, je sens que, par l'obéissance seule, j'arriverai à comprendre, à aimer Dieu, à
aimer la foi, à dompter ma nature, à accepter la souffrance, à aimer le devoir et à le trouver doux. Mon
Dieu, recevez ce serment que je vous fais, avec le sincère et vrai désir d'aller à vous, par n'importe quelle
voie que vous voudrez bien m'indiquer par votre ministre. Je la désire rude, car je me sens faible! Depuis
mon retour, j'ai été heureuse : mon mari, mes enfants
ont paru heureux de me revoir. Dieu est trop bon et
je suis une ingrate.

Bourbilly, 9 octobre 1880 (*à M*^{me} *Erard*). — Le *boy*
est enchanté, mais dussé-je te sembler dure, je regrette
toujours Cantorbéry. Je crois que c'était ce qu'on pouvait désirer de mieux pour lui, l'internat n'étant pas
possible à Paris; bien entendu, je n'en dis rien à Charles.
Le Peucrot est magnifique, on l'entend de loin, il mu-
git, son écume roule jusqu'au delà du pont, je voudrais le montrer aux nombreux visiteurs qui n'y ont
pas vu une goutte d'eau, pour réhabiliter sa réputation
de cascade. Les arbres commencent à jaunir. Bourbilly
prend son vêtement d'automne, qui te plaît tant. En
deux jours, ce changement s'est fait...

2 Novembre 1880. — Nous sommes très émus et
agités, ce matin, car l'exécution de Flavigny aura peut-

être lieu. Charles, appelé par le Prieur, est parti hier
et a couché, cette nuit, au couvent. Il y restera jusqu'à
demain. Tu penses si j'ai maudit mon faible sexe, en
pareille occasion...

3 Novembre 1880 (*à Mme Muller*). — J'ai eu à déjeuner, ce matin, Athanase de Guitaut, qui est parti
avec Charles pour Flavigny. Mon mari a déjà couché,
avant-hier, au couvent des Dominicains où on s'attendait à l'exécution; cela est remis, dit-on à demain.
Charles a été tout ému de cette nuit et de cette sainte
matinée, passées dans cette sainte clôture. Il a assisté
aux barricades des cellules. Voyant que c'était remis, il
est venu de nouveau, hier au soir, coucher ici, appor-
tant les bagages des Pères que nous aurons l'honneur
de recevoir comme nos hôtes... Tu penses que j'ai vu
partir Charles et M. de Guitaut avec envie. J'ai fait
emporter à Charles sa cravate blanche et son habit, pour
faire honneur à ces confesseurs de la foi. Je ne sais
quand il reviendra, car il va rester, sans doute, jusqu'à
la fin, cette fois. Il est touché et ému de la sérénité, de
la gaîté, du charme de ces bons Pères Dominicains.
L'office du soir, avec ces soixante-dix Pères, dans leur
admirable et artistique costume, l'a émerveillé, et ce
qui l'a le plus ému encore, ce sont les adieux que les
Pères ont été faire, en procession, hier matin, à leurs
morts. Le frère Piel, le frère Requédat, ces premiers
compagnons de Lacordaire sont enterrés dans le petit
Campo Santo de Flavigny. La population se montre
bien pour les Pères. Le maire et le conseil municipal
vont servir de témoins. C'est le préfet lui-même qui va
faire cette sale besogne, avec un bataillon de je ne sais
quelle troupe. Charles a été dénicher, à Semur, une
croix d'officier de la Légion d'honneur, pour forcer les

gendarmes à lui porter les armes. Tous ces petits détails ravissent les enfants, qui attendent ces bons Pères avec une grande impatience et une agitation que je partage un peu.

4 Novembre 1880 (*à Mme Erard*). — Tante chérie, rien de nouveau. J'ai tout lieu de croire, cependant, que le crochetage a lieu en ce moment, car j'ai appris que le Préfet était, hier, à Semur. Dieu assiste nos bons Pères et durcisse le chêne de leurs portes. J'espère que les saignements de nez auront laissé à Charles sa dignité. Depuis une semaine, il est repris, à chaque instant, de ces ennuis-là, qui indiquent une fatigue de tête ou une faiblesse du sang. Ce serait manquer de prestige que de protester, le mouchoir au nez.

5 Novembre 1880 (*journal*). — Expulsion des Dominicains. Dieu me donne la sérieuse et profonde joie de savoir mon mari auprès des Pères, dans ce jour d'épreuve. Le soir, il me ramène le Père Duchaussoy, les frères Filastre et Berré, comme hôtes bénis de notre maison. Ah! comme j'ai remercié Dieu du fond de l'âme!

Bourbilly, 8 novembre 1880 (*à Mme Erard*) — Le temps est superbe, les santés excellentes et la présence de nos hôtes répand un grand charme et comme de la joie, dans notre maison. Hier, nous avons eu salut, le soir; les bons Pères de la Pierre-Qui-Vire ont été expulsés, vendredi également. Tu penses si je souffre, si je rage, et si j'envie ceux qui peuvent mettre la main à l'action! Nos jeunes Pères sont excellents, d'une sérénité et d'une gaîté charmantes. J'aime voir leur robe blanche errer par la maison. A chaque instant, je crois voir un petit tableau florentin. Dans notre chapelle, cela fait merveilleusement bien. Charles t'aura raconté comment nous les avons installés..

11 Novembre 1880. — Ma bien chère tante, je n'ai que de bonnes nouvelles à te donner de notre monastère. Les enfants vont très bien, le temps est beau et la paix règne dans la clôture. Un des frères est allé, hier, à Flavigny, et la voiture qui l'a mené jusqu'à Semur, a ramené un autre jeune frère, qui était chez l'aumônier de l'hospice et qui est venu passer deux jours ici. Je suis ravie de ce beau temps, pour nos jeunes religieux. Ils parcourent les bois avant et après le déjeuner. Ils psalmodient leurs heures, à la chapelle; cela ravit les petites, qui tâchent toujours d'aller dire leur chapelet pendant une des heures. Le père Duchaussoy égaie toute la maison : il a tout l'entrain de ses vingt-deux ans. Leur amitié mutuelle est touchante. Hier, quand le frère Filastre est parti, il a embrassé le Père et lui a demandé sa bénédiction : j'aurais voulu faire un petit croquis de ce tableau. Le jeune frère arrivé hier, nous a raconté encore quelques détails très intéressants sur la journée du 5, à Flavigny. Impossible de donner un nom à l'excès de lâcheté des autorités. Un homme de Flavigny a été dire au voiturier qui avait amené toute la bande : « C'est toi qui nous a mené ce fumier. » Et il a dit, sous le nez du Sous-préfet : « Je vous comprends là dedans, vous vous y enfoncez, vous en aurez bientôt jusque par-dessus la tête. » Comme c'était un homme du peuple, on a avalé la chose sans rien dire. Le Père Prieur tient tête à tous, avec une énergie et une présence d'esprit extraordinaires. La température est très supportable, en ce moment même, le soleil est chaud. Les bois sont ravissants, sous cette claire lumière. Il faisait plus froid que cela il y a seize ans! Que le temps passe mais, en dépit des épreuves, je n'ai qu'à remercier

Dieu et je le bénis surtout de nous avoir gardés tous dans la foi ..

29 Novembre 1880. —Notre vie s'écoule très doucement et, avec vous tous auprès de nous, elle me semblerait l'idéal de la vie : le calme, la solitude du site, des amis choisis, une famille aimée, des livres, une jeunesse pure et gaie autour de moi : cela fait passer le temps, sans le croire perdu. Les enfants mettent bien quelques notes discordantes là-dedans, par moment, et la tristesse nous prend aussi au cœur, mais pas de devoirs de société, pas de visites, pas de fâcheux, pas de républicains à voir !

1er Décembre 1880. — Le Père Duchaussoy ne part qu'avec la deuxième fournée. Nous ne ferons pas long feu, après son départ, car la maison sera triste, sans toute cette jeunesse... J'ai regretté de n'être pas du nombre des auditeurs du Père Monsabré : je soupire toujours après une bonne occasion de crier *Vive la Liberté* ou *Vivent les Pères!* Cela m'est resté dans la gorge, depuis Paris et m'étouffe par moments ..

11 Décembre 1880 (*journal*). — Départ du Père Duchaussoy. Il me semble que je me sépare d'un fils aîné bien cher. Vraiment, il n'y a plus que les amitiés où Dieu est de moitié qui soient vraies.

13 Décembre 1880. — Le départ pour Paris est fixé à demain ! Je quitte, avec un regret profond, mon cher couvent, si honoré et béni par les proscrits, cette année, où mon âme a ressenti les émotions si douces du devoir accompli, d'une sainte cause embrassée à la vie, à la mort ! Dieu bénisse tous les miens et qu'Il soit béni des épreuves et des joies ! Comment reviendrons-nous ? Quand reviendrons-nous ? Dieu le sait, mais dans son amour, que craindre ? Bénies soient les croix ! Je n'ai

plus qu'un désir : avancer, avancer, et Dieu soit béni
d'avoir mis, sur mon chemin, des âmes qui pourront
m'aider, un guide parfait, des amitiés saintes et surtout
des épreuves, qui m'amèneront à Lui et au dégoût de
toute chose qui n'est pas Lui.

*Ce ne fut pas seulement Bourbilly, ce fut aussi la
Muette qui se transforma en une sorte de couvent, au
lendemain des expulsions de religieux. Outre le Père
Trück, que nous avions naturellement reçu, le R. P. Monsabré vint demeurer chez nous, le 21 janvier, puis ce
fut Mgr Mermillod, qui vint nous demander l'hospitalité. Ce fut alors que nous installâmes définitivement
notre chapelle. En même temps que la maison voyait
ainsi augmenter le nombre de ses habitants, elle les
voyait aussi diminuer : Marguerite et Madeleine en-
trèrent au couvent de la Visitation, dans le courant du
mois de mars et François partit, à la rentrée suivante,
pour le collège de Cantorbéry. Ce fut le 16 juin que
Marguerite fit sa première communion ; quelques jours
après, Marie partait pour le Tréport, avec Sabine et, à
son retour, nous allions, comme d'habitude, nous installer à Bourbilly, pour y passer l'été et l'automne de
1881.*

*L'année suivante s'écoula, sans autre incident nota-
table que la première communion de Madeleine, qui eut
lieu, à la Visitation, le 2 juillet 1882. Toute la belle
saison fut passée à Bourbilly, où notre séjour se prolongea jusqu'au 1er décembre.*

27 Février 1881 (*à M*ᵐᵉ *Muller*). — Combien nous

18

avons compris et partagé vos émotions. Dis-le bien à Henry, pour nous! Le sacrifice est dur, je l'avoue, mais la vocation est si belle, le don fait à Dieu est si généreux que, vraiment, la joie triomphera bientôt de la douleur. J'avoue que je donnerais plus volontiers à Dieu mon seul fils que mes filles. Le sacerdoce bien compris est si admirable! On suit l'œuvre de son fils et, au point de vue égoïste et humain, il est souvent moins perdu pour la famille que le fils entraîné dans la famille de sa femme. J'en parle à mon aise, il est vrai. Je ne touche pas encore l'heure cruelle de la séparation, mais je m'y attends. Cécile sûrement, si elle guérit, donnera à Dieu sa vie et ses forces retrouvées et sinon, j'envierai la clôture qui me l'aurait prise pleine de vie.

Bourbilly, août 1881 (*à Mme Hardouin*). — Ma pauvre amie Thérèse Ollivier est près de nous, depuis trois semaines, pleurant son unique enfant. Elle a un admirable courage et une héroïque soumission. Il lui manque encore peut-être, non la foi, mais d'entrer plus entièrement dans les vues de Dieu, qui l'a frappée. Je vous demande, en revanche, aussi quelques prières pour cette âme si noble et si belle.... Sauf François, qui est à Dinard, nous avons la petite bande au complet. Sans institutrice, je vous avoue tout bas que c'est beaucoup! Je ne veux pas laisser les grandes avec les domestiques et cela complique un peu ma vie. Mais, voyez quelle pauvre nature est la mienne! J'ai souvent souffert de mon inutilité et, quand je puis être utile, je souffre de mon incapacité! Encore une petite prière pour moi, chère amie.

26 Août 1881 (*journal*). — Fête de sainte Chantal présidée par Mgr Coullié, évêque d'Orléans. M. d'Hulst, qui a passé trois jours avec nous, a prêché, dans l'après-

midi du 26. Détachement et courage, voilà ce qu'il m'a
laissé dans l'âme. Ces trois jours ont passé comme un
rêve, mais qu'ils m'ont fait de bien! Mon Dieu, je vous
bénis d'avoir donné ce père à mon âme! Que Vous êtes
bon, ô mon Dieu; oui, Vous venez à moi et Vous me ten-
dez la main et je ne suis qu'une ingrate! Pardon, ô mon
Dieu, pardon! Faites-moi souffrir, mais que je vous aime!
Vous savez aussi pour qui je désire encore souffrir, Vous
savez ce que mon âme désire : purifiez, sanctifiez, acceptez, je vous en supplie, ô mon maître!

5 Septembre 1881. (*à M*^me *Hardouin*). — Notre fête
s'est bien passée. Monseigneur d'Orléans est venu la pré-
sider. C'est le plus aimable des prélats, d'une douceur
et d'une bonté charmantes. Il a beaucoup plu et a prononcé, le matin, quelques mots pénétrants, qui ont fait
grand plaisir. M. d'Hulst a eu la bonté de parler, l'après-
midi, et il l'a fait avec sa haute et noble éloquence, dont
le ton vous élève bien vite au-dessus des petitesses et
des banalités ordinaires... Cécile se réjouit spécialement
de revoir la bonne petite tante Marthe. C'est toujours
un trésor de courage et de sérénité ; son calme si doux
me fait honte souvent, mais son peu d'espoir et surtout
son absence de désir de guérison me déchire l'âme, par
moments, et pourtant je reconnais qu'elle a raison.

10 Octobre 1881 (*journal*). — Départ de François et
d'Etienne, pour Cantorbéry. François a été passer trois
jours à Flavigny, trois jours qui lui ont fait du bien.
S'il y revenait un jour!! Nous voici près de quitter
Bourbilly; Dieu soit béni des joies et des peines qu'Il
m'y a données! Je sens que je n'ai pas fait, pour mes
enfants, ce que j'aurais dû. Je me suis agitée, troublée,
inquiétée, mais que j'ai été insuffisante! Mon Dieu, don-

nez-moi l'amour du devoir, partout et toujours. Point de progrès à marquer, pour cette année.

3 Avril 1882. — Dieu m'a créée, je tiens toute chose de Lui, je dois aller à Lui! Faire taire en mon âme tout ce qui la trouble, tout ce qui l'inquiète. Accepter cette obscurité, cette angoisse, cette nuit parfois si profonde, renouveler cette offre, que j'ai faite, de renoncer à la lumière, la renouveler *sans défaillance*. M'unir à Jésus, au jardin de Gethsemani. Ah! là seulement je trouve la paix, avec l'offre et l'acceptation du sacrifice. Mon Dieu, Vous savez ce que je désire : souffrir, et pour qui je désire souffrir ; exaucez-moi, je vous le demande, de toute mon âme.

4 Avril 1882. — Le péché seul nous éloigne de Dieu. Il insulte Dieu dans sa sagesse, dans sa puissance, dans sa bonté. Suivre Jésus de tribunal en tribunal. L'un l'insulte dans sa sagesse : il l'accuse de folie, l'autre dans sa bonté : il le juge criminel. Pilate le croit faible et le condamne, il l'insulte dans sa puissance! Mon Dieu, Vous êtes la suprême sagesse, aidez-moi à écraser mon orgueil. Mon Dieu, Vous êtes la bonté et l'amour même, que je n'aime que Vous! Remplissez ce cœur, qui a soif d'amour et d'amour pur ; que rien d'impur et de bas n'y pénètre. Ah! j'aime en Vous ceux que j'aime! Purifiez, purifiez, élevez mon cœur. Vous êtes tout puissant, ô Jésus, et jamais plus redoutable que dans le silence que Vous gardez! silence en réponse à mes prières, silence dans le tabernacle vers lequel, cependant, je me sens toujours attirée, malgré ma froideur, mon indifférence, ma faiblesse. Pénétrez-moi du sentiment de votre toute puissance. O Jésus, qui êtes la lumière, la toute-puissance et l'amour, donnez-moi une horreur profonde du péché, qui méconnaît en vous cette triple et divine qualité.

Rechercher mon défaut dominant. Apprendre à le vaincre. Ah! que je suis lâche! Dieu soit béni d'avoir permis que je puisse suivre cette retraite, entendre d'abord la parole bénie de mon Père, puis jouir ici d'une solitude et d'un calme, qui triomphent de mes angoisses, malgré le peu de lumière de mon âme. Mon Dieu, donnez-moi de retourner à mes devoirs, avec force et vaillance. Dans la méditation de la Passion, je suis profondément troublée souvent (et Cécile ce matin me le disait aussi) par le spectacle des lâchetés et des abandons des disciples de Jésus: Pierre surtout, Pierre qui l'a renié trois fois! Mon Dieu! je me crois généreuse, je me crois fidèle, je demande la souffrance; mais comment puis-je répondre de moi, quand Pierre, qui avait le bonheur de suivre Jésus, de l'entendre, de le voir, qui le vit surtout insulté, trahi, condamné, eut la faiblesse de le renier? Mon Dieu, rendez-moi humble, humble, défiante de moi-même, mais donnez-moi aussi le courage de vous aimer jusqu'à la mort. Je suis lâche devant les petits devoirs et les petits ennuis. Aimer son devoir, même et surtout décoloré et fade.

5 Avril 1882. — Dessein primitif de Dieu sur l'homme. Le péché ne peut être réparé que par les peines de l'enfer ou par la mort d'un Dieu! Avoir souvent à la pensée, la mort, la mort causée par le péché. Pourquoi aujourd'hui, malgré la beauté et la pénétrante élévation de la parole que je viens d'entendre, ne puis-je arrêter ma pensée sur rien? Pourquoi suis-je retombée dans ma sécheresse habituelle? Hier, j'ai eu quelques moments si doux, dans leur austérité : mais que cela a été court ! Mon Dieu, je ne dois pas me plaindre. Vous avez accepté mon offre, je vous en bénis, je veux, je veux souffrir jusqu'à la mort, pour les âmes bien-aimées auxquelles

je voudrais garder le don divin de la foi; je veux souffrir dans mon âme et souffrir dans mon corps, Vous savez ce qui se passe en moi, Vous connaissez l'ardent désir que j'ai de prendre ma part d'un lourd fardeau. Au
pied de la Croix, je vous le confie, ce désir de mon âme.
Mon Dieu, purifiez, acceptez, élevez à Vous, mon désir
de sacrifice et de dévouement Mon Dieu, aurais-je peur
de la mort, que je ne puis y arrêter ma pensée? Non, je ne
le crois pas, et cependant, mon esprit troublé est de nouveau incapable de méditer. Mauvaise journée aujour-
d'hui! Que Dieu me pardonne de si mal profiter des grâces dont il me comble. Je veux penser à la mort, me préparer à la mort, aimer la mort. Je veux réparer; mon
passé a été si nul, mon présent si inutile! Si Dieu m'appelait qu'aurais-je à lui apporter? Jésus est mort pour
moi. Jésus a souffert pour moi! Il m'a aimée jusqu'à
mourir. Jésus, Jésus, je voudrais vous aimer ainsi, mais
non, quoique vous aimant en tout ce que j'aime, je crois
que je n'aime pas encore assez purement. Et cependant,
Maître bien-aimé, je sens le néant, le vide de toute chose, mon cœur effrayé de la rapidité des heures les plus
douces, a soif, a besoin d'immortalité dans l'amour et
où la trouverai-je cette éternité, cette stabilité, si ce
n'est en Vous! Je ne vous vois pas, Vous m'échappez,
Vous me fuyez, semble-t-il, mais cependant, tout me ramène à vous. Jésus, votre Croix surtout me fait sentir
que Vous seul savez aimer. Oh! je l'aime cette croix,
malgré la nuit, l'obscurité de mon âme, je l'aime, je la
bénis, je sens que ma force est là, je mets à ses pieds
toutes les affections de mon âme, pour que votre sang
divin les purifie et les immortalise, en les unissant à votre amour. Là, j'apprends à mourir, à aimer la mort. Jésus, ne me quittez pas, au dernier jour, montrez-vous à

moi, alors. J'accepte le voile parfois cruel, qui vous cache à mes yeux, jusqu'à cette heure seulement.

5 Avril 1882. — Aujourd'hui, mon Père a touché une
des faiblesses, des blessures de ma foi. Pourquoi Dieu
tout-puissant, éternel, infiniment parfait et heureux, nous
a-t-il créés? Cette base, ce commencement de l'humanité m'étonne et m'effraie parfois. Mais aujourd'hui la
parole si nette, si claire, si lumineuse de mon Père, m'a
fait comprendre ce désir de la bonté de Dieu, voulant
épancher le trop plein de son amour, dans des êtres qu'il
devait aimer jusqu'à mourir pour eux. Il nous a démontré, par un enchaînement admirable, d'une clarté lumineuse, comment Dieu seul peut suffire au cœur de l'homme. Admirable leçon de l'amour, donnée par Jésus, dans
la Passion. Cette chaude parole, sortant d'une âme si noble, si élevée, si remplie de l'amour divin, m'a fait un
bien infini. Sa force, sa conviction ardente, ont pénétré
dans mon âme et ont répondu, en me montrant la croix,
à ce besoin d'immortalité et d'infini, qui tourmente nos
âmes et nous fait trouver tout si fragile, si court, si froid,
d'une rapidité qui gâte et empoisonne les plus doux
instants de la vie. Pour moi, j'en suis pénétrée jusqu'à la
moëlle, de ce désir de quelque chose d'infini. Le monde
est partagé en deux camps seulement : les ennemis et
les amis de la Croix. O mon Christ, comme mon Père
vous aime! Vous savez tout ce que je vous demande et
vous offre pour lui! Qu'il soit une des lumières de votre
Eglise, un de vos saints! Jésus, mon maître bien-aimé,
que je voudrais que cette parole vous amenât des âmes
en foule! O Jésus, je veux être à vous, pour toujours, je
voudrais ne jamais quitter les pieds de cette croix, d'où
Vous dominez le monde. Oh! que je voudrais être de ceux
qui Vous ont été les plus fidèles, ô mon Jésus bien-aimé,

de ceux que Vous appelez à partager le lourd fardeau
de la croix, à monter avec Vous au calvaire et là, comme Madeleine, à ne pas quitter vos pieds sanglants. Je
vais quitter aujourd'hui cette petite chambre où, chaque
jour, depuis lundi, j'ai pu méditer et prier. Tout à l'heure, dans la petite chapelle obscure, j'ai senti que vraiment mon âme venait d'être retrempée ici. J'en bénis
mon Maître, de toute mon âme. Je veux retourner à mes
devoirs, avec plus de courage. Faire vaillamment mon
devoir et aimer Jésus Crucifié, voilà ce qui doit remplir
mon âme. Mon Dieu, en ce moment, je suis encore pénétrée de votre passion; l'image de la croix est partout
sous mes yeux. Il me semble que je suis tout près de
cette époque sacrée, où Vous avez foulé notre terre, vécu parmi les hommes. Mais demain, mais après, rentrée
dans la routine de ma vie, je garderai le dégoût de cette
vie inutile, si rapide, si courte, mais saurai-je toujours
tourner les yeux vers Vous et trouver, dans votre amour
seul, la réponse aux besoins infinis de mon cœur. J'ai
peur, j'ai peur de ma nature, j'ai peur même de mon sacrifice. Mais je ne le rétracte pas et, à vos pieds sacrés,
je renouvelle, avant de quitter cette maison bénie, mon
offre, mes désirs, mon ardente prière.

21 Mai 1882 *(à son mari).* — Tout continue de
même dans la maison, les enfants vont bien : rhumes et
névralgies disparaissent; le temps est beau, très chaud
même, aujourd'hui : la jeunesse continue à flirter, les
chèvrefeuilles à fleurir, les oiseaux à chanter, tout cela est
très naturel, trop naturel et j'aimerais, cependant, un peu
moins de flirtage : je plains ma pauvre maman, si je lui
ai causé ces petits malaises de conscience que j'éprouve
aujourd'hui ! Et cependant on ne peut empêcher la jeunesse d'être la jeunesse ! Eh mon Dieu, que c'est joli !

Bourbilly, 11 juillet 1882 *(à Mme Desselliers)*. — Ce soir, nous est venue une invitation à déjeuner, demain à Epoisse. *Le caporal* même est invité, sur le désir de M. de Guitaut et de ses petits-fils. Ce *cher cœur* est en veine de tendresse filiale tout à fait attendrissante, avec son père, tendresse, qui même a un air désintéressé, qui déroute Chantal et Cécile, très sceptiques sur ce sujet. Vers le soir, Charles, en bon père de famille, est venu au bois, avec Chantal, *le péché* et moi. Nous avons été au Peucrot, splendide comme le Giessbach, puis visite au gros filleul de Maggie, laquelle visite fut écourtée par l'arrivée du jeune ménage de Thoisy, avec M. Léon de Laferrière. Chantal, choquée d'être surprise en tenue de campagne, fut cependant ravie de voir des êtres portant des chapeaux à fleurs et des petits chapeaux bosselés pleins de chic.

6 Août 1882. — Toute la bande m'est arrivée hier, joyeuse et bien portante. La soirée a été tout ce qu'il y a de plus animé, en récits sur La Muette, sur le couvent, sur le collège, un mélange inouï de tendresses de famille, d'enthousiasme pour les cochons d'Inde, de gauloiseries de Madeleine et de François, tout cela s'entrecroisant avec des naïvetés d'Alice et d'Etienne, des boutades de Maggie, au grand ébahissement de Sabine et au contentement de Chantal et de Cécile.

Paray-le-Monial, 15 septembre 1882. — Autun est adossé à des montagnes d'un vert sombre, avec une splendide vallée à ses pieds. Nous avons le temps de visiter la cathédrale, qui possède le St-Symphorien d'Ingres, bien noble d'attitude et où l'on sent le Maître, puis, chose plus précieuse que l'art et le génie, le corps de St Lazare, l'ami du Christ. Cette tombe m'a bien impressionnée, elle est peu entourée, mais cette relique

précieuse de la vie de Notre-Seigneur ne devrait pas subir un tel abandon. Ici, ceux qui aiment le souvenir des
Saints doivent être satisfaits : la tombe de la Bienheureuse Marguerite-Marie ne cesse pas d'être entourée et
vénérée. Cette chapelle est très émouvante, avec ses
bannières, témoins fidèles du grand élan de foi de 1873;
les bannières, en deuil, d'Alsace et de Lorraine sont à
l'entrée du chœur. Tout cela rentre déjà, avec ses douleurs adoucies et ses ardeurs engourdies, dans un passé
presque lointain... Je vais te quitter, pour écrire quelques mots à Cécile, que j'ai toujours tant de peine à quitter, mais la bande se promettait d'être très gaie, en notre absence : le Père en belle humeur et la jeunesse prête à le suivre. Tante Camille voit tout cela, avec son
lorgnon indulgent, et en prend sa part.

Bourbilly, 9 octobre 1882. — Je suis restée avec
Cécile, dans le jardin, suivant Charles et les jardiniers,
de massif en massif, transportant mon banc et la voiture dans une bonne odeur de sapin coupé, de feuilles
froissées, avec un soleil voilé délicieux. Cela m'a fait du
bien. Je sentais comme un petit ramollissement me gagner, sans secousse, sans maladie. Je me figurais que
mon cerveau allait prendre la tournure de la maladie de
ce pauvre M. Bruzard, de Semur, qui s'ossifie; il se sou-
vient, mais il ne peut plus exprimer ce qu'il ressent.
J'espère avoir une petite halte, dans cet acheminement
de mon esprit vers cet état, dont je comprends tout le
côté pénible. Heureusement que j'aurai le *cher cœur*,
qui trouve mes mots, finit mes phrases et me donne souvent des conseils et des aperçus nouveaux, à voix basse.

18 Novembre 1882 *(à Mme Dessolliers)*. — Tinèle
chérie, tous mes compliments. Tu peux te reposer, au
coin de ton feu et dire, comme le Créateur : Mon œuvre

est bonne! Tu penses si j'ai partagé rétrospectivement
tes émotions : cette émotion me semble tout à fait une
répétition générale, ou plutôt une première, des cinq ou
six pièces qui se joueront à notre foyer. Pardonne-moi
ce style figuré, je suis encore si ahurie qu'il me semble
devoir employer des images, pour déployer mes impressions. Ce qui domine, c'est la joie du bonheur de nos
chers amis. Ta lettre, avec le récit animé de Mme Geoffray, m'a fait bien rire. Il nous tarde de revenir et de voir
de près ce bonheur, œuvre de tes mains, qui nous garde
une fille et nous donne comme un petit gendre. Adieu
tante Tinetine chérie, je t'embrasse de tout mon cœur!
Quel ministre des affaires du cœur, le seul département
qui vaille la peine qu'on y travaille! Léon ne me dé-
mentira pas.

X

NOUVELLES ÉPREUVES

(1883-1885)

Marie eut la grande joie d'assister, à la fin de janvier 1883, au mariage de Louise Marcotte, qu'elle aimait comme l'une de ses filles, avec Léon Geoffray, qu'elle connaissait également depuis de longues années. Le mois suivant, Mme Erard, qui avait toujours traité Marie comme sa fille, l'adoptait légalement. Le 14 juillet, Mme Dessolliers, son autre mère aussi, s'éteignait doucement entre nos bras, à la profonde douleur de Marie; nous partîmes, peu après, pour Bourbilly, que nous quittâmes, à la fin de novembre Quelques jours après notre retour à Paris, je tombai malade et cet état se prolongea pendant tout l'hiver. Je ne me remis véritablement que pendant un séjour fait au Rigi Kaltbad, où Marie vint me rejoindre, au cours de l'été 1884, dont nous passâmes la fin à Bourbilly.

Au mois de février 1885, Marie se rendit à Pau, auprès de sa cousine Marie Muller, dont le mari venait de succomber, après une longue maladie. J'avais dû, au dernier moment, renoncer à l'accompagner, ayant été appelé auprès de ma tante, Mme Morisseau,

*qui mourait, le 1ᵉʳ mars. Nous passâmes l'été au Rigi
Kaltbad et l'automne à Bourbilly.*

Cantorbéry, 7 janvier 1883 *(journal).* — Je viens
de passer une bonne journée très solitaire, en dehors des
récréations avec mes enfants, très intime avec Dieu; j'ai
pu prier, j'ai pu pleurer, j'ai senti la douceur de souffrir
pour Jésus seul. J'ai voulu faire une espèce de retraite...
Pour la première fois, depuis bien longtemps, j'ai senti
mon cœur se détacher de nouveau de toute chose, ou
plutôt ne plus aimer qu'avec le sentiment, la volonté
de tout soumettre à Dieu, tout, tout, renoncer à tout,
étouffer ce besoin de retour dans mes affections, besoin
inassouvi, dont l'amertume parfois me fait tant souffrir.
Je veux plier mon orgueil, je veux être humble, humble, mon Jésus, humble comme Vous, couché dans votre
étable. Je veux souffrir, aimer et souffrir, je ne veux pas
craindre la mort, je veux aimer la mort et n'avoir en
vue que l'amour dans le sacrifice...

8 Janvier 1883. — Mauvaise journée. Je n'ai pu me
faire à la solitude, ni chasser les idées noires. Donc, je
ne suis pas détachée. Je ne suis pas prête à tout supporter, à tout souffrir, ni la maladie des miens, ni la séparation, ni l'abandon, ni l'ennui. Et cependant, ô mon Maître, j'avais fait une double offrande et, chaque matin, je
la renouvelle et je vous supplie encore de l'accepter.
Vous les connaissez, ces désirs suprêmes de mon âme.
Non, ce ne sont pas de vaines paroles, c'est bien mon âme
tout entière qui désire ce double sacrifice. Et c'est un
désir ardent, que j'ai peine même à soumettre, avant tout,
à la volonté de Dieu. C'est donc là ma faiblesse, mon attache, qui m'empêche d'arriver à l'abandon parfait, à la

complète soumission. Je veux souffrir pour ceux que
j'ai désignés à Dieu : un groupe d'âmes et une seule âme
et je ne peux pas arriver à bien vouloir, avant tout, ce
que Dieu veut, même la douleur de n'être pas exaucée.
Mais, avec cela, que de craintes, que d'angoisses, quelle
lâcheté? Oh! quelle misère est la mienne! Mon Dieu,
mon Maître, je baise vos pieds sanglants. Là seulement,
je trouve la paix, l'amour, la soumission.

2 Avril 1883. — Demain, je fais profession. Le Père
Duchaussoy vient dire la messe et me recevoir dans l'o-
ratoire du Père Lacordaire, que mon Père veut bien
m'ouvrir encore, comme le premier jour de mon entrée
dans le Tiers-Ordre. Mon Dieu, que Vous êtes bon, que
de grâces, que de douceurs dans ma vie, depuis quelque
temps, mais quelle indignité et comme je me sens froide,
indifférente devant ce Maître adoré, qui veut bien m'u-
nir à Lui, d'un lien intime et étroit. Saint Dominique,
sainte Catherine, préparez votre indigne fille à recevoir
le scapulaire béni de vos enfants; que j'aime, plus que
jamais, Jésus crucifié, la croix et le sacrifice! Je viens
de passer quatre jours bénis, inespérés. Mon mari a demandé à mon Père de passer, à la Muette, les vacances
de Pâques, il est venu, j'ai pu recevoir, trois fois, de ses
mains, mon Seigneur, j'ai pu l'entendre, jouir de sa bonté,
qui est le reflet de celle de Dieu, pour mon âme; oui, j'ai
senti que Dieu voulait bien me laisser ce Père et cet
ami, j'ai senti le lien pur et fort de nos âmes se retremper: moi dans le dévouement et le respect, lui dans son
immense charité pour les âmes. Que Dieu soit béni mille
fois d'avoir donné à moi et aux miens ce guide et ce soutien! Jeudi, près de ma petite chérie, il nous a lu
l'évangile du jour, ce sublime évangile de Jésus se montrant à Madeleine. Il l'a commenté et ses paroles ont pé-

nétré jusqu'à mon âme, comme un appel du Maître. Demain encore mon Seigneur et mon Dieu m'appellera : *Marie*, et je lui dirai : *Maître*, et je lui donnerai ma vie, en me liant à jamais à lui. Qu'Il reçoive et garde mes promesses, ma double et fidèle offre de sacrifices et mon désir de l'aimer jusqu'à la mort.

3 Avril 1883. — Fête des stigmates de sainte Catherine de Sienne. Ce matin, messe dite, dans l'oratoire du Père Lacordaire, par le Père Duchaussoy ; communion. Renouvelé mes promesses et mes offres. Après la messe, j'ai fait profession. Me voici liée à mon Maître par un lien sacré. Je veux lui être fidèle jusqu'à la mort. Mon Père est arrivé, pour ma profession. Il a été témoin de mes promesses : c'est lui qui m'a amenée à Dieu et qui, par son influence douce et forte, l'autorité de son âme si haute, me maintient dans cette voie, toute troublée, aveuglée, brisée par les tentations, par la lutte, la tristesse que je suis. Il m'a bénie ensuite. J'ai fini mon après-midi près de sœur Marie-Catherine : j'avais besoin de la voir. Nous avons la même patronne et cette fraternité m'est si douce ! Dieu soit béni de m'avoir acceptée et reçue ; Dieu soit mille fois béni de cette journée !...

Bourbilly, 12 août — 1883. J'entre aujourd'hui dans ma quarantième année ! c'est la pleine maturité, c'est le commencement de la vieillesse. Mon Dieu, soyez béni de tout ce que vous m'avez donné pendant trente-neuf ans : joies, grandes et petites peines, soyez béni de tout. Vous m'avez gardé, pendant les années difficiles, vous m'avez amenée à vous chercher, à vous aimer, Vous m'avez donné des grâces sans nombre. Oh ! mon Maître, Oh ! mon seul vrai ami, faites-moi donc n'aimer que Vous.

1er Octobre 1883. — J'ai l'âme vraiment malade, depuis deux mois, envahie par une mélancolie, des troubles,

un sentiment de défiance de moi-même et des autres,
qui me rend injuste, peut-être même pour moi-même.
C'est une tentation, je le sens, car quand je crois avoir
dominé ce sentiment amer et désespéré, il me revient
sous une autre forme et, toujours je vois, dans toute parole, une pensée que je retourne contre moi, qui augmente l'isolement de mon cœur et le ferme à toute joie.
Mon Père m'a dit de demander à Dieu, un plus grand
détachement des affections humaines. Je l'ai faite, cette
prière, je la renouvelle et, depuis, il me semble, chaque
fois, que la lutte devient plus vive, le découragement
plus profond et la soif d'une tendresse infinie, plus ardente. J'ai eu des déceptions, cela devrait être salutaire
pour mon âme. Mon Dieu, je ne pourrai donc jamais me
tourner vers Vous seul, n'aimer que Vous, ne vouloir
être aimée que de Vous! J'ai fait souffrir mes enfants,
même Cécile. Mon Dieu, écrasez mon cœur! Pourquoi
garde-t-il cette soif d'affection, lorsque tout lui prouve
que tout s'en va en moi: la vie, le charme que je pouvais avoir, la jeunesse, qui, seule, plaît, et ce sentiment
me rend morose et m'ôte la bonté, qui devrait être mon
seul partage.... Si, au moins, mon Dieu, je pouvais penser que le renouvellement de cette torture, ce désen-
chantement, qui ne vient pas de moi et me décolore la
vie, était une partie acceptée de mon offre! Oh! alors,
quelle joie profonde dans ma souffrance! mais, non, tout
deviendrait trop facile et ce serait délicieux de se sentir
seule au monde. Mon Dieu! comme Vous voudrez, tout
ce que Vous voudrez, mais exaucez-moi, je vous en prie,
et imprimez dans mon cœur, plus forts et plus ardents
que jamais, la soif et le courage du sacrifice. Que Dieu
bénisse notre famille, si diminuée depuis huit ans! Qu'il
me garde cette bonne tante qui, seule, me reste de l'an-

cien foyer de ma jeunesse! Oh! que je ne sois pas une entrave pour le perfectionnement d'âme de mes enfants, mais que j'apprenne, avant tout, à travailler dans ce but, dans l'ombre, sans désir ni espoir d'un retour d'affection: voilà quel doit être le but de mes efforts auprès d'eux! Me détacher, me détacher, n'aimer que mon Christ, me contenter de son amour seul et bien sentir que Lui-même m'aime, malgré la nuit, malgré l'orage, malgré l'épreuve qui me le cache!

1er Novembre 1883. — Aujourd'hui, jour où Don Bosco nous avait fait espérer la guérison de Cécile, Dieu, encore une fois, nous a visiblement démontré qu'Il veut notre bien-aimée toute à Lui, que la sainteté d'une âme haute, pure, généreuse et vaillante, est mille fois supérieure à la force, à la santé, à la vie d'un corps périssable. Mon Dieu, je veux vous dire, ce soir, dans toute la sincérité de mon âme misérable, mais éclairée aujourd'hui de la vraie lumière: soyez béni, béni de toute chose, béni dans l'épreuve, béni dans la maladie, béni dans les grâces données à l'âme de mon enfant, béni dans votre désir de me la prendre, béni dans vos divines leçons de la Croix, soyez béni, car c'est Vous seul qui avez pu donner à ma chérie, cette sérénité, cette paix, cette joie, dans ce jour où sa jeunesse pouvait espérer la force, la joie, la vie, et qui finit, comme il avait commencé, dans l'infirmité, la faiblesse, l'impuissance. Mon Dieu, n'est-ce pas moi que vous punissez en elle, n'ai-je pas mérité ce châtiment? Oh! mon Dieu, mon Dieu, je n'ai pas été mère comme je l'aurais dû; j'ai mérité cette épreuve; mon innocente chérie paie pour moi! Oh! Jésus, Jésus crucifié, Vous l'avez prise sur votre croix, et moi, indigne, je ne puis que rester à vos pieds, et je ne suis pas digne de souffrir avec Vous. Pardon, pardon, ô mon Maître. Gardez votre petite enfant privilégiée auprès de votre cœur, gardez-la, mais donnez-lui vos joies. Oh! je vous en prie, que son âme soit dans la joie! Jésus, ce soir, je me sens bien au pied de votre Croix, je veux vous y promettre de recommencer ma vie, avec plus de vaillance et de douceur, plus d'humilité et de calme; je vous supplie de bénir toutes ces âmes aimées, que Vous m'avez données. Je veux faire mon devoir, vis-à-vis de chacune d'elles, sans découragement des rechutes et en suivant humblement Jésus crucifié, comme mon Père me le recommande. Il m'a écrit, il a mis le doigt sur la plaie vive de mon cœur, *honteux* mais non *humble*. C'est Vous, mon Dieu, qui l'avez inspiré. Vous me l'envoyez, quand la nuit se fait trop noire! Mon Dieu, je vous bénis de tout et je renouvelle, en ce jour de sacrifices et de grâces, les *offres suprêmes* de mon âme et mon ardent désir d'être à Vous, dans le sacrifice et l'humilité de l'amour.

Bourbilly, 26 novembre 1883. — Demain, nous quitterons encore une fois cette chère maison. Ai-je fait quelque pas en avant, pendant cette saison qui m'a encore été donnée, ai-je progressé dans la *vraie humilité*, dans le *détachement*, qui doivent être le but suprême de mon âme. Hélas! non! et cependant, Dieu m'a donné deux mois vraiment dans le devoir, dans la paix d'une vraie solitude... Mon Dieu, je pars d'ici avec un sentiment plus vrai de ma misère et un désir toujours plus fort de détachement et de sacrifice. J'ai souffert pour en arriver là, oui, l'orgueil d'une âme qui voulait trop être payée de retour, a été abaissé, grandement abaissé. L'œuvre n'est pas achevée, hélas! que j'en suis loin; mais je veux m'élever, m'élever et chercher secours là-haut! Tendre toujours plus haut, par le désir et l'amour, mais dans l'humilité vraie et le détachement

des affections de ce monde : détachement qui ne tue pas
la charité, détachement qui ne demande pas de retour
et qui embrase, au contraire, toutes les âmes, d'un
amour désintéressé et pur. Voilà mon programme. Si
Dieu me laisse revenir dans cette solitude aimée, je verrai si j'ai pu faire quelques pas en avant. Que cette maison soit bénie et gardée! Que sa sainte patronne veille
sur mes bien-aimés.

1ᵉʳ Janvier 1884. — Mon Dieu, soyez béni, pour tout
ce qui m'est venu de Vous, pendant cette année qui vient
de finir : grandes tristesses, amertumes, luttes, déceptions dans l'œuvre toujours renaissante du détachement
et du dépouillement de l'âme. A côté de l'épreuve, Vous
avez mis bien des douceurs... J'ai bien souffert, ces derniers mois et, parfois, j'ai cru trouver, dans cette souffrance, la certitude si infiniment douce d'être un peu
exaucée. Oh! que tout me serait doux, avec cette certitude. Mais je crois que le complément suprême du sacrifice, c'est la douleur de se sentir inutile et indigne d'être
exaucée! Oh! mon Dieu, tout ce que Vous voudrez, qui
ne nuira pas aux âmes qui m'entourent et atteindra
mon but sacré. J'ai mon mari malade depuis un mois;
il souffre moralement et physiquement, cela me désole.
Chantal n'est pas bien et mon âme est pleine d'angoisse. Chère noble et vaillante fille, elle grandit moralement, mais j'ai peur, j'ai peur, et cette première soirée
de l'année nouvelle me laisse effrayée et craintive. Oh!
mon Dieu, que j'ai mal rempli ma tâche. Oh! mon Dieu,
que je suis loin, loin de ce que je pourrais et devrais
être! Oh! aidez-moi, relevez mon âme, attirez-la à Vous
seul.... Mon Dieu, Vous savez mon suprême désir qui,
dans sa réalisation, pourrait seul me consoler de ne
m'être pas consacrée à Vous. Oh! je vous en supplie, par

vos pieds sanglants que j'embrasse, donnez-moi cette humble part du sacerdoce. Oh! exaucez notre prière, écoutez, écoutez-moi: tout, tout ce que Vous voudrez et permettrez. Que cette année soit mille fois bénie pour tous, que je sois vraiment ce que Vous vouliez, sans que mes péchés passés, ma faiblesse, ma lâcheté, ma violence, puissent nuire aux âmes bien-aimées que Vous m'avez confiées. Père adoré, je vous bénis de tout et j'adore votre main, même quand elle se retire..

Cantorbéry, 6 janvier 1884. — Mon Dieu, que votre étoile reste devant moi et que sa lumière ne s'éteigne pas dans mon âme. J'ai eu une éclaircie, ce matin, au pied de votre crèche et près de mes enfants, mais ce soir, la nuit revient. J'ai peur d'avoir mal fait de quitter mon mari, et d'accepter qu'il me donne Chantal comme compagne. Partout où il entre une satisfaction personnelle, où j'ai une joie, se mêle de suite un remords... Mon Dieu, éclairez-moi, éclairez-moi! Ah! doux enfant Jésus, je veux aller à vous, dans la nuit, dans l'obscurité, dans l'angoisse. Oh! que la paix, la joie, la lumière de votre berceau rayonnent sur les âmes qui me sont chères et pénètrent un peu dans la mienne, si ce n'est pas manquer, en l'acceptant, au sacrifice? Chantal s'est récriée, ce soir, devant mes angoisses et m'a trouvée folle. Pauvre, pauvre âme, qui ne peut pas même maîtriser son angoisse, devant cette âme plus jeune, plus ferme, à laquelle elle doit l'exemple. Oh! mon Père, où êtes-vous? que j'ai besoin de vous! Que j'ai besoin d'être relevée! Oh! douce nuit de Bethléem, berceau rayonnant dans la nuit obscure, soyez devant moi comme l'espérance et la tendresse! Suffisez, suffisez à mon âme altérée, berceau et croix de mon Maître! Bénissez mon mari, doux Jésus, bénissez mes enfants, bénissez mon Père, mon guide, ma lumière, tous les miens, calmez mes angoisses. Oh! dites-moi que je n'ai pas manqué à mon devoir, oh! dites-le moi, par une impression, par un mot. Vierge sainte, vierge mère, penchée sur cet enfant adorable, à ses pieds, aux vôtres, je vous offre *encore et toujours la même offrande suprême* et, je vous demande encore, à côté de ce désir de mon âme, cet autre désir que j'ai, de voir mon cher mari reprendre la force du corps et la force de l'âme, la santé avec la joie de l'âme. Oh! Vierge, je vous fais trois promesses; si elles peuvent être ratifiées, laissez-moi pleurer et prier dans vos bras.

2 Février 1884. — Ce matin, renouvelé mon *vœu* et mon *offrande*, sous la protection de Marie et dans l'esprit, le désir, l'amour de son sacrifice. Mon Père, quand j'ai été à lui, cet après-midi, a réchauffé, consolé mon âme, découragée de sa misère et de ses rechutes et je me suis sentie toute pénétrée d'un rayon de la divine bonté. Oh! Jésus, je me présente avec vous, au Temple et je renouvelle, dans toute l'ardeur de mon âme purifiée et retrempée, mon vœu d'obéissance et le constant et suprême désir de ma vie. Jésus, divin enfant, adorable victime, que ce mot, *sacrifice,* qui résonnait dans mon âme, par la voix de votre ministre, s'y grave jusqu'à la mort; que je sois pénétrée de ce seul désir, affamée de cette seule faim. Oh! Mère de douleur, apprenez-moi à souffrir, à tout accepter, à tout offrir, et recevez. pour les porter à votre fils, mon vœu, mon offre, ma double offre d'âme et de corps. Oh! ce soir, tout m'a semblé doux et mon âme consolée a retrouvé un peu de gaîté pour ceux qui m'entourent. Je dois cela à mon Père. Oh! qu'il soit béni. mille fois béni!

5 Avril 1884. — Anniversaire de ma profession. Renouvelé toutes mes promesses et toutes mes offres, dans la communion. Pour la première fois, depuis longtemps, je sens une désolation étreindre mon âme et la faire se tourner vers Dieu, avec angoisse. Ce n'est plus la tristesse indifférente des jours passés, c'est le besoin de Dieu, que les premières épreuves m'avaient fait ressentir, et c'est l'isolement, l'abandon, le silence cependant. Oh! mon Maître, est-ce une réponse? m'avez-vous acceptée? Oh! Christ adoré, attachez-moi à votre croix.

13 Avril 1884. — Mon Dieu, cette amertume, cette révolte de mon âme, cette angoisse sans nom, succédant à une heure très douce, passée avec Cécile, auprès de Vous, dans la paix de notre chapelle solitaire, est-ce le signe tant attendu, qui me prouve que Vous voulez bien de moi? Oh! mon Maître, dites-le moi, mais c'est qu'alors il n'y aurait plus de mérite : le sacrifice accepté n'est plus que de la joie! Mon Dieu, tout ce que Vous voudrez, mais que je ne vous offense pas! Renouvelé, prosternée à terre, ma double offrande de sacrifices. Hélas! je n'ai pas trouvé la paix que je cherchais! Oh! que je sente un appui, un cœur ami, seulement un instant, puis la nuit de nouveau, comme Vous voudrez, tant que Vous voudrez! Donnez-moi le calme et la douceur dans l'isolement de mon âme : la douceur, la douceur. Oh! Jésus, calmez, calmez la soif de mon âme. Oh! je veux vous aimer uniquement, passionnément, dans la douleur, dans l'angoisse, dans l'isolement, dans la nuit, malgré tout ce qui vous cache à mes yeux. Je veux vous aimer dans la mort. Je voudrais vous aimer jusqu'à mourir! Hélas! tout ce que je voudrais m'échappe, tout ce que je rêve me fuit, tout ce que j'aime est une déception. Mon Maître, mon Maître, Vous, Vous êtes fidèle, n'est-ce pas? Je me jette dans vos bras et je me presse contre vos clous, vos épines, vos plaies. Oh! Jésus, je veux souffrir et avoir ma part, toujours la même part, sublime et pure mais cachée, que mon âme rêve dans votre service sacré. Jésus, exaucez-moi, en ce jour de votre mort, je renouvelle, au pied de votre croix, toutes mes promesses, toutes mes offres. Seigneur, acceptez votre servante.

14 Avril 1884. — Mon Père est parti, ce soir, pour Rome. J'ai eu un petit mot de lui, hier, répondant à un cri de repentir et de crainte, repentir d'un moment de lâcheté dans l'épreuve, crainte de voir Dieu refuser mon offre, à la vue de ma faiblesse. Ah! non, mon Maître, je vous donne tout, prenez mon âme, ma vie, pliez-moi, écrasez-moi, mais faites-moi sentir, plus que jamais, la douceur d'être au pied de votre croix. Non, non, je ne veux pas du monde, je ne veux plus me rapprocher de ce qui est vide, rapide, fugitif, je veux aimer éternellement, je veux ma part du sacrifice, prenez-moi, prenez-moi ..

15 Juin 1884. — Aucun progrès, cet hiver. J'ai reculé, j'ai perdu le peu que j'avais obtenu; mon âme est lâche, révoltée, détachée de Dieu et non des hommes. J'ai souffert de l'isolement du cœur et de l'isolement de l'âme. Mon Maître, reprenez-moi, détachez-moi, acceptez-moi! Soyez béni des bontés, des grâces, comme des épreuves! Pardonnez-moi, pardonnez-moi toutes les fautes de cet hiver! Je m'humilie à vos pieds, j'accepte tout ce que Vous m'imposez, mais mon Maître, ne me perdez pas de vue. Oh! que j'ai soif de détachement et de soumission : aidez-moi, Jésus!

30 Juin 1884. — Nous sommes de retour à Bourbilly. Je reviens plus énervée, plus lâche, plus faible, moins pieuse que je ne suis partie. Le travail est à recommencer, mais Dieu m'échappe et je reste dans un marasme, que je sens bien mauvais pour mon âme. Oh ! mon Christ, serrez-moi sur votre croix, faites-moi sentir que Vous êtes là, faites-moi sentir vos épines et vos clous.

27 Juin 1884. — Ce matin, j'ai offert ma communion, comme chaque vendredi, mais avec plus de force et une offrande de moi-même plus entière, en vue de l'épidémie qui peut menacer Paris. Oh ! Jésus, je vous fais cette offre, en vous suppliant de m'exaucer, de purifier mon désir de sacrifice et en l'élevant jusqu'à la hauteur de votre amour. Jésus, je veux me donner comme Vous Vous êtes donné, je veux aimer comme Vous aimiez sur la terre. Jésus, mon Jésus adoré, il me semble que plus de douceur se répand dans mon âme, il me semble que Vous m'écoutez et que Vous rassasiez ma soif d'amour et de sacrifice ! Oh ! soyez béni de me rendre plus facile l'acceptation de mon isolement intérieur. Je sens, je sens le calme revenir. Oh ! que j'ai souffert, ces jours-ci. La déception, dont mon âme a tant souffert, cet hiver, s'était fait sentir plus complètement, avec plus d'amertume, avec une vue plus nette de ce qui me prouve sa réalité. Mme X. . reviendra peut-être, Charles le lui a demandé, mais le sentiment désolant, qui envenime pour moi toute joie intime, vient ternir celle-là, comme les autres. Elle m'aime, elle est délicieusement tendre pour moi : pourquoi ? mais comment cela se peut-il ? Mais ne fera-t-elle pas comme d'autres, peu à peu, tout doucement, cela redescendra le même chemin ; elle me verra clairement, nettement, avec mes défauts, supportables quand j'avais le charme de la jeunesse, insupportables maintenant. Elle m'aimera moins et je sentirai qu'elle m'échappe, ce que j'ai senti, cet hiver, pour une autre amitié, à laquelle mon âme s'était attachée comme à un reflet de Dieu. Je sentirai ce je ne sais quoi, qui fait que, peu à peu, la conviction s'empare de vous, que ce n'est plus *cela*, que Dieu ne le veut pas, qu'on ne pourra jamais inspirer une affection vraie dans le sens pur, saint, idéal du mot! Autour de moi, on m'aime un peu, mais qu'est-ce que cela? Qui vient à moi, qui a besoin de moi, qui désire un peu épancher de son âme dans la mienne? X... me l'a fait espérer, mais cela passera, j'en suis sûre. Et alors, pourquoi avoir donné encore une fois mon cœur? Jésus, Vous voulez qu'on n'aime que Vous, Vous voulez mon âme toute à Vous, n'est-ce pas? sans cela comment expliquer les forces de dévouement, les ardeurs de tendresse, la soif de se donner, dont Vous consumez nos âmes, avec les froideurs, les oublis, les indifférences, le silence qui y répondent. Chère Cécile, elle m'aime, mais elle *doit* sentir qu'elle m'est plus utile que je ne le suis pour elle! Là aussi, il y a une épine : je sens qu'elle me juge. Il y a eu un temps où elle me demandait conseil, maintenant, plus jamais. Oh! depuis un an, quel changement *en* moi et *autour* de moi? Mon Dieu, je sens ce qui me manque pour accepter cela comme je le devrais : c'est l'humilité. Je l'avais atteinte, après nos malheurs; oui, je sentais doucement ma misère, sans qu'il en rejaillît, sur toute chose, l'amertume avec laquelle je reçois tout à présent : joies, témoignages d'amitié ou n'importe quelle souffrance du cœur. Il m'est bon de regarder cette plaie de mon âme : Seigneur Jésus, Vous m'aiderez, je n'ai vraiment que Vous, Vous seul, à qui je puisse parler et recourir dans ma détresse. Oh! répondez-moi, je vous en supplie, éclairez-moi sur ce que je dois faire... Ce silence autour de mon âme est intolérable! Oh! dites, dites-moi ce que Vous voulez, qui je

dois aimer, et arrachez mon âme à la terre, prenez-la à
Vous, à Vous entièrement et, en la prenant, exaucez-
la, exaucez-la. Toute meurtrie qu'elle est par la lutte
intérieure, elle sent toujours son même désir du même sacrifice. Père adoré, j'ariverai à Vous, les mains
vides; acceptez au moins ma prière constante, pour remplacer les mérites absents et écoutez-la!

17 Juillet 1884. — Je pars demain pour le Kaltbad.
Mon Dieu, me donnerez-vous jamais une vue plus claire,
plus nette de mon devoir, une force plus grande pour
résister, une ardeur plus grande pour avancer, et plus
d'aide et de secours pour aller ainsi à Vous. Maître
adoré, je vous bénis, je vous aime, dans mon obscurité,
mais j'ai peur et je me sens faible. Oh! gardez ma foi,
donnez-moi l'humilité et prenez, prenez ce que je vous
offre. Oh! dites-moi que mes angoisses sont votre réponse! Père saint, je vous confie, en partant, mes enfants,
ma chère tante, ma maison toute entière. Je vous ai
demandé la lumière, ouvrez mes lèvres et mon âme,
pour que je puisse, devant vos œuvres admirables, retrouver la lumière et la paix dans l'obéissance. Vous
lisez dans mon âme, ô Vous, Maître adoré, Vous le
meilleur ami, Vous savez ce qu'elle désire. Je Vous
donne tout, je Vous soumets tout: *sacrifices si chers*,
devoirs, joies, peines, prenez, prenez, mais acceptez-moi
surtout. Oh! sainte Chantal, je vous confie tous les
miens, que je vous laisse. Gardez-les sous vos ailes! Que
je sois, pour mon mari, que je vais retrouver, une compagnie, douce, agréable, fidèle... De moi, faites ce que
Vous voudrez.

Bourbilly, 29 octobre 1884. — Nous partons demain. Ces quatre mois ont été remplis de luttes, d'angoisses, de tristesses intérieures. J'ai beaucoup souffert

par mes enfants, j'ai eu peur, pour plusieurs d'entre eux ;
ma solitude d'âme a été dure et j'ai senti ma misère.
Mon Dieu, Vous m'avez donné cependant quelques heures douces, bien douces ! Soyez béni, ô Maître, je sens
cependant votre main m'approcher, mais ces moments
sont rares, et je me sens seule, dans la nuit, le plus souvent ! Pardonnez-moi, ô mon Jésus, pardonnez-moi ma
lâcheté, mes révoltes de cœur, apprenez-moi, ô Maître
adoré, à aimer ma solitude intérieure, à étouffer mes
soifs désespérées, à vouloir souffrir, à trouver doux de
souffrir, donnez-moi la claire vue du devoir, de mon
devoir de mère et de femme, aidez-moi à faire du bien
et, surtout, ô mon Maître, n'oubliez pas mon offre constante, qui survit à mes doutes, à mes froideurs, à mes
ennuis. Bénissez cette demeure, bénissez les enfants
absents et présents, et mon mari, et ceux qui me sont
chers... Béni soyez-vous du chemin parcouru, éclairez et
bénissez le chemin qui me reste à parcourir ! Et acceptez-moi !

7 Novembre 1884. — J'ai quitté Bourbilly, avec un
mélange de crainte, de peine et d'espérance. Depuis que
je suis ici, j'avais repris un peu de force, pour ce travail
de mon âme, toujours à recommencer. Puis, me voici
dans un grand trouble, une grande angoisse, au sujet de
mes chers enfants. Oh ! comme, là, je vois mon impuissance et que mon cœur se sent faible, lâche, trop déta-
ché, dans cette solitude d'âme où je ne vois plus clair.
Oh ! comme j'accumule les maladresses, dans ce désir
ardent de faire mon devoir et ce chagrin qui me brise,
de n'être *rien* pour les miens ! Demain, je m'humilierai
devant celui qui vous représente sur terre, ô Jésus ;
mais, je veux marquer ici cette si grande désolation et
cette si grande angoisse, qui me jettent à vos pieds

mieux que je n'ai pu le faire depuis longtemps. Père adoré, je ne me sens Vôtre que dans la douleur; j'en ressens une amère volupté, laissez-moi souffrir, puisque cela me force à vous aimer, mais que ma souffrance sauve les âmes qui me sont chères, que ma souffrance soit *aussi votre réponse*. Oh! plus que jamais prenez-moi! L'épidémie est là, ô mon Maître, écoutez-moi, écoutez-moi! Mon âme est désolée de ne pouvoir être utile, mais elle s'offre tout entière, elle renouvelle la double et chère offrande de ma vie, avec plus de force que jamais! — Seigneur, tout ce que Vous voudrez, mais que Vous seriez bon de vouloir mon sacrifice! O Jésus, que je voudrais faire du bien, et que de mal j'ai fait! C'est la punition de mes fautes, c'est mon châtiment! Mais vous ne rejetterez pas, Seigneur, un cœur contrit et humilié. O Christ, je suis à Vous.

1er Janvier 1885. — Avant de me mettre au lit, je veux demander pardon à Dieu de mes fautes, de mes révoltes, de mon orgueil, de toutes les offenses dont mon âme s'est rendue coupable. Oh! pauvre âme, qui ne peut se vaincre, oh! pauvre cœur, qui ne sait pas se détacher et n'aimer que le Maître divin! Pardon et merci; oui, merci, du fond de mon âme, merci de *tout*, mais, malgré tout, je crie encore à Vous : pitié et miséricorde? Oh! que je souffre, dans mon cœur de mère, dans tout ce que j'espérais. Etre inutile, impuissante, être déçue, trop désirer, ne pas savoir s'aider seule! Mais, Maître adoré, Vous le voulez, il faut se soumettre. Si seulement je souffrais *seule*. Oh! ayez pitié de mes enfants, de mon mari, de ma tante, régnez dans cette maison, bénissez les maîtres, les enfants, les domestiques, bénissez les hôtes, les amis, les parents! Oh! mon Maître, encore une fois, en commençant cette année. tout à l'heure, à minuit, dans la chapelle, je vous ai dit : acceptez-moi, ô Christ! Oh! écoutez-moi, écoutez-moi. Vous savez lire dans mon âme, prenez-la, mon unique Ami, cette âme qui voudrait n'aimer que Vous.

4 Janvier 1885. — Renouvelé mon vœu et mon offrande. O mon Maître adoré, je vous supplie de les accepter, je vous le demande à genoux, prosternée au pied de votre croix, écoutez-moi, écoutez-moi; obéissance et complet sacrifice, prenez tout!

Cantorbéry, 26 au 31 janvier 1885. — Dieu m'a rendu un sentiment plus doux, plus humble, plus soumis de ma misère; j'entrevois une possibilité d'un peu de bien à faire, d'une vie plus utile et, j'éprouve cet attrait vers Dieu, que je ressens maintenant si rarement. Comme j'aime prier dans cette chapelle! cette fois, je n'y ai eu que de l'apaisement, de la douceur, Dieu m'est venu en aide. Oh! comme je l'en bénis! Je mets, sous sa protection sainte, mes deux garçons! Jésus, Jésus, gardez-les-moi. Ah! gardez l'âme ardente de mon pauvre François, qu'elle soit noble, qu'elle soit haute, qu'elle soit généreuse! Oh! Jésus, Jésus, je les laisse sous vos ailes! entre les mains de vos prêtres, à l'ombre de votre tabernacle! Soyez béni du rayon consolateur que, deux fois depuis huit jours, Vous m'avez envoyé.

5 Avril 1885. — Deuxième anniversaire de ma profession; renouvelé mes offres, mes promesses. J'ai bien souffert, cet hiver, je souffre encore cruellement dans mon âme, dans mes affections, dans le présent, dans le passé, dans l'avenir! Mon Maître adoré, j'ai soif, j'ai soif moi aussi, mais que votre sang divin désaltère seul mon âme! Mon Christ, mon Christ, je suis loin de Vous, je suis misérable, je ne sais pas aimer, ni prier, ni faire mon devoir, mais, dans ce jour deux fois béni, j'entre-

vois de plus près, cependant, la douceur d'être à Vous
et je voudrais serrer contre Vous, dans vos bras, sur
Votre cœur, tous ceux que j'aime, tous! M'isoler avec
Vous, au pied de votre croix, sentir mon front sur vos
pieds sanglants; voilà ce qui seul m'apaise, me console,
me relève. Oh! Père, Oh! ami! Oh! seul vrai ami, seul
fidèle, seul qui ne change pas, je vous offre tout ce qui
me fait souffrir, donnez-moi la lumière, la paix, la force.
Mon cœur est plein de craintes. Oh! sauvez, sauvez
ceux qui me sont confiés.

22 Juin 1885. — Aujourd'hui, Dieu m'a envoyé deux
avertissements, touchant les deux épreuves qui sont,
pour moi, ce que je puis envisager de plus cruel pour
mon cœur et pour mon âme. O croix de mon Maître,
soyez mon refuge, mon appui, mon unique espérance;
à vos pieds, avec la terreur de cette double épreuve
dans le cœur, je vous renouvelle, ô Christ adoré, mes
promesses, ma double offrande. Oh! mon Maître, acceptez-moi, j'ai le cœur déchiré, mais je sens que c'est votre volonté sainte, je ne refuse pas de souffrir, mais laissez-moi souffrir seule, laissez-moi souffrir en échange.
Oh! Père, je suis votre enfant, ne refusez pas mon ardente prière.

23 Juin 1885. — Mon Dieu, dans ma détresse, Vous
m'avez tendu votre main paternelle! Oh! que Vous avez
été bon! mais, malgré ma faiblesse, prenez-moi, je ne
veux de lumière que pour ceux que j'aime. j'accepte
tout, vous le savez, je dis *Fiat*, à travers mes larmes;
mais épargnez-les, épargnez-les, ces vies si chères, si
précieuses à des titres différents; mon Dieu, mon Jésus,
je remets entre vos mains adorées, mon âme et son ardent désir. Donnez-moi aussi le courage et la force, car
je suis misérable, faible, lâche, je veux souffrir, mais

comment souffrirai-je? Oh! mon Père, grandissez mon âme!

24 Juin 1885. — L'épreuve est toujours là, menaçante, mais Dieu m'a donné un rayon de sa bonté divine, qui m'a réchauffé le cœur. J'ai pu voir mon bon, mon cher Père; il a relevé mon âme et m'a montré ma misère, sans reproches, sans sévérité : j'ai senti les faiblesses, les lâchetés de ma nature, qui m'empêchaient de recevoir ce que Dieu m'envoyait, avec humilité et douceur. Oh! comme j'ai senti son blâme intérieur, à propos de mes défiances! Mon Dieu, je veux m'élever, m'élever dans le sacrifice, dans la charité, dans l'oubli de moi-même. J'ai honte de moi-même, mais je me suis montrée dans ma misère. Mon Dieu, je sens ma bassesse....

25 Juin 1885. — J'aime à écrire ici mes supplications, mes promesses : Vierge Sainte, saint Joseph, je les dépose à vos pieds! mon cœur est dans l'angoisse, par moments. Oh! confiance, abandon, divine espérance, je ne sens votre approche que bien serrée en esprit contre la croix de mon Maître, et lui offrant, plus que jamais, tout ce que je lui offre depuis longtemps, *tout*, *tout*. Oh! quelle joie, si je me sentais exaucée! Mais je ne suis pas assez humble, pas assez humiliée, je sens, je crois, que l'humiliation et l'humilité donnent seules le prix et l'espoir au sacrifice. Mon Dieu, j'accepte, écoutez-moi!

26 Juin 1885. — Mes angoisses continuent. Mon Dieu, je veux m'abandonner avec confiance entre vos mains, je veux croire que Vous savez mieux que moi ce qui est bon, salutaire, pour nos âmes, je vous confie ce qui me trouble, m'inquiète, rend mon cœur si lourd, si anxieux, je vous bénis de m'avoir rendu le sentiment si doux de la confiance, de la tendresse, que cette année de luttes et de souffrances avaient obscurci. O mon Maître, je vous en prie, écrasez mon orgueil et rendez-moi, humble, bien humble, bien simple. Je sens combien je suis retombée bas, depuis un an. Oh! relevez-moi, retirez-moi, acceptez-moi!

12 Juillet 1885. — Aujourd'hui, ma dernière confession, avant mon départ. Mon Père m'a bien fait comprendre que je devais, cet été, chercher, en Dieu seul, la force et le secours. Mais que mon âme se sent pauvre et isolée! Mon Dieu, je me jette dans vos bras, soyez mon père, mon maître, mon ami, mais en même temps, ajoutez le sacrifice d'aujourd'hui à ma double offrande prenez-moi, acceptez-moi! Suis-je assez pure, pour le sacrifice? Purifiez mon âme!

Bourbilly, 17 juillet 1885. — Ce matin, communion, à Thostes, avec ma chère Chantal. J'ai renouvelé, avec plus d'ardeur que jamais, ma double offrande, qui est le seul apaisement à mes troubles, à mes tristesses, à mes angoisses. Oh! que j'ai souffert, cet hiver, souffert dans ce que j'ai de plus cher. Je reviens ici plus attristée, plus inquiète, mais avec la volonté, le désir de m'unir plus étroitement à Dieu, de le chercher, comme me le dit mon Père, pour seul secours et seul soutien. J'ai compris cela, samedi, non sans douleur et sans angoisse, mais, ô mon Maître, *tout* est compris dans mon offrande, sauf le degré d'obscurité qui me voilerait le devoir et m'ôterait la foi et la force.

24 Juillet 1885. — François a été reçu aujourd'hui, à son baccalauréat de philosophie. C'était un rayon de joie dans ma profonde tristesse. Après la dépêche, vint le docteur Simon, auquel je fis voir ma chère Chantal. La pauvre enfant fut surexcitée et, ce soir, j'eus quelques émotions par Maggie. Mon Dieu! qu'ai-je fait, pour voir tant de souffrances autour de moi et ne pouvoir apporter, à ces âmes chéries, ni consolation, ni force, ni santé, ni bonheur, ni vertu nouvelle pour de nouveaux efforts? Mon Dieu, mon Maître, j'ai peur, secourez-nous! Oh! que tout est noir et sombre devant moi, mais, mon Jésus adoré, ici je vous le déclare, je me soumets, je ne me révolte pas, je veux accepter *ce que vous voudrez.* Cependant, ô Maître adoré, éloignez ce calice *de leurs lèvres, pas des miennes, mais des leurs.* Oh! mon Père, que j'aurais besoin de vous pour m'aider! Mon Jésus ne le veut pas; je ne dois aller qu'à Lui... Mon Jésus, faites taire en moi, ce qui se plaint et se désespère, montrez-moi la voie à suivre. Oh! éclairez-nous, mon mari et moi! Dites-nous votre volonté! Sauvez ces âmes chéries et consolez mon enfant!

Annecy, 10 septembre 1885. — Demain, je communierai avec Marguerite, Magdeleine, Étienne et mon mari, devant le corps de sainte Chantal. J'ai prié, devant nos deux saints, pour tous ceux que j'aime, pour toutes mes offres, pour tous les ardents désirs de mon âme, avec une émotion véritable. Chers et saints patrons de ma famille et de mon foyer, je mets sous votre protection sainte, encore une fois, tous ces êtres aimés, vous voyez ce que je souffre, ce que je crains, ce que je désire, non pour moi, mais pour eux. Oh! bénissez, priez, intercédez pour eux et acceptez ma constante offrande d'âme et de corps. Oh! je vous en prie. Oh! je vous prie pour tous, mais surtout pour quelques-uns! pour moi, je vous demande la force, la vaillance, l'amour, la douceur et l'acceptation soumise et courageuse de votre volonté sainte, même dans la nuit, même dans le cruel isolement de l'âme, mais vous savez ce que j'ai offert! Vous me comprenez, n'est-ce pas? Oh! Chers saints, mettez dans mon âme un peu de votre ardent amour pour le sacrifice, élevez-la, purifiez-la, détachez-la!

Bourbilly, 16 décembre 1885. — Demain, je quitte ma maison. Je viens de passer l'été le plus triste, le plus désolé de ma vie, après celui de 1878. Que d'angoisses, quel isolement d'âme, que de peine à me soumettre à la volonté de Dieu. Je suis dans la nuit, et mon âme est profondément découragée et triste. Oh! mon Dieu, acceptez ces souffrances, acceptez tout ce que je vous offre, *tout*, exaucez-moi! cette pensée seule me donne du courage. Bénissez l'hiver qui s'ouvre devant nous! Oh! épargnez ceux que j'aime et attachez-moi à Vous, ô mon Maître, attachez-moi à votre croix, pour que je sache souffrir et que je sache m'oublier. Soyez béni de tout, des peines comme des joies. Chère sainte, protégez tous ceux que j'aime, protégez notre maison! Qu'elle soit pure et sainte. Je suis lâche et sans force, j'ai peur, je veux remettre mes angoisses entre les mains de Dieu, tout éloigné de mon âme qu'Il est. Je veux écraser ce qui se révolte, je veux espérer que Dieu sait mieux ce qui convient aux âmes que j'aime d'une telle tendresse; je veux croire, espérer, aimer et vaincre. C'est ainsi que je veux finir mon séjour ici : c'est peut-être le dernier. Que la volonté de Dieu soit faite et bénie!

17 Décembre 1885. — Que Dieu soit béni des peines et des joies! et qu'Il me prenne toute à son amour!

Cantorbéry, 31 décembre 1885. — Mon Dieu, je vous rends grâce et vous bénis. L'année qui s'achève a été des plus cruelles, pour mon cœur et pour âme. Je voudrais pouvoir croire que Vous avez écouté ma prière, mais ce serait trop doux! Seigneur, bénissez l'année nouvelle, pour tous les miens, pour tous ceux que Vous m'avez confiés, pour tous ceux aussi que j'ai aimés en Vous! Vous lisez dans mon âme, Vous voyez ce qu'elle souffre! Ne la laissez plus s'éloigner de vous! Gardez-la, ô mon Maître; j'ai besoin de me sentir vôtre, j'ai besoin de sacrifice, d'amour, d'abnégation, et je me sens lâche et faible. Retrempez mon âme. Donnez-moi la force, l'oubli de moi-même, le détachement : voilà ce que je veux acquérir, cette année, être moins avide de retour dans mes affections, faire mon devoir plus librement, plus joyeusement si c'est possible, être plus détachée, ne plus tant souffrir des déceptions de l'âme et du cœur, tout rapporter à Dieu, *ne pas tenir à être justifiée*; indulgence complète pour les autres; humilité complète pour ce qui me regarde. Oh! mon Maître, tournez mon cœur vers Vous seul et exaucez-moi pour *ceux* que vous savez! je vous en supplie. Rendez-moi digne du sacrifice. Je vous renouvelle l'offrande qui me livre à vous et dont la pensée seule me ranime et me donne du courage. Oh! Père adoré! j'accepte tout, mais ne punissez que moi, ne faites souffrir que moi et surtout donnez-moi le courage de souffrir avec douceur et avec joie. Je vous confie mes enfants bien-aimés, tous ceux que j'aime, tous, tous. Combien je me sens misérable et combien je recule, dans cette voie, où j'ai rêvé de marcher si vaillamment. C'était trop d'orgueil. Je ne suis digne ni de la douleur, ni de la sainteté. Seigneur, donnez-moi un cœur nouveau!

XI

LES DERNIÈRES ANNÉES

(1886-1899)

Au mois de janvier 1886, Marie partit, avec moi, pour l'Italie. Mgr d'Hulst nous rejoignit à Florence, puis nous accompagna à Pérouse, à Assise et à Rome, où nous fîmes un très agréable séjour. Dans le courant de juin, tandis que j'étais en Angleterre, Marie se rendit à Eu, pour assister au départ de M. le Comte et de Mme la Comtesse de Paris, que le gouvernement expulsait de France. Le mois suivant, nous étions à Bourbilly, où la fête de sainte Chantal fut célébrée par Mgr di Rende, nonce apostolique en France. Nous vînmes passer quelques jours à Paris, pour assister au mariage de Chantal, qui épousa, le 22 novembre, son cousin Pierre Schaeffer, mais nous ne rentrâmes définitivement à la Muette qu'à la veille de Noël.

L'année suivante, il fallut, par ordre du médecin, faire une saison d'air de montagne et nous allâmes naturellement au Rigi-Kaltbad, mais nous prîmes, pour rentrer à Bourbilly, le chemin des écoliers, c'est-à-dire, la ligne du St-Gothard, les lacs italiens et le Simplon. Notre séjour en Bourgogne fut assez court, à cause des fiançailles de Marguerite, dont le mariage avec Lionel de Gournay fut célébré, à la Muette, le 22 novembre 1887.

Cantorbéry, 8 janvier 1886. — Je pars demain et je crois que ces quelques jours n'auront pas été inutiles à mon âme.

Paris, 20 janvier 1886. — Renouvelé, à la messe dite par mon Père, mes promesses, mon vœu, ma double et chère offrande. Demandé, en plus, le bonheur pour mon enfant, si Dieu le permet. C'était la fête de saint Sébastien. J'ai mis tous les désirs de mon âme et cette année *morale* qui commençait, sous le patronage de ce saint si vaillant. Quant au voyage rêvé, proposé, auquel j'avais renoncé pour Cantorbéry, et qui m'est de nouveau offert, depuis quelques jours, par mon mari, je dis à Dieu, dans toute la sincérité de mon âme qui entrevoit plus clairement son but, je lui dis : Je ne vous le demande pas, je voudrais même qu'il me devint impossible, mais je n'ai pas le courage de dresser moi-même les obstacles. Si cette faiblesse est de trop à ses yeux, Dieu me le fera sentir à temps, j'espère. Oh! Père, oh! Maître, éclairez-moi! Ce rêve est trop beau, trop doux! J'ai peur de m'y attacher. Oh! mon Jésus, je ne sais pas faire ce qui est *le mieux!* Montrez-le moi! J'ai eu un moment de grande joie, il y a quelques jours; Dieu a été bon. Ces éclaircies raniment ma faiblesse d'âme. Oh! je ne sais pas marcher seule.

Turin, 29 janvier 1886. — J'ai cédé, j'ai été faible, j'ai quitté ma tante et mes enfants. Mais Dieu est bon, Il ne m'en veut pas, Il m'a donné, ce matin, de la ferveur dans la prière, chez Don Bosco. J'ai pu prier, j'ai pu recommander à Dieu ceux que j'aime, tout ce que mon cœur et mon âme désirent. Grand'messe, puis déjeuner, à côté de Don Bosco. J'ai été émue, édifiée, remuée. Salut à la Visitation; encore remis mes bien-aimés sous la protection de saint François. Oh! que ce sentiment de fraternité dans le même Dieu, dans la même prière, loin de mon pays, me fait du bien!

Rome, 11 février 1886. — A sept heures, nous partons, Charles et moi, pour les catacombes de Saint-Calixte. Le temps est charmant. Nous retrouvons là Mgr d'Hulst, Paul Muller et l'abbé Dubosc, un charmant jeune prêtre. Monseigneur dit la messe, sur l'autel placé à côté de la tombe première de sainte Cécile. Communion; émotion profonde. Prié ardemment. Nous remontons déjeuner dans un coin du couvent. Marie avait apporté le chocolat : ce fut gai et très bon. Ensuite, nous redescendons aux catacombes. Oh! que cette matinée me fut douce, consolante, fortifiante. L'amour du Christ, la douceur du sacrifice me pénétraient. Tout ce qui crie en moi s'apaisait, je respirais la foi, de toutes ces tombes entr'ouvertes Oh! comme mon âme s'élançait! Monseigneur fut bien bon : ce me fut très doux. Tout fut bon, ce matin-là. Je sentis mon Père content de moi; ces jours derniers, *non*. Oh! que la lutte pour aller à Dieu est donc longue et douloureuse. Oh! mes enfants bien-aimés, j'ai été faible de vous quitter, mais combien je sens ma prière, pour vous, devenir plus forte, dans cet air de foi, sur les traces des saints. Partout où je rencontre un sanctuaire, mon âme s'élève et formule ses trois prières qui en comprennent d'autres. Oh! toujours mon offre fidèle : Seigneur, ne l'oubliez pas!

Rome, 14 février 1886. — Messe du Saint-Père. Grande émotion, en recevant la communion, de ses mains tremblantes. Après la messe d'actions de grâces, j'ai été quelques minutes devant lui. Oh! que je me suis sentie fille, devant un vrai père, baisant ses mains, tâchant de mettre, dans mes regards pleins de larmes, tout ce que je ne pouvais dire. Qu'il a été bon! Je sens sa main, sur ma tête et j'entends sa voix : Allons, ma fille, bon courage, ayez confiance!...

Bourbilly, 25 octobre 1886 (*à Mme Muller*). — Mon Dieu, que la vie est triste et que ceux qui partent jeunes sont heureux! J'ai passé une douloureuse quinzaine. Le dénouement que tu me souhaites est arrivé. Charles a donné son consentement. Le mariage se prépare, sous l'égide de la tante, qui a pris ce cœur blessé sous son aile. J'espère que l'avenir sera meilleur que le présent, que la paix, le pardon, l'oubli, apaiseront les tristesses qui remplissent, en ce moment, ces cœurs faits pour s'entendre... J'ai souffert entre mon double devoir et devant tant de souffrances diverses. Enfin, *fiat*. Il faut dire *Amen* à ce que Dieu nous envoie, mais sa volonté est souvent, pour nos yeux, bien obscure et incompréhensible. Prie pour nous, pour ma chère tante, ébranlée de ces émotions, pour mon enfant, pour le père, si à plaindre aussi, car il souffre beaucoup, pour moi, afin que je voie clair et que je puisse espérer des jours plus heureux pour les miens.

16 Novembre 1886. — Le mariage se fera, lundi 22, jour de la Sainte-Cécile, dans notre chapelle de la Muette. La fête de Cécile et notre chapelle sont choisies à cause d'elle; ce sera sa fête, son bonheur. Elle est aux anges, elle rayonne, elle ne peut assez remercier son père. Tu penses si j'ai été reconnaissante à Dieu, de ce revirement si soudain Bien entendu, il y a encore bien un peu de mélancolie, pas chez les jeunes gens, mais chez Charles. Mais je dois dire qu'il a été très bien et très courageux; il faut toujours savoir gré à un homme de la trempe de Charles de revenir sur une décision. Quand je l'ai vu embrasser, samedi, Pierre, en l'appelant mon cher enfant, j'ai béni Dieu, dans mon cœur. Cécile me l'a répété avec ravissement. C'est Mgr d'Hulst qui bénira le mariage; il a été le confident et l'inspirateur d e ce bon mouvement. Je ne me doutais pas de ce qui se tramait, et quand Charles m'a dit, jeudi soir, à son retour : Va voir dans la chambre de Chantal, je ne m'attendais pas à revoir mon enfant. Rosine a présidé ce voyage un peu à l'américaine, qui a bien fait rire Mme de Guitaut, mais, avec Chantal, disait-elle, cela peut parfaitement être permis. Tout cela tient du rêve encore, pour moi. J'espère que ce petit roman et ce mariage tranquille seront pris comme ils doivent l'être. Charles ne va pas bien. Il a mal à la tête et se plaint de lassitude : l'émotion y est pour beaucoup. Prie pour moi, chérie, pour que je sache remplir le reste de ma tâche maternelle. J'ai encore bien de la besogne, avec les autres!

Bourbilly, 23 octobre 1887. — Nous partons demain et j'aurai la joie de passer la soirée avec tous mes enfants... J'avais rêvé cette réunion, depuis longtemps et Dieu me la donne plus douce encore, avec un bon et aimable fils en plus, mais hélas! la santé de ma tante chérie sera le point noir... Que Dieu nous garde cette mère si tendre et la fasse jouir du bonheur qu'elle donne! Comme rien n'est sans mélange, ici-bas! Le bonheur de Maggie est grand. M. de Gournay est un homme de cœur, une âme tendre et loyale, mais il me prend bien vite cette enfant, juste quand son cœur, rendu à la paix, à l'amour de Dieu, à la droiture, me donnait une tendresse nouvelle. M. de Gournay est grand, très mince, une figure pâle, très sympathique. Il a des yeux très expressifs. Il est très affectueux et d'une bonté et d'une simplicité qui charment. Pourvu qu'il soit ferme!

La Muette, 9 novembre 1887. — Je suis toujours

de plus en plus confiante dans l'avenir de ma chère enfant, avec le bon et brave garçon, qui l'aime tout plein et la gâte presque trop. Il est tendre et charmant et a pris sa place dans la famille, comme s'il en avait toujours fait partie. La petite ne se laisse pas trop étourdir de toutes ces gâteries; elle est heureuse comme j'aime qu'elle le soit. Je suis très contente d'elle, en cette circonstance. Plus d'une tête aurait pu partir, devant tant de tendresse et de confiance absolues. Il est à ses pieds. C'est un garçon dont la vie de travail a, je crois, conservé au cœur toute la force d'aimer, et les dix-sept ans de Maggie ont enlevé la place. J'ai le cœur bien gros, par moments. Elle m'échappe, pour me revenir, quinze jours, trois fois par an. Elle me semble d'autant plus chère que la crise morale et physique qu'elle a traversée m'a coûté plus d'angoisse. En voici deux au loin et François parti pour la carrière, avec de courts retours. C'est la vie, mais c'est dur! Ce serait si bon d'avoir son monde, après les années de responsabilité!

29 Novembre 1887. — Voilà Marguerite partie et pour me venir rarement, hélas! Notre séparation a été douloureuse, quoique nous ayons fait cependant bonne contenance. Lionel est charmant : il l'adore, j'ai pleine confiance dans ce cœur-là. Elle a été très gentille, très sérieuse, dans cette grande phase de sa vie, pleine de bons désirs, et s'est révélée à moi, dans cette intimité entière des six dernières semaines, sous un jour qui me met plein d'espoir au cœur. Je l'avais dans ma chambre, je ne la quittais guère : ils étaient, tous deux, au coin de mon feu ou en voiture avec moi, tout le jour...

Les années 1888 et 1889 apportèrent, à Marie, de

grandes douleurs. La joie que lui avait causée mon élection à l'Institut (18 janvier) fut vite effacée par la triste nouvelle de la mort de son petit-fils, Xavier Schaeffer (29 janvier). Elle partit pour Nantes, afin de consoler Chantal et elle renonça au plaisir de m'accompagner, au printemps, en Italie. Au mois de juillet, la maladie de Cécile prit un nouveau caractère et les angoisses de Marie redoublèrent. Aussitôt que la crise aiguë fut passée, nous partîmes pour le Rigi-Kaltbad et nous achevâmes la belle saison à Bourbilly.

Un nouveau petit-fils nous fut donné, le 12 mars 1889. Marguerite, auprès de laquelle Marie s'était rendue, mit au monde son fils Jean. Le 3 mai, Sabine fit sa première communion et ce fut une nouvelle source de douces émotions. Quelques jours plus tard, des symptômes assez graves nous firent craindre que la santé de Mme Erard fût sérieusement compromise. Le mal, en effet, ne cessa pas de s'aggraver. Dès lors, Marie ne quitta plus sa mère adoptive, elle renonça à tout voyage et, le 13 octobre, elle eut la profonde douleur de fermer les yeux à celle qu'elle avait si profondément aimée. En présence de ce grand deuil, il ne pouvait être question de fêter nos noces d'argent : nous assistâmes simplement à une messe dite, dans notre chapelle, par le Père Trück.

Montceau-les-Mines, 19 janvier 1888. — Hélas! j'ai le cœur tiraillé! Je voudrais être à la Muette, puis il me semble que Chantal a besoin de moi et, quand je serai près d'elle, peut-être m'inquiéterai-je de ma petite Maggie! C'est ma nature de ne prendre rien avec calme, mais c'est parfois une torture. L'élection de Charles a été

le seul rayon de soleil de cette année, si mal commencée.
Il est fort content et je le suis aussi : ces réunions de
l'Institut vont lui donner un travail intéressant et seront
un aliment à son activité d'esprit....

...... **Mars 1888** (*à Mme Muller*). — Crois toujours à la
fidélité d'un cœur qui n'oublie pas et se sent plus attaché que jamais aux liens du passé ! J'ai de meilleures
nouvelles de la santé de Marguerite : elle nous écrit
d'honnêtes petites lettres, qui attendrissent la tante, par
le désir qu'elles témoignent de bien faire son devoir, qui
va être lourd et sérieux là-bas, à côté de beaucoup de
bonheur....

..... **Août 1888** (*à Mme Muller*). — Ma chérie, prie
pour nous ! ma bien-aimée Cécile est dans une nouvelle
phase de sa maladie, phase cruelle, qui ne menace pas
immédiatement sa vie, mais qui a enlevé la paix, le calme de son âme angélique. Elle a des moments d'une douceur exquise et céleste et d'autres désespérés, qui me
déchirent le cœur. Je crois que je vais partir avec elle
pour Bourbilly, qu'elle aime tant. J'ai une sœur garde-
malade charmante, qui vient avec moi. La tante, ni les
enfants ne croient la chose aussi grave. Il me faut
donc rassurer la tante et écrire des lettres satisfaites.
Charles a le cœur déchiré comme moi. Quel mystère
que la vie de souffrances et de tortures d'un être aussi
près de la perfection et qui n'a jamais pensé qu'aux autres ! Dis à Paul, dis à l'abbé de prier, de beaucoup prier
pour mon cher ange. Nous avons commencé, dimanche,
une neuvaine à Notre-Dame auxiliatrice et à Don Bosco.
Adieu, ne parle pas de tout cela, pour que cela ne revienne pas aux oreilles de la chère tante, qu'il faut mé-
nager. Prie pour moi aussi, pour que j'aie le courage d'aller jusqu'au bout et que je sois digne de ma sainte enfant...

Bourbilly, 22 août 1888 (*à Mme Muller*). — Cécile ne va pas mal, physiquement. Moralement, il y a encore une grande faiblesse de la tête et des nerfs et j'ai besoin de toute les assurances du médecin et de la pensée de la bonté de Dieu, tant invoqué, pour prendre courage.... Sois tranquille, je n'ai nulle fatigue physique, car mes soins ne sont pas nécessaires, et ma pauvre chérie, si admirablement tendre et bonne pour moi, est plus énervée, par moments, quand je suis là. Je suis donc réduite à rester très peu à la fois près d'elle, depuis mon arrivée ici. Cela ajoute à ma tristesse. Je ne sais ce qui se passe dans cette pauvre âme, dont toutes les admirables qualités sont voilées, en ce moment.

Bourbilly, 17 septembre 1888 (*à Mme Muller*). — Hélas, je n'avais rien de nouveau à te dire! Il y a eu un mieux réel, au commencement de notre arrivée ici, mais l'état est bien stationnaire, maintenant... C'est si pénible, ou de la voir agitée, aigrie, énervée avec moi, ou d'être obligée de m'exiler d'auprès d'elle : elle si bonne, si tendre, si douce, si indulgente que quelquefois on lui disait en riant qu'elle en était agaçante. Pauvre chérie! que les desseins de Dieu sont mystérieux et semblent parfois cruels! Je tâche de réagir, de ne pas m'appesantir sur cette douleur, à cause de la tante qui est une sensitive, et des petites, qui sont revenues, depuis quelques jours. Je crois que cette difficulté que j'ai toujours eue à exprimer ce que je sens le plus vivement, a le don heureux de rassurer tout mon monde sur ce que je puis souffrir. J'ai la réputation de prendre tout assez légèrement : cela vaut peut-être mieux, et je réussis à ne pas les attrister. Quant à les distraire, cela c'est autre chose. aussi ai-je envie de m'enfuir quelquefois. tant j'ai besoin de solitude et de silence.

Bourbilly, 30 septembre 1888 (*à Mme Muller*). — Ma chérie, j'ai tant de chagrin de te savoir si triste ! Je t'aime tant que je ne puis penser à ta peine, sans une profonde tristesse. Le temps est beau, Charles travaille beaucoup. Nous avons de courtes visites, beaucoup de calme, une paix relative, qui me fait du bien. Je suis très fatiguée, et je me sens bien vieillie, mais mon cœur reste fidèle aux affections de sa jeunesse. Je souffre de mon impuissance à te soulager. Je ne puis croire à cet état de choses. Chérie, cela te ressemble si peu de tenir rigueur, dans une question d'amour ; ce sentiment exclusif justifie si bien un aveuglement et une ténacité, dans la grande jeunesse. Je ne suis pas au courant des choses et je ne te blâme pas, Marie chérie, mais je prie Dieu, de toute mon âme, de te faire retrouver cette intimité avec ta fille, qui t'a été si douce.

9 Novembre 1888 (*à Mme Muller*). — Le docteur Voisin vient, deux fois par semaine. Il appelle cela des congestions diffuses. Mais que c'est dur de voir ainsi le contraire de ce qu'elle était, cette enfant si tendre, si douce, si admirablement maîtresse d'elle. Les desseins de Dieu sont incompréhensibles. On dit : « que votre volonté soit faite », mais sans rien comprendre.

20 Août 1889 (*à Mme Muller*). — Le récit de ton joli voyage a redoublé ma soif de montagnes et de campagne et ce vieux désir, jamais réalisé, de voyage avec toi ! Ce sera pour nos vieux jours, si tant est que, pour moi, ils deviennent vieux. Ma chère malade me semble un tout petit peu mieux. Elle est seulement très démoralisée, par moments, et sa tristesse est pénible, car je me sens sans force devant la douleur morale et je suis une si pauvre compagne !...

La Muette, 14 septembre 1889 (*à Mme Muller*). — Je

promets bien que, lorsque je verrai une amie bien inquiète de quelqu'un des siens, jamais je ne prendrai la responsabilité de lui troubler la conscience, relativement au
traitement à suivre. Et ce n'est pas par lâcheté, mais
par complet doute de la science humaine. Ne penses-tu pas
comme moi ? Cécile va toujours de même, elle a eu un
charmant réveil de tendresse pour moi, hier. Elle me voyait, les larmes aux yeux, causant avec la sœur, elle m'a
doucement pris la main et l'a baisée, avec ses doux regards d'autrefois. Je me dis toujours, pour elle, le mot de
l'Evangile: « Cette enfant n'est qu'endormie. » Mais la
vie est lourde, entre ces deux malades chéries. J'ai heureusement Lionel et ma petite Maggie ici, celle-ci n'a-
yant pas trop mauvaise mine, quoique maigrie. Ils ne restent hélas, que jusqu'à mardi.

*L'hiver de 1890 fut triste: nous étions en grand
deuil, et la Muette, livrée à l'architecte et aux entrepreneurs, était inhabitable. Marie alla faire un court
séjour près de Marguerite, à Montceau-les-Mines, puis,
au mois de mai, elle passa quelque temps à Boulogne-
sur-Mer, où je la rejoignis, pour la conduire à Londres.
L'été fut consacré à Bourbilly, que nous quittâmes, la
veille de la Toussaint, pour nous installer à la Muette
entièrement restaurée et qui fut bénie, le 12 novembre,
jour anniversaire de notre mariage.*

*En 1891, nous renonçames à faire un séjour à Bour-
billy. Marie, qui avait conduit ses filles aux bains de
mer du Pouliguen, revint à Paris, pour assister aux
derniers moments de sa nièce Alice, emportée, en quelques
jours, par une fièvre typhoïde (27 août). Nous partîmes, au mois de septembre, pour la Suisse et l'Italie,*

*d'où nous revînmes directement à Paris, la veille de la
Toussaint.*

*L'année suivante (1892) eut lieu le mariage de Made-
leine, qui épousa, le 26 juin, Jean Darcy. Quelques
jours plus tard, nous partions pour Londres et, au retour, nous allâmes nous installer à Bourbilly. En 1893,
Marie dut faire une saison de montagne au Rigi Kaltbad, l'automne se passa en Bourgogne. Il en fut de même en 1894, sauf que le voyage en Suisse fut précédé
d'une installation à Londres, dans une maison de Carl-
ton-House-Terrace, où nous eûmes le plaisir de recevoir
à dîner un certain nombres d'amis. Je n'ai malheureusement presque rien pu trouver, pour cette période. Marie
avait, depuis longtemps, cessé d'écrire son journal ou ses
méditations et, tous ses parents étant morts, sa correspondance fait défaut.*

... 1890 (à Mme Muller). — Je comprends, plus
qu'une autre, ce besoin de s'engourdir et de fuir, dont
tu me parles. Tu me crois plus entourée, plus soutenue
que toi, tu te trompes. Je n'ai personne; Mgr d'Hulst a
été un ami parfait, je ne le vois plus, pour ainsi dire...
Quant à Alfred, j'ai toujours le sentiment qu'il se moque de moi, ce qui paralyse toute ouverture de cœur.
En ce qui concerne les amies féminines, j'en ai quelques-unes bonnes et tendres, mais qu'il faut de choses
au cœur ami, pour que l'on puisse y verser le sien!...
J'ai aperçu Mme Floquet, qui me regarde toujours et
j'ai peur des reconnaissances. L'autre soir, le ministre de
Suède me présente sa femme, qui me dit devant un tas
de conservateurs : j'ai beaucoup entendu parler de vous
par Mme Floquet. Tu vois ma tête « je l'ai connue, jeune

fille, mais je ne l'ai pas revue, depuis son mariage » ai-je
dit, aussi haut possible. Chez les artistes, on est exposé
à ces rencontres-là...

La Muette, 9 Janvier 1892 (*à Mme Muller*). — Je
vais rester chez moi, le dimanche soir, pour tâcher de
transformer les cohues de l'année passée en réceptions
plus calmes; malgré cela, c'est encore trop, pour ma
force intellectuelle. Je le pourrais, si je n'avais pas des
enfants mal portants, quitte à passer, plus que jamais,
pour une simple d'esprit, mais recevoir avec le cœur un
peu en peine, c'est trop. Plains-moi, car la corvée est
presque douloureuse, dans ces conditions. D'un autre
côté, j'y suis obligée pour plus d'une raison. Oh! ma
maison *aux volets verts*, sur le premier plan de la montagne! Oh! la bonne vie tranquille que j'y aurais menée!...

*Le mariage de François fut célébré, le 7 mars 1895.
A la fin du même mois, Marie partit, avec moi, pour
un long voyage en Italie et en Sicile. L'été fut passé à
Bourbilly et, au mois de décembre, nous allâmes faire
un court voyage en Belgique.*

*Ce fut encore l'Italie qui nous attira, vers le prin-
temps de 1896 et, une fois encore, nous fîmes nos ha-
bituelles stations à Londres, au Rigi Kaltbad et à
Bourbilly : entre ces deux dernières, Marie avait fait
une saison d'eaux à Badenweiler, tandis que j'avais
entrepris une rapide excursion en Russie. Ce fut en
Bourgogne que nous parvint, le 7 novembre, la désolante nouvelle de la mort de Mgr d'Hulst. C'était, pour
Marie, comme pour moi, un violent chagrin et une
perte irréparable. Mgr d'Hulst avait été, non seule-*

ment un incomparable ami, pour moi, il avait été, pour ma chère femme, un admirable directeur.

Innsbruck, 1ᵉʳ **avril 1895** (*à Mᵐᵉ Muller*). — Nous sommes en route pour l'Italie, nous descendrons demain à Vérone et je pense que, dimanche, nous serons sûrement à Rome... Le chemin a été merveilleux, de Zurich ici ; cette route de l'Arlberg est admirable, sous la neige. Je me sens déjà un peu mieux et la tête plus libre. J'en avais déjà assez, de tant de préoccupations, de secousses et d'ennuis. Paris m'est odieux, surtout cette année. Si, au moins, on ne s'occupait pas de nous, mais nous avons eu, la veille de notre départ, une nuée de *reporters*. Ah ! qu'il fait bon être loin des journalistes, loin du monde et de cette odieuse société parisienne, que je prends de plus en plus en horreur... Je trouve la vie d'hôtel délicieuse, l'air plus pur ; l'isolement est l'idéal de la liberté ..

La Muette, 8 mai 1895 (*à Mᵐᵉ Muller*). — Tu m'enveloppes dans le charme du passé et c'est notre jeunesse que je retrouve dans tes lettres ! Oh ! que tout cela me parait lointain : dans une brume dorée, comme sur une autre rive ! Il me semble que c'est quelqu'un autre qui a vécu cet heureux passé. Et cependant, notre amitié me tient au cœur, à mon vieux cœur, qui reste tenace et fidèle. Tu te trompes, en pensant que Charles t'oublie, je suis sûre que, si tu venais nous voir à Bourbilly, tous ces liens du cher passé se resserreraient plus que jamais. J'irai à Londres, si le séjour de mon mari doit y être un peu long. Me donner le mal de mer pour un voyage de trois ou quatre jours, je ne m'en sens plus la force : c'était bon, quand j'allais voir les *boys* à Cantorbéry. Oh! le bon temps aussi et les bons petits séjours solitaires à Fleur-de-lys hôtel, avec mes garçons si contents de me voir et bien à moi! Ils ne sont vraiment à vous que petits, les enfants. Ne crois pas que mes filles soient plus à moi que la tienne. C'est la loi générale.

Bourbilly, 3 octobre 1895 (*à Mme Muller*). — Tu crois que j'ai beaucoup de raisons de me sentir heureuse et entourée. Pas tant que tu le crois, et la vie est souvent bien lourde, même avec l'apparence du bonheur. Enfin, il faut remercier Dieu de la santé des uns et du bonheur des autres et se trouver contente d'être au second et au troisième plan...

Bourbilly, ...octobre 1895 (*à Mme Muller*). — Oh! chérie, rien n'est bon comme de s'aimer les uns les autres, pardonner et s'oublier. J'en ai fait l'école et je vois que j'aurais dû commencer par là, bien des fois. Je ne l'ai pas toujours fait généreusement comme toi, seulement la conviction que c'est là le couronnement de toute vie, s'enracine chaque jour davantage en moi. Et, à chaque départ d'enfant, je leur répète à satiété que je les aime, tant je crains qu'ils partent sans ma tendresse et tant je sens que c'est tout ce qui me reste à faire...

La Muette, 11 novembre 1895 (*à Mme Muller*). — Je vais comme ci, comme ça, *poco bene*, je me tourmente, je m'agite, je m'énerve et je trouve la vie lourde et compliquée. Le temps est triste, mou, d'une douceur déprimante, ce qui ne met pas de vie dans l'esprit et les veines .. J'ai eu trois changements dans mon personnel, ce qui est fort ennuyeux pour quelqu'un d'aussi routinier que moi, en fait d'habitudes domestiques. J'espère que nous avons eu la main heureuse, pour deux d'entre eux; pour le troisième, je crois que j'ai remplacé un imbécile par une bête; s'il est honnête, c'est déjà quelque chose. Le gouvernement serait heureux d'en dire autant pour un ministre... Demain, trente et unième anniversaire de mon mariage! Dieu, que cela me fait vieille et que toutes ces années ont passé vite : le ciel gris, aujourd'hui, a été bleu, autrefois. Il ne faut pas être ingrate...

La Muette, 12 juin 1896 (*à M*me *Muller*). — J'avais espéré l'affaire de l'ambassade de Londres enterrée, mais hélas! pas tout à fait. On a touché la question, encore l'autre soir, chez les Monson, où nous dînions et où nous étions les seuls à ne pas être de la « Carrière ». On nous avait donné place d'honneur; j'étais entre M. de Morenheim et M. de Courcel, qui est un charmant causeur. A moi, on n'a rien dit, mais à Charles, ses amis anglais ont parlé, car ils le désirent. Enfin, j'espère encore qu'on trouvera quelqu'un d'ici l'automne, ce serait pour moi un très dur sacrifice, avec mes idées d'un autre âge et je demande à Dieu de me l'épargner, surtout en vue de mon mari, tu me comprends...

L'affaire, dont parle Marie, dans cette dernière lettre, lui avait causé une vive préoccupation. M. de Courcel, alors ambassadeur de France en Angleterre avait donné sa démission; il avait pensé que je pourrais utilement le remplacer, M. Hanotaux alors ministre des affaires étrangères et Sir Edmond Monson, ambassadeur d'Angleterre à Paris, m'en avaient également parlé, et certains journaux, parmi lesquels le Figaro, avaient annoncé ma nomination. Plusieurs circonstances, et notamment le changement de ministres, rendirent heureusement la chose impossible.

En 1897, Marie fit, avec moi, un séjour à Rome, pendant le mois d'avril, puis, en juillet, elle m'accompagna en Angleterre et en Écosse; en août, séjour habituel au Rigi Kaltbad et, en automne, à Bourbilly.

Au printemps de 1898, nous fîmes un voyage à Bruxelles, suivi du mariage de Sabine avec le Comte d'Ursel, célébré, à la Muette, le 14 avril. Quelques jours après cette cérémonie qui l'avait fort émue, Marie quittait la maison, désormais vide d'enfants, pour faire un voyage sur les bords de la Méditerranée et dans l'Italie du Nord. Les mois de juillet à octobre furent consacrés à Bourbilly. Ce fut en décembre que Marie eut la douleur d'assister à la mort, presque foudroyante, de sa petite-fille, Chantal Darcy.

Edimbourg, 9 juillet 1897 *(à M*^me^ *Muller).* — Nous sommes arrivés hier, après un voyage agréable. Avant de quitter Londres, mon mari a reçu une lettre de Casimir-Périer, président de la branche française du comité Franco-Écossais, qui, ne pouvant pas venir, priait Charles de le remplacer. Tu as lu l'article idiot du Figaro; Le Times avait hier la contre-partie : c'est assommant. On est fort aimable pour Charles, en Angleterre, où on lui témoigne un grand désir de le voir revenir pour tout de bon. *Mais absolument rien n'a été offert ni accepté officiellement.*

Londres, 20 juillet 1897 *(à M*^me^ *Muller).* — Nous avons quitté, hier, Edimbourg, après un séjour charmant, par un temps sans nuages. Il y a eu, toute la semaine, une série d'excursions, de réceptions plus curieuses les unes que les autres, d'une couleur locale ravissante, et une cordialité vraiment inouïe, chez tous les

Ecossais, qui nous ont fêtés et reçus : repas nombreux avec les *pipers* sonnant leur musique sauvage et originale, partout des souvenirs français, datant de la reine Marie, les lys mêlés au chardon d'Ecosse, et quel pays, quelle poésie partout! Sabine s'est joliment amusée, mais que la maison va lui sembler calme!

Rigi Kaltbad, 16 août 1897 (*à Mme de Bellaigue*). — La nouvelle était exagérée, aucune offre n'a été ni faite, ni acceptée *officiellement*. Beaucoup d'amis anglais de mon mari désirent la chose. J'espère, du fond de mon cœur, que ce sacrifice ne sera pas exigé, quelque honorable que le choix pût en être pour Charles. Mais *moi*, je ne pourrais me faire à le voir servir un gouvernement, dont il s'était séparé si ouvertement, en donnant sa démission du Conseil d'Etat. Nous espérons bien, du reste, qu'on trouvera quelqu'un de la Carrière et que M. de Courcel restera, le plus longtemps possible.

Rigi Kaltbad, 23 août 1897 (*à Mme Muller*). — Nous allons pas mal, sauf, chez moi, les misères de mon demi-siècle passé. Mais tout le monde me trouve meilleure mine que cet hiver. Rien de nouveau pour Londres. Du reste, si quelque chose doit se faire, ce ne serait qu'en octobre. J'ai bon espoir que cela ne se fera pas. Le pauvre Bourbilly serait encore rogné, si cela était.

Nice, 22 avril 1898 (*à Mme de Raynal*). — Je regrette bien de ne pas t'avoir près de moi, mais je comprends plus que jamais qu'il ne faut pas perdre les occasions de se voir, que nous donnent les enfants. J'ai retrouvé mon petit couple, en route et j'en ai été si heureuse que j'ai compris combien me tenait au cœur cette intimité si grande, que m'avaient donnée, avec ma chère enfant, ces six dernières années, et nos nombreux voyages, où nous vivions l'une avec l'autre. Voilà une phase

finie de notre vie! Je l'ai donnée et bien donnée à ce
jeune mari, qui l'aime si bien et qui, je le sens, la rend
bien complètement heureuse. C'est la joie et la consolation
de sentir cela. Mais c'est égal, en dépit de tous les revoirs
promis et, quoique nous nous sentions vraiment un fils
de plus, elle est partie et je ne suis pas encore assez détachée pour n'en pas sentir la blessure. Le temps est gris,
il pleuvait, les flots bleus sont gris comme le ciel. Pour
les enfants, que nous avons eu la grande joie de revoir
encore hier, c'est un détail, ils ont l'azur en eux, mais
Philémon et Beaucis, qui se trouvent seuls, auraient
besoin d'être un peu plus ensoleillés.

La Muette, 1er juillet 1898 *(à son mari)*. — Je suis
très fatiguée, je vais observer un régime plus sévère et
puis il faut que je me soigne moralement aussi et que je
me prépare tout doucement. Il faudra m'aider pour cela, mon cher ami, et que je sois prête à vous précéder
là-haut. Ce n'est pas si facile que je le croyais autrefois.

*A la fin de l'hiver de 1899, Marie partit avec moi,
pour passer, à Rome, la Semaine sainte : elle fut par-
ticulièrement heureuse de ce séjour, à la suite duquel
nous prîmes le chemin du Saint-Gothard, pour gagner
Bâle et Bruxelles, où nous fîmes un court séjour, auprès de nos enfants. A peine délivrée de l'inquiétude
que lui avait causée une maladie que je fis, à notre retour, Marie dut partir pour la Belgique, afin de se
trouver auprès de Sabine, qui attendait son premier
enfant. Elle eut la très vive douleur d'assister à la naissance en même temps qu'à la mort d'une petite-fille,
que Dieu ne voulut pas laisser sur cette terre, mais
que Mgr de Croy avait eu cependant le temps de bap-*

tiser. Lorsque notre pauvre enfant fut remise de cette crise morale et physique, j'allai prendre Marie, pour la conduire, d'abord au Rigi Kaltbad, puis à Baden-weiler, dont les eaux lui firent grand bien, et enfin à Bourbilly.

A l'automne, lorsque notre grande maison fut vide des enfants qui nous étaient venus voir, nous allâmes passer quelques jours à Galuzot, chez Marguerite, puis nous redescendîmes en Provence, où Marie désirait voir certaines villes. Nous nous étions successivement arrêtés à Arles, Aigues-Mortes, Nîmes, Carcassonne, etc, mais nous désirions aller jusqu'à Lourdes, pour y passer la journée du trente-cinquième anniversaire de notre mariage. Ainsi fut fait. Notre union avait été bénie dans l'un des plus célèbres sanctuaires de la Sainte Vierge : Notre-Dame des Victoires, et voici que nous fêtions cet anniversaire, qui devait être le dernier, en ce lieu béni, où la Mère de Dieu est elle-même apparue.

Au retour, nous passâmes une journée à Toulouse, puis nous fîmes un court séjour chez Chantal, à Limoges. Je n'ai malheureusement presque rien retrouvé sur ces derniers temps de la vie de Marie.

Rome, 27 mars 1899. (à Mme de Raynal). — Nous sommes désolés d'être obligés de renoncer à la joie de vous voir à Rome. Je m'en étais fait une fête. Ces Jésuites! Ce n'est pas la première fois que je leur en veux; voilà un grief à ajouter à quelques autres. Je te scandalise? Pardon. Je reconnais tant de leurs qualités qu'il m'est permis de grogner un peu, d'un autre côté. Et je m'étais tant réjouie de te montrer notre Rome aimée!Nous allons bien, Charles et moi, malgré le vent glacé, qui nous apporte un air de neige des sommets blancs de la Sabine Mais, au soleil, il fait si bon et la lumière est si jolie et si pure! Le Saint Père va de mieux en mieux. Un cousin de Robert, qui est auprès de lui, l'a vu et l'a trouvé très bien, se promenant, de long en large, dans sa chambre. Pour le moment, il ne dit pas de messe, ne voulant pas s'asseoir devant le public, pendant qu'il la dit. Nous menons une tranquille vie, voyant quelques amis, flânant doucement aux endroits que nous aimons, découvrant des petites églises que nous ignorions, tâchant de nous isoler du flot d'Anglais, qu'Albion a déversé sur l'Italie. Au revoir, chérie, au retour.

LA FIN

(1900)

Marie avait commencé l'année 1900, devant le Saint-Sacrement exposé dans la chapelle du Gesu. Après la messe, célébrée à minuit et à laquelle nous avions communié, nous étions rentrés à la Muette, que nous avions trouvée singulièrement vide et silencieuse. Quinze jours plus tard, ma chère femme descendait, pour la dernière fois, dans son salon, où se trouvaient réunis quelques amis ; après le dîner, elle se sentit souffrante et, dès le lendemain, elle dut rester au lit. Sa maladie ne semblait pas inquiétante : c'était une de ces bronchites, qui revenaient, presque tous les ans, et qui se terminaient toujours heureusement. Au bout de huit jours cependant, Marie eut quelque inquiétude et, comme je lui parlais de nos projets de voyage : « Ah ! Rome, me dit-elle, je n'irai plus. » Mais ce ne fut qu'un moment et la confiance habituelle revint aussitôt.

Le vendredi 26 janvier, le R. P. Raphaël, qui venait, comme chaque jour, dire la messe dans notre chapelle, apporta la sainte communion à Marie, qui, depuis dix jours, n'avait pas pu recevoir le divin sacrement. Après avoir fait son action de grâces, ma chère malade prit son déjeuner, puis elle lut les lettres arrivées, le matin et demanda le journal, qu'elle parcourut. Les médecins, qui vinrent un peu plus tard, ne virent pas ou ne surent pas prévoir l'imminence du danger et

m'assurèrent qu'il n'y avait pas lieu d'avertir ceux de
mes enfants qui ne se trouvaient pas à Paris. Cependant, dans l'après-midi, la sœur garde-malade constata une sérieuse aggravation et le P Trück, qui était
venu, par hasard, prendre des nouvelles, fit chercher à
la paroisse les saintes huiles. Il administra l'extrême-
onction; Marie répondait à toutes les questions; elle
était en pleine connaissance et semblait ne pas souffrir.
Elle continua à parler, jusqu'à sept heures du soir,
puis elle s'assoupit. Le P. Trück, revenu vers huit
heures, récita les prières de la recommandation de l'â-
me : quand il eut achevé, nous nous approchâmes du
lit : Marie avait cessé de respirer. Il n'y avait pas eu
un cri, pas un mouvement, pas un soupir, ma chère
femme s'était doucement endormie, dans les bras du
Seigneur.

Son corps fut aussitôt revêtu du costume du tiers-
ordre de Saint-Dominique, le rosaire fut placé dans
ses mains et l'on mit, sur sa poitrine, le crucifix devant
lequel elle faisait, habituellement, ses prières. Pendant
les deux journées qui suivirent, ce fut une procession
ininterrompue de parents et d'amis, désireux de voir,
une dernière fois, les traits de cette noble femme, et de
prier pour elle : quelques-uns allèrent jusqu'à la prier,
tant ils étaient convaincus de la sainteté de son âme.
Les larmes des grands se mêlèrent à celles des humbles et S. A. I. et R. Madame la Comtesse d'Eu ne
fut pas moins émue que plusieurs femmes de très modeste condition, qui avaient éprouvé la bonté du cœur
de Marie. Dans la soirée du dimanche, j'eus la suprême douleur d'ensevelir celle qui avait été, pendant plus
de trente-cinq années, la fidèle compagne de ma vie.
Après avoir repassé, à son doigt, l'anneau nuptial et

jeté de l'eau bénite sur la dépouille mortelle, qui allait disparaître, jusqu'au jour de la résurrection de la chair, j'adressai un dernier adieu à cette incomparable femme. J'avais écarté mes enfants et les amis présents à la maison, afin de leur éviter ce lugubre et déchirant spectacle : seule, Mme Thureau-Dangin avait refusé de sortir et était restée auprès de moi.

Le cercueil, descendu dans notre chapelle, où Marie avait si souvent prié, fut entouré de lumières et de fleurs et, ce qui vaut mieux encore, d'incessantes prières. Plusieurs messes furent dites, chaque jour, par des prêtres amis.

Les obsèques, célébrées le mardi 30 janvier, furent à la fois très touchantes et très simples. Pour se conformer au désir maintes fois exprimé par Marie, aucune tenture n'avait été placée dans l'église ; il y avait seulement des lumières et, chose malheureusement trop rare dans ces sortes de cérémonies, un profond recueillement. Les regrets étaient unanimes, les mêmes expressions d'estime, d'affection, de reconnaissance, d'admiration se trouvaient sur toutes les lèvres. Dans l'interminable défilé, qui suivit la dernière absoute, on ne voyait pas seulement des princes, des ambassadeurs, de grands artistes et de grands savants, il y avait encore des amis connus et inconnus, et plusieurs de ces derniers de très humble situation, il y avait aussi des pauvres et beaucoup de pauvres, venus pour donner à leur bienfaitrice, un suprême témoignage de reconnaissance et de regret.

Et puis, nous avons accompagné sa dépouille mortelle au paisible cimetière de Passy, la confiant à la terre bénie, où elle attend le jour du jugement dernier. Et, pour hâter le moment où son âme immortelle jouira

*pleinement de la béatitude que Dieu promet à ses élus,
j'ai multiplié, suivant le désir qu'elle en avait exprimé, les prières et les œuvres. J'ai fait, à son intention,
les pèlerinages de Rome et de Jérusalem, j'ai imploré,
pour elle, l'intercession la plus haute qui soit sur la
terre, celle du Vicaire de Jésus-Christ : le pape Léon
XIII, qui plusieurs fois l'avait bénie vivante, a bien
voulu me promettre de prier pour celle que je pleurais.
J'ai porté son souvenir aux plus augustes sanctuaires
du monde, à Bethléem, à Nazareth et au Calvaire, et
plus de dix mille messes ont été déjà célébrées, en
Terre sainte, en Italie ou en France, à l'intention de
l'épouse bien-aimée que j'espère rejoindre un jour,
dans la céleste patrie.*

*La dernière citation sera celle du testament, qui con-
tient l'expression suprême des volontés et des sentiments
de Marie.*

AU NOM DU PÈRE ET DU FILS ET DU ST ESPRIT

CECI EST MON TESTAMENT.

Je déclare mourir dans la religion catholique, apostolique et romaine, dans laquelle je ne puis assez remercier Dieu de m'avoir fait naître.

Je demande pardon à Dieu et à ceux qui m'ont entourée et qui m'ont témoigné quelque affection, de toutes les offenses que j'ai pu leur faire, du mauvais exemple que j'ai pu leur donner, des peines, des froissements
que j'ai pu leur causer et de l'inutilité de ma vie pour
eux. Je demande à ceux qui m'ont aimée, un témoignage de leur souvenir et de ce même pardon que je leur
demande, dans des prières pour ma pauvre âme. Je remercie mes chères tantes, mon bien cher mari, mes en-

fants bien-aimés, toute ma famille et nos amis de leurs bontés et de leur affection pour moi. Je remercie aussi nos domestiques de leur dévouement, demandant à ceux qui resteront près de mes enfants et de mon mari, de les servir et de les soigner avec le même dévouement.

Je lègue et donne à mon mari le quart de ma fortune présente ou future, en toute propriété, et le quart en usufruit.

Je demande à mon mari, que j'institue mon légataire, de vouloir bien donner aux parents et aux amis qui m'ont le plus aimée, un souvenir. qui leur parlera de mon affection et de ma reconnaissance.

Je désire aussi que des aumônes soient faites, dans ma paroisse et qu'on y fasse prier pour mon âme.

Je demande également à mon mari de faire un don, en mon nom, à l'Institut catholique et un autre don à l'Ordre religieux qui, dans ces temps de persécution, aura le plus souffert et sera le plus nécessiteux.

Je recommande à mes enfants bien-aimés de garder d'abord la foi ferme et inébranlable, l'amour de Dieu et de la patrie, l'amour du devoir; avant toute chose, la paix et l'union entre eux et je prie Dieu, de toute mon âme, de les bénir. Je comprends avec eux, mes chers neveux, auxquels je fais les mêmes recommandations.

Mon Dieu, je remets entre vos mains, mon âme, mon esprit, ma vie!

MARIE EUGÉNIE DE FRANQUEVILLE
NÉE SCHAEFFER.

Bourbilly 4 Décembre 1880.

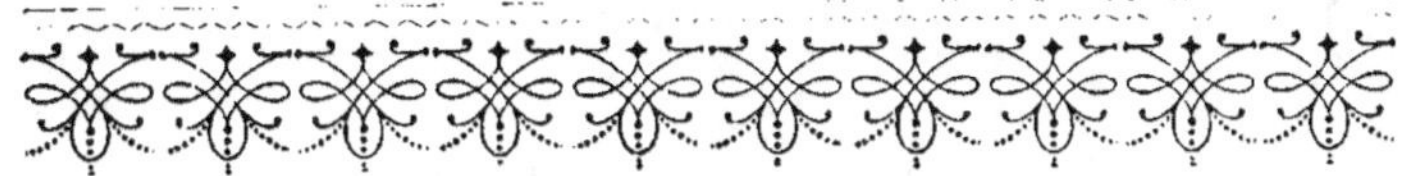

QUELQUES TÉMOIGNAGES

En dehors des innombrables témoignages de sympathie et de regrets que j'ai reçus, de la part d'amis présents à Paris, au moment de la mort de Marie, il m'est venu, de la province ou de l'étranger, un très grand nombre de lettres. Dans presque toutes, se rencontre l'expression des mêmes sentiments. Je citerai seulement quelques pages, qui me paraissent bien résumer l'impression laissée par ma chère femme, dans le cœur des personnes qui l'ont le mieux comprise et appréciée

De Mme la Comtesse de Montalembert, née Mérode :

« Vous dire notre saisissement, en apprenant votre affreux malheur, ne peut se dépeindre... Votre douleur, et j'ose dire la nôtre, est profonde et vraiment cruelle. Nous sommes attérées. Vous aviez, en elle, une compagne si complètement sympathique, une âme pleine des sentiments les plus élevés. Je n'oublierai jamais ses conversations, dans l'intimité. Son sourire si charmant, son regard plein de flammes contenues mais visibles, accompagnaient des paroles, qui ne respiraient que la plus fine et délicate conception de mille choses intéressantes, nobles, généreuses, pleines d'un jugement droit, planant toujours haut et communiquant, sans s'en douter (car elle ne prêchait personne) l'ardeur toute personnelle du bien, avec un retour trop humble sur elle-même. On était toujours tenté de lui dire : « mais vous

vous ignorez trop vous-même », et on admirait, sans
oser le lui laisser trop voir, tout ce qu'elle renfermait de
grands exemples et d'attraits, unis aux vues et aux sentiments les plus accomplis et, on peut bien se servir de
l'expression, les plus rares. Je revenais toujours de chez
elle comme améliorée, par tout ce qu'elle m'avait dit
et laissé entrevoir, sans s'en douter, de son fond plein
de simplicité presque naïve et de grandeur si frappante.
Vous perdez tous ces trésors et combien ils étaient bons,
réconfortants, et doux, en un temps plein de rapetisse-
ments divers des caractères, en face de tant de préten-
tions gonflées, fatigantes, presque insupportables. Nous
perdons une de ces *amies de cœur et d'âme*, qui ne se
remplacent pas. La terre est apauvrie par une semblable
disparition. J'en suis désolée pour vous, et pour nous,
qui n'avons plus ce délicieux voisinage. Que ne sommes-
nous à Paris, pour pleurer avec vous cette *envolée*, heureuse d'être auprès de Dieu, mais qui vous laisse un vide
poignant, si ressenti par ceux, comme nous, qu'elle voulait bien aimer d'une manière si sincèrement pénétrée
d'intérêt et d'affection sérieuse, pleine de charme. »

De Mme *la Comtesse de Grunne, née Montalembert :*

« Je ne puis laisser partir la lettre de maman, sans
vous dire à quel point je partage les sentiments qu'elle
vous exprime si bien. Quelle tristesse et quel coup inat-
tendu pour les siens et, j'ose le dire, pour ses amis, au
tout premier rang desquels je me sens, de cœur. Je ne
puis penser à Bourbilly sans elle. La Roche même me
paraît toute dépouillée, par le nouveau départ pour
l'autre vie, d'une des rares personnes que chacun de
nous y voyait arriver avec tant de joie. Il me semble
que nous voilà reprivés, une fois de plus, de mon père,
de Mme Craven, en un mot de tous ceux qu'elle avait

connus, aimés, appréciés, et sur qui elle partageait, comme sur tout ce qui nous intéresse, toutes nos impressions. »

De Mme la Comtesse de Meaux, née Montalembert :

« Jamais je ne pourrai vous dire le saisissement que j'ai eu, en apprenant cette catastrophe si soudaine et si cruelle, qui a enlevé de ce monde celle qui y répandait tant de charme et y faisait tant de bien. Je me demande s'il est vraiment possible que nous ne devions plus jamais retrouver, en cette vie, cette amie incomparable, ce cœur si chaud, cette âme généreuse, et toute cette nature élevée et délicate, telle qu'il s'en rencontre si peu. Que je vous plains et, j'ose le dire, que je me plains moi-même, car d'année en année, il me semblait que nos liens se resserraient... Mon mari et moi, ne cessons de parler ensemble de ce précieux passé et de ce cruel présent, de ce vide qui nous consterne. »

De Mme Jusserand, ambassadrice de France :

« Nous sommes bouleversés et tout notre cœur, toutes nos pensées volent vers nos chers amis de La Muette, pour nous associer à leur douleur et pour pleurer avec eux. Oh! quelle perte pour vous et, permettez-moi de dire aussi, pour nous, pour tous ceux qui connaissaient cette femme exquise et qui perdent, en elle, une amie si sûre, si fidèle, si dévouée. Il était impossible de la connaître sans s'attacher à elle et sans l'aimer. Assurément, si jamais une âme fut prête à être appelée en la présence de Dieu, c'est bien la sienne, si pure, si bonne, dont toutes les pensées et les aspirations étaient nobles et élevées. Je chérirai toujours sa mémoire, dans le plus profond de mon cœur, comme un tendre souvenir et comme un exemple admirable. »

De M. Jusserand, ambassadeur de France :

« J'ajoute, cher ami, un mot à cette lettre, que ma femme a écrite, interrompue à chaque ligne par ses larmes, le cœur battant comme le mien, à la pensée de ce malheur, dont nous sommes inconsolables. On ne devrait pas pleurer une sainte, mais comment éviter la douleur que cause la perte d'une amie si douce, si sûre, de qui rien ne pouvait venir qui ne fut saint et bon. Nous n'en avons jamais connue qui lui fut pareille et nous n'en connaîtrons jamais. La vivacité de la sympathie qu'elle inspirait était telle que, dès le premier jour, il semblait qu'on l'ait connue toute sa vie, et on savait que c'était une amitié pour toute la vie. Dieu vous donne le courage dans cette épreuve! »

De Mme la Comtesse Tornielli, ambassadrice d'Italie:

« La noble, l'admirable, l'excellente femme! Quelle perte pour vous, pour ses amis, pour les malheureux. Je ne puis vous dire quel sentiment particulier j'avais pour elle : affection, estime, admiration pour sa bonté, sa douceur, sa soumission aux volontés divines, la pureté, la noblesse de sa belle âme! »

De M. le général du Barail, ancien ministre de la guerre :

« Mettez-moi au premier rang de ceux qui sentent le plus vivement la perte immense que vous venez de faire, car personne n'appréciait mieux que moi, le charme incomparable des qualités de cœur et d'esprit, qui distinguaient, entre toutes, celle qui n'est plus, cette femme de bien, par excellence, qui inspirait à tous ceux qui avaient le bonheur de l'approcher, de la connaître, la plus respectueuse sympathie. »

De M. Arthur Bucheron (Saint-Genest):

« Si, pour vous, il est une consolation possible, c'est de

voir les regrets universels que laisse l'adorable femme
que Dieu vient de rappeler à Lui. C'est un véritable
deuil, pour tous ceux qui avaient eu le bonheur de la
connaître. J'entends encore ma mère me disant : « de
toutes les chrétiennes qui m'environnent, c'est celle
pour laquelle j'ai la plus complète sympathie.» C'est
qu'elle avait une bonté rayonnante, dont tous subis-
saient le charme ».

A ces témoignages, j'ajouterai celui d'une amie de
situation plus modeste, dont les paroles ne sont pas
moins touchantes.

De Mademoiselle Anna Garreau.

« Je pense à vous, de qui elle me parlait sans cesse et
qui étiez, pour son cœur, une préoccupation constante.
Si j'avais gardé toutes ses lettres, vous auriez vu, sans
voile, la beauté de cette âme sainte et tout l'amour,
l'amour généreux, humble et ardent, humain et divin
tout à la fois, qu'elle avait pour vous. Cette correspondance a été détruite, sur sa demande expresse, et nous
avons perdu un admirable code d'amour conjugal et
maternel. Son mari et ses enfants : toutes ses lettres en
étaient remplies: chants de douleur, d'allégresse, de tri-
omphe chrétien, il y avait de tout, dans ces pages. Votre foi lui inspirait des admirations saintes, des joies intimes. Depuis tant d'années, votre chère sainte était mon
ange, mon amie admirée et vénérée. Etant donné ce
qu'étaient sa situation et sa fortune, elle aurait pu me
traiter en institutrice, n'être que charitable, repousser
l'affection humble et ardente de la pauvre jeune fille.
Elle a, au contraire, accepté ma tendresse, elle m'a ouvert ses bras, elle m'a prodigué les trésors de son cœur,
elle m'a traitée en amie. Que Dieu la récompense! C'est
grâce à elle seule que j'ai dû, durant des heures d'affreu-

ses souffrances morales, de ne point avoir un mépris uni-
versel pour tous les heureux de ce monde. Oh ! qu'elle a
été bonne et meilleure encore mille fois, par la tendresse
de son âme que par sa générosité. Quels souvenirs elle
vous laisse ! »

Je bornerai là les citations, mais j'y veux ajouter les
lignes que publia, dans l'*Univers*, le marquis de Ségur,
ancien conseiller d'Etat, l'un des plus anciens et des
plus fidèles amis de Marie.

« Parmi les créatures d'élite que Dieu a rappelées à
Lui, depuis le commencement de cette année si voisine
encore de sa naissance, je n'en connais pas de meilleures,
de plus aimables, de plus dignes d'être pleurées sur la
terre et couronnées dans le ciel, que la comtesse Marie
de Franqueville, nièce de Mme Erard et sa fille adoptive, morte le 26 janvier, à l'âge de cinquante-cinq ans,
dans son château de la Muette, à Passy.

« C'était une de ces âmes limpides et consolantes, ré-
pandant autour d'elle la lumière et la chaleur, telle
qu'un rayon de soleil descendu et oublié sur la terre.

« On ne pouvait l'approcher, sans ressentir cette double influence. Le charme qui s'exhalait de toute sa personne et qu'elle conserva jusqu'au dernier soupir, était
déjà sensible dans la jeune fille d'une adorable gaucherie,
d'une simplicité délicieuse, qui apparut, à quinze ans, dans
les salons de la rue du Mail, où résidait alors Mme Erard.
J'y étais, et, à quarante ans de distance, je m'en souviens, comme au premier jour.

« C'est que, toujours, je l'ai trouvée la même, gardant
dans sa glorieuse maternité, dans son splendide château
de la Muette, la gaieté éclatante de l'enfant, la grâce

touchante de la jeune fille, et le contraste enchanteur
de sa modestie, de son humilité de sainte, avec la ma-
gnificence de sa demeure et les séductions d'une fortune princière.

« A l'école de Mme Erard, grande protectrice des arts
et des artistes, elle avait perfectionné son don naturel
d'attirer, d'encourager ou de retenir les amis de la veille,
du jour ou du lendemain, les débutants et les maîtres, les humbles et les orgueilleux, les compagnons mo-
destes des premiers jours et les coryphées de la musique
et de la littérature, enfin les étrangers de marque attirés
par l'hospitalité inépuisable de Mme Erard et, plus tard,
par les travaux et les titres académiques de M. de Franqueville, dont la réputation avait dépassé les frontières
et attiré l'attention du monde politique, en Angleterre
et en Allemagne.

« Mme de Franqueville brillait, dans ces grandes soirées
mondaines et artistiques, moins encore par sa grâce et
ses dons naturels que par son désir évident de ne pas
en faire montre. Dans ce vaste parterre de talents et
de vanités, elle figurait la violette, que son parfum tra-
hit, sous le voile dont elle s'enveloppe. Elle ne s'y en-
nuyait pas; mais ce que cette femme exquise, cette chrétienne sérieuse et riante, instruite sans pédantisme, spirituelle sans malice, préférait à toutes les réceptions du
monde, soit chez elle, soit au dehors, c'était les réunions
intimes, où son esprit et son cœur se livraient, s'épa-
nouissaient en toute liberté.

« Epouse, mère, maîtresse de maison, tertiaire de Saint-
Dominique, elle partageait ses journées commencées
par la messe et la communion fréquente, entre ses devoirs d'intérieur, ses œuvres de charité et ses obliga-
tions du monde.

« A la Muette, comme au château de Bourbilly, toujours pleine du souvenir de sainte Jeanne de Chantal, elle avait obtenu la grande faveur d'une chapelle privée, avec l'autorisation d'y faire dire la messe, tous les jours. Ce privilège était doublement précieux à Mme de Franqueville, à cause d'une de ses filles, gracieuse et charmante enfant qui, dès l'âge de sept ans, avait été clouée sur une couche de douleurs, sans espoir de guérison. Cette angélique créature, consommée dans la foi et dans l'amour de Dieu, par l'infirmité et la souffrance, était tout ensemble la croix et la consolation de sa mère. Elle avait compris le sens de la douleur, la beauté du sacrifice et, depuis sa première communion, elle ne cessait de s'offrir en holocauste pour tout ce qu'elle aimait: sa famille, d'abord, et ses amis, puis pour la France malheureuse et l'Eglise persécutée.

« Souvent, broyée par la souffrance, elle semblait avoir perdu le sentiment, la parole, et restait plongée dans un silence, une immobilité pareils au sommeil de la mort. Mais, quand elle sortait de son anéantissement, dans ses regards, dans son accent, dans ses paroles pénétrantes et profondes, on retrouvait la victime, la sainte toujours vivante, prolongeant son sacrifice et en savourant l'amertume.

« Peu de temps avant de tomber malade, Mme de Franqueville, à qui je demandais des nouvelles de sa fille, me dit qu'elle conservait toujours la pleine intelligence et l'amour surhumain de son état de victime. — « Savez vous, ajouta-t-elle, ce qu'elle me répondait, hier, quand je lui parlais du bonheur qui l'attendait dans le ciel? » — Mère, je crois que je dois plutôt demander au bon Dieu de me laisser encore sur la terre. Je serai plus utile, en continuant à souffrir ici qu'en allant me reposer et contempler mon Jésus, dans le ciel. »

« C'est presque la parole, l'amour éperdu de la croix de sainte Madeleine de Pazzi : *semper pati, nunquam mori*, toujours souffrir, ne jamais mourir.

« Elle ne se doutait pas alors, la pauvre mère, qu'elle précéderait dans l'éternité, cette fille traînant, de mois en mois, une vie agonisante. Malgré des misères de santé, elle avait conservé le charme de sa parole, son bon visage, son bon sourire, sa gaieté, qui se retrouvait entière après tous les assauts de la souffrance. Elle menait à peu près sa vie habituelle et préparait, avec son mari, le voyage qu'ils faisaient tous les ans à Rome, pendant le carême. Hélas ! c'était le voyage pour la cité éternelle que Dieu lui préparait en silence.

« Une de ses dernières joies avait été de voir étinceler, sur le dôme de l'église du Sacré-Cœur, à Montmartre, la grande croix de pierre blanche donnée par son mari.

« Une légère bronchite, bientôt transformée en pneumonie, la mit, en quelques jours, aux portes du tombeau. Souffrant peu, s'intéressant à tout, elle priait, souriait, espérait. Soudain, son état s'aggrava. Un père jésuite, son parent, qui se trouvait là, courut chercher les saintes huiles ; elle avait communié, le matin même. Elle manifesta quelque surprise, mais nulle émotion, en recevant les onctions saintes. Elle répondit elle-même à toutes les prières, avec un calme parfait.

« Puis elle s'affaiblit insensiblement et, quelques heures plus tard, entourée de son mari, de ses enfants qu'elle enveloppait encore des caresses de son regard, elle entra dans un sommeil paisible, qui se changea si doucement en sommeil éternel que nul de ses bien-aimés ne put saisir l'instant où son âme s'envola au ciel.

« Je la vis, sur sa couche funèbre et la trouvai d'un visage si reposé, si naturel, si pénétré de recueillement et de paix surnaturelle, que je ne pus m'empêcher de l'envier, au lieu de la plaindre.

« Seule, au milieu de tous ceux qui venaient prier auprès d'elle et circulaient comme des ombres pleurantes dans les splendeurs de la Muette désolée, elle semblait heureuse, elle l'était. Ceux-là étaient et sont à plaindre, qui ont perdu en elle un des charmes les plus purs de leur vie. »

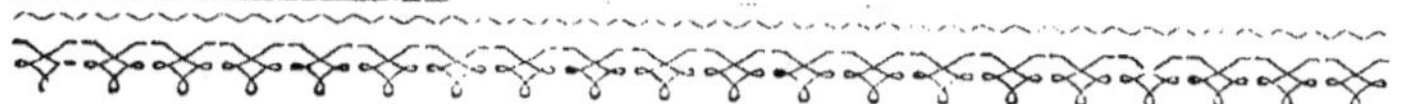

TABLE